Das perfekte Verbrechen

SILKE BÖHM

Das perfekte Verbrechen

Wie ich durch Gaslighting manipuliert wurde

Bibliografische Information der Deutschen Nationalbibliothek
Die Deutsche Nationalbibliothek verzeichnet diese Publikation
in der Deutschen Nationalbibliografie; detaillierte bibliografische
Daten sind im Internet über http://dnb.d-nb.de abrufbar.

© 2022 Silke Böhm
Covergrafik: © MillaFedotova / depositphotos.com
Umschlagdesign, Satz, Herstellung und Verlag:
BoD – Books on Demand, Norderstedt
ISBN 978-3-7557-4562-4

Triggerwarnung: Das folgende Buch beschreibt den (emotionalen) Missbrauch durch Gaslighting. Bei manchen Leser:innen können die geschilderten Erlebnisse negative Reaktionen auslösen. Bitte sei achtsam beim Lesen, ob du dich von den Schilderungen getriggert fühlst oder nicht. Und suche dir ggf. Unterstützung zu diesem Thema.

Inhalt

Gaslighting

Gaslighting wird immer wieder in den Medien erwähnt. Aber wie perfide das perfekte Verbrechen ist, habe ich am eigenen Leib erfahren. Und zwar mit aller Härte und Brutalität.

Gaslighting kommt von Gaslicht, basierend auf dem Film von 1940. Ein Thriller, wo ein Ehemann seine Frau in den Wahnsinn treiben will. Der Film hatte ein Happy End dank eines umsichtigen Kommissars. Im normalen Leben leider nicht immer. Zurück bleiben die Opfer mit seelischen Schäden oder begehen sogar Suizid.

Mein Fall war leider nicht mit einem Happy End. Der umsichtige Kommissar brachte mich in die Psychiatrie, die Täter an mein Eigentum und die Kontrolle und Dominanz über mich und nach der »Neueinstellung« in die Isolation und Einsamkeit. Der Satz: »Mädchen, die pfeifen, und Hühner, die krähen, sollte man den Kopf umdrehen!«, traf bestens auf mich zu.

»Vollidiot«

Doch langsam. Vor Jahren hatte ich eine seelische Erkrankung, die richtige Therapie bekam ich nie, aber ich arrangierte mich. Inoffiziell galt ich als Persönlichkeitsstörung, keine multiple. Was genau in mir vorging nach der Drogenpsychose interessierte auch keinen. Offiziell galt ich als »Vollidiot«, auch dass ich unter einer extremen Angststörung durch meinen damaligen sucht- und gewaltbereiten Ex-Freund litt, interessierte eigentlich niemanden. Genauso wenig, dass ich in Panik lebte. Ich war ja einmal der offizielle »Vollidiot«. Letztes Jahr noch bat ich meinen damaligen Therapeuten, weil es mir besser ging und ich eine neue Herangehensweise benötigte, um eine Differentialdiagnose. Doch er meinte: »Das kriegt doch jeder mit, wie klar und differenziert Sie denken.« Was für ein Witz und der fatalste Fehler überhaupt. Das Schicksal sollte mich eines Besseren belehren.

Ich stand jahrelang unter Medikamenten, Neuroleptika. Was es mit meinem Körper anrichtete und geleugnet wird, kann ich kurz erwähnen. Meine Brüste und Eierstöcke sind voller Zysten und die Gebärmutter musste mir aufgrund eines gutartigen Tumors entfernt worden. Meine von Kindheit an geschädigte Niere ist kaum mehr auf dem Röntgenbild zu erkennen, in der Leber ist eine Malformation. Vor geraumer Zeit traten extreme gesundheitliche Probleme infolge einer Vierfach-Impfung auf. Ich rief panisch bei meinem Therapeuten an, doch der war wie immer nicht zu erreichen.

Ein Psychiater von der Krankenkassenhotline meinte, nach so langer Zeit sollte man doch endlich die Neuroleptika absetzen. Mit Hilfe eines Heilpraktikers, der aus der Schulmedizin kam, setzte ich sie ab und mir ging es blendend. Ich war die Frau, die ich vor dem Ganzen war.

Die Frau vorher war plötzlich nicht mehr träge, dumm, und eingeschüchtert. Sie war stark, mutig und aufbrausend, wenn man ihr wehtat. Sie ließ sich nichts mehr gefallen, aber das sehr zum Leidwesen meiner verbleibenden Familie, meiner erwachsenen Tochter und meines Vaters. Meine Tochter unterstützte mich sogar noch bei meiner Medikamentenfreiheit und wir hatten ein unglaublich gutes Verhältnis. Doch plötzlich zogen Wolken auf. Meine Sachen wurden manipuliert. Klingt suspekt, aber so ist es. Anfangs dachte ich, ich spinne.

Der Beginn von Gaslighting, die perfide Manipulation

Vor geraumer Zeit steckte mir ein freiberuflicher Schriftsteller seine Visitenkarte zu. Als ich ihn kontaktieren wollte, war sie plötzlich aus meinem Portemonnaie verschwunden. Ich dachte, ich hätte sie verloren. Da ich sie abfotografiert hatte, suchte ich auch nicht weiter. Doch es ging weiter. Es war nur der Anfang des Ganzen. Das Sonnenöl, der Tangle Teezer verschwanden. Immer noch im Glauben, ich habe es wahrscheinlich verloren, kaufte ich die Sachen immer nach. Das Obst wurde weniger, obwohl keiner Obst außer mir aß, von zehn Slips aus der Waschmaschine, die ich aufhängte, hingen im eigenen Haus nur noch vier. Löcher, riesengroße, tauchten auf dem T-Shirt meiner Tochter auf, das man für meins hielt, und ich dafür von meiner Tochter attackiert worden bin, dass ich ihre »Marken-T-Shirts« absichtlich zerstöre, BHs verschwanden, Designerschuhe und Kleider. Als ich einmal das alles ansprach, meinte meine Tochter, ich sei wahnsinnig. Meine monatlich abgesparte Hautcreme, genauso wie Margarine und Essen nahmen inadäquat zu meinem Verbrauch ab. Als dann aus der Glasvitrine die Andenken meines Großvaters und aus meiner Vitrine Wertgegenstände verschwanden, sprach ich meinen Vater daraufhin an. Er meinte, weil wir so viele Hausschlüssel für unser Eigenheim schon verloren hatten, das seien Leute von außen.

Nur merkwürdig. Mein Vater war fast den ganzen Tag

zu Hause. Das Dilemma nahm nicht ab. Meine Cousine griff mir finanziell unter die Arme und ließ mir ein Sicherheitsschloss mit Schlüsselkarte in die Haustüre bauen, und ich mir eins in mein Wohnzimmer. Wie auch immer es geschehen sein mag, es existieren zu meinem Wohnzimmer Nachschlüssel. Wie auch immer das gelaufen ist, selbst ein zweites Sicherheitsschloss brachte keine Ruhe. Trotz abgesperrter Türe »verschwanden Kleidungsstücke wie von Geisterhand«.

Die abergläubische Tante meinte, es sind vielleicht Geister. Obwohl ich wirklich viel glaube, kann mir das keiner einreden. Dazu bin ich zu sehr Realistin.

So beschloss ich, »detektivisch« vorzugehen.

Ich wollte eine Überwachungskamera installieren, doch just in dem Moment gingen mein Laptop und mein Smartphone kaputt. Meine Passwörter waren auch kein Geheimnis, wohl angemerkt. Aber ich sah noch keinen Zusammenhang. So hatte ich keine Möglichkeit, mit dem Internet verbunden zu sein.

Trotz aller Schikanen begann ich nach und nach mein altes Leben wieder zu beleben. Ich war vor den Medikamenten eine trainierte Sportlerin.

Man sagt ja, alle sieben Jahre erneuert sich ein Mensch komplett. Und so begann ich genau dort, wo ich vor Jahren aufhörte.

Mit konsequentem Training und Ernährungsumstellung. Doch anstatt sich mit mir zu freuen, schlug mir grenzenloser Hass entgegen. Meinem Yogatraining stand mein Vater mit Spott und Hass gegenüber. Permanent fehlte etwas anderes von meinem Yogaoutfit, bald die Socken, bald das Handtuch und zum Schluss das T-Shirt. Die Yogalehrerin beäugte mich schon merkwürdig. Aber ich spielte alles herab.

Da ich auch nicht über ein unbegrenztes finanzielles Budget verfüge und ich jahrelang als »Zahlsau« von meiner Familie missbraucht worden bin, wurde ich auch noch finanziell erpresst. Aber ich glaube, selbst bei einem höheren Einkommen könnte man sich die Hermès-Tasche oder Gucci-Tasche anstelle meiner Desigual-Tasche nicht fortwährend nachkaufen.

Ich sprach mit meinem ehemaligen Therapeuten darüber und bat um eine Psychotherapie gegen Gaslighting, eine Verhaltenstherapie, wie ich damit umgehen soll. Ein lapidares »Man verlegt halt Sachen« kam zurück. Und anstatt mich in meiner Heilung und meinem Streben nach eigenem Leben zu unterstützen, nahm er mir plötzlich und überraschend den Medikamentenspiegel, obwohl ja kein Medikamentenzwang angeblich herrschen würde und ich ja »so klar und differenziert denke«, Eingangszitat. Er stellte fest, dass ich medikamentenfrei war, und ihm war »klar«, dass es alles Einbildung ist und ich alles falsch deute.

Denn anstatt mir in mein »neues Leben«, den Schritt zurück ins Leben zu helfen, ging der absolute Wahnsinn gegen mich los.

Ich bat ihn um Geduld, weil ich unter gesundheitlichen Schäden durch die Vierfach-Impfung litt, und wollte es durch eine Überweisung in die Immunologie bzw. durch Eigenbluttherapie kurieren. Doch das Leben eines »Vollidioten« hat keinen Wert, wie ich dann erfuhr.

Ein Morgen, der alles veränderte

Eines Morgens ging ich zu meiner Hausärztin, ich weiß nicht, wer sie anrief, dass ich medikamentenfrei war, ich nicht. Jedenfalls war ich die erste Patientin und saß gleich neben der Behandlungszimmertüre, da dachte ich, ich spinne. Aber es war real.

Ich hörte, wie sie den Notruf rief: Hier sei eine Patientin, die wäre medikamentenfrei. Sie mache Urlaub und ihr sei die Sache zu unsicher. Ich wollte mit ihr wegen der Überweisung in die Immunologie reden und einen Gesprächstherapeuten wegen dem Gaslighting und den von mir selbst schon entfernten Holzbock begutachtet haben, da rief sie eine Schwester und notierte, seit wann ich medikamentenfrei bin, um mich anzuzeigen. Ich sollte im Behandlungszimmer warten und eine Schwester mir den Weg versperren. Ich rannte wie irre aus der Praxis und rief zu meiner Tochter, sie soll mich nach Leipzig in die Hubertusklinik fahren. Mit anderen Worten, ich bekam keine Überweisung in die Immunologie, keine Gesprächstherapie und den Holzbock ließ ich später in der Notaufnahme mit entzündungshemmender Salbe behandeln. Im Nachhinein wird dieser Vorfall mir sogar noch als Wahngedanke unterstellt. Dass alles gar nicht so stattgefunden hätte, alles ganz anders gewesen wäre und dass es typisch für meine Wahngedanken ist.

In Leipzig durch pures Glück, Gottes Wille oder dank universeller Gesetze kam ich in die Klinik und man bescheinigte mir volle Zurechnungsfähigkeit und keinen Grund für eine Einweisung.

Anscheinend von meiner Flucht überrascht, rief meine Hausärztin bei meinem Vater an: Sie hätte keine weiteren Schritte unternommen. Im Nachhinein weiß keiner mehr etwas von dieser Aktion. Alle Beteiligten haben jetzt »Amnesie« und ich »Wahnvorstellungen«.

Doch das war erst der Anfang einer ganzen Intrige gegen mich. Erbost, schockiert und frustriert bat ich meinen ehemaligen Therapeuten noch einmal um ein Gespräch, wo ich ihn fragte, ob er meine Hausärztin informiert hätte. Woher sie weiß, dass ich medikamentenfrei sei.

Er verneinte und meinte, das würde gegen die ärztliche Schweigepflicht verstoßen. Wer also informierte die Hausärztin? Ich bat ihn um Entbindung, dass ich »frei« bin, und er bescheinigte mir volle Zurechnungsfähigkeit. Ich war überrascht und alles schien gut.

Er unterschrieb mir eine Vereinbarung, in der volle Zurechnungsfähigkeit und die Entbindung seiner Zuständigkeit standen. Genauso beinhaltete er die Vereinbarung, dass das medizinische Personal weder meine Diagnosen weiterverbreiten dürfe, noch dass mir »nachgestellt« wird. Er kopierte sich den Zettel und ich behielt das Original.

Außer ihm und mir wusste von diesem Zettel, diesem Schreiben keiner.

Diesen bewahrte ich in meiner weißen Dokumentenbox auf, die abschließbar war. Doch es ist das Unglaublichste, in meiner Abwesenheit hat nicht nur jemand einen Nachschlüssel zu meinem Wohnzimmer, sondern auch zu meiner Box gemacht. Der Brief wurde gestohlen. Als ich einmal sagte, ich habe die Bestätigung, dass alles »gut« ist, meinte mein Vater schadenfroh: »Ach ja, zeig doch mal!« Und als ich sagte, sie fehlt, meinte er: »Da sieht man, dass du spinnst!«

Ich bekam Panik, wurde immer schussliger. Nichtsdestotrotz besuchte ich die Ärztin, die Eigenbluttherapie anbot. Der Termin sollte zu meinem Geburtstag sein. Da ja mit mir sowieso niemand drei Tage irgendwohin fahren wollte, damit ich zur Ruhe kommen kann und Distanz gewinne, dachte ich: Es ist ein Geschenk des Universums für vielleicht mein »zweites Leben«.

Doch es sollte anders kommen. Mein Termin stand groß und fett im Kalender, der in der Küche hing.

Aber die häusliche Situation spitzte sich zu

Immer mehr Sachen musste ich mir nachkaufen, was mir dringend an Geld für die Eigenbluttherapie fehlte, aber familiär war ich das letzte Glied in der Nahrungskette. Da wurden so »wichtige« Dinge wie wertlose Münzen für viel Geld, ein Ersatzkühlschrank, überteuerte, wertlose Dinge gekauft, irgendwelchen windigen Betrügern Geld versprochen usw.

Hätte ich um Hilfe oder Geld gebeten, wäre der lapidare Spruch gekommen: »Ich kann dir auch nicht helfen und Geld habe ich keins.« Das Irre, zum Arbeiten kam ich nicht, weil ich fix und fertig von dem Gaslighting war, und dann kam noch der spöttische Spruch: »Geh arbeiten, du faule Sau.« Oder: »Du bist nur neidisch und habgierig auf mein Geld.«

Die Übergriffe waren perfekt. Das ganze Umfeld bekommt den Eindruck, ich bin eine unaushaltsame, »schwerbehinderte« Frau, mit der es die »Familie« gut meint und sie es ganz schwer haben. Keiner durchschaut das Spiel, dass meine Heilung verhindert wurde. Ich war erstaunt über die hohe Intelligenz und wollte erfahren, wer dahinterstand. Mein Vater war ein Patriarch und ein Choleriker, das war klar. »Ich war nur eine Frau«, und meine Mutter durfte auch nicht arbeiten. Meine Tochter intelligent, aber bis zum letzten Jahr nie daran interessiert, mir zu schaden, im Gegenteil. Natürlich fielen hin und wieder einmal beleidigende Worte beiderseits, aber Mobbing konnte man es nicht nennen.

Wir sind zwar ein Akademikerhaushalt, aber hinter diesem manipulierten Umfeld stand eine Person wie »Hannibal Lector«. Bösartig, genial, ja grandios.

Mein Vater meinte auch noch im letzten Jahr, als sich die familiäre Situation zuspitzte: »Ich kann dir extrem gefährlich werden!« Ich dachte, es sei wieder eine cholerische Drohung und dachte mir nichts Ernstes dabei. Doch ich sollte bald eines Besseren belehrt werden.

Meine Tochter, die wie eine Freundin war, entfremdete sich emotional immer mehr von mir und meinte, ich solle die Schuld bei mir suchen. Ich konnte sie finanziell nicht mehr unterstützen und sie wollte finanziell unabhängig während ihres Studiums sein. Sie arbeitete bei einem großen Unternehmen.

Dank Corona gehörte ihr Job zu den systemrelevanten und sie konnte ihre finanzielle Unabhängigkeit erreichen, was ich ihr neiden würde, wurde mir unterstellt.

Dass ich vielleicht nicht die beste Mutter war, mag ich nicht abstreiten. Ich war vielleicht eine Helikopter-Mutter, aber ich war beides: Mutter und Vater. Ich brachte ihr vom fließenden Englisch bis Mathe über lebenswichtige Dinge so ziemlich alles bei. Und ja, es gab keine Teeny-Disco, dafür war sie eine begnadete Klavierspielerin und Sängerin einer Band. Ihre Freiheit war halt im Kindesalter nicht ficken und saufen, aber eigentlich war sie jahrelang dafür dankbar. Auch dass ihr als Kind keiner »einen echten Hasen« zeigen konnte, habe ich hinbekommen. Denke ich.

Und wir schworen am Sterbebett meiner Mutti, die mir sehr half, immer aufeinander aufzupassen. Wir waren ein Herz und eine Seele. Doch plötzlich war ich laut ihrer Aussage, eine Rabenmutter, die ihr nichts beigebracht hatte, die sie vernachlässigte, die sie »misshandelte«. Ich wurde von ihr regelrecht zersetzt. Ich konnte es mir nicht erklären. Im Gegenteil.

Ein Donnerstag,
der das Leben veränderte

An einem Donnerstag, der Wendepunkt in meinem Leben. Wie immer in der letzten Zeit, verschwanden Dinge ganz oder waren an einem anderen Platz, was man mir als Irre immer zuschrieb. Ich suchte ganz verzweifelt meine Designermäntel. Im festen Glauben, wenn ich meine Tochter frage, ob sie mir beim Suchen helfen kann, regelt es sich. Doch die Situation eskalierte. Statt mir ihr Kleiderzimmer einmal aufzusperren, ging eine Tirade wüster Beschimpfungen los: »Du bist völlig wahnsinnig! Du bist irre! Du hast Wahnvorstellungen!«

Ich war außer mir. Da ich die Türe mit dem Fuß nicht auftreten konnte, nahm ich einfach den Hammer, der im Haus lag, und schlug ein Loch in die Türe. Die Situation deeskalierte nicht, im Gegenteil. Eigentlich wollte ich in einer dreiviertel Stunde beim Yoga sein.

Doch plötzlich rief meine Tochter die Polizei. Ich dachte, es ist ein Witz. Die Hasstiraden meines Vaters und meiner Tochter wurden immer mehr. Ich wurde übelst beschimpft und ich immer wütender. Es kam zur Prügelei.

Im Nachhinein wurde behauptet, ich hätte sie attackiert, aber in Wirklichkeit lief ein anderer Film.

Da keiner mir meine »gestohlenen Sachen« zurückgeben wollte, dachte ich so: Auge um Auge, Zahn um Zahn!

Ich rannte zum Kleiderschrank meines Vaters und zog

die Poloshirts heraus und wollte sie an mich nehmen, bis ich meine Sachen zurückbekomme. Doch der Kampf brach jetzt aus. Personenfestnahmegesetz oder irgend so etwas erzählte meine Tochter und ging auf mich los. Ich wurde festgehalten und man schlug auf mich ein und ich schlug zurück und befreite mich aus der Umklammerung, wo ich schon wieder Panik aufgrund des Traumas mit meinem Ex-Freund bekam. Ich schlug um mich und biss und trat, um der Gewalt zu entkommen.

Wenig später stand ein Polizist mir, die ich nur mit Sport-Dessous begleitet war, gegenüber. Anstatt die Situation zu deeskalieren, ging der Wahnsinn jetzt richtig los. Ich meinte, das sei mein Eigentum, ich kann die Tür einschlagen, wie mir lustig ist. Er fand das gar nicht lustig, weil er keine passende Antwort darauf wusste, meinte er nach Überlegungen, aber diese Bedrohung mit dem Hammer, das ist nicht ganz ohne. Ich dachte, ich bin im Film von versteckter Kamera. Welche Bedrohung mit dem Hammer? Doch nein, wenig später standen gefühlte 15 Menschen und ein Notarzt in meiner Wohnung. Der Notarzt, der mehr Arabisch als Deutsch sprach, sagte mir, ich hätte Wahnvorstellungen und eine Psychose. Ich dachte, es ist ein Witz, und versuchte ihm von dem Gaslighting zu erzählen. Aber in meinem Obergeschoss sah es so schlimm aus, ich bin sowieso kein so penibler Mensch, und dann die Sachen vom Hochwasser, die ich noch nicht weggeräumt hatte, weil ich krank war, gestresst vom Gaslighting und 40 Grad Fieber. Ich fieberte die ganze Zeit auf die Eigenbluttherapie hin, und es erschien mir irrelevant, ob meine Küche gecleant war, oder der »BeutelBeutel« einen guten Eindruck machte. Der »BeutelBeutel« ist ein Scherzbegriff. Er bezeichnet die wiederverwendbaren Tüten, wo eine in der anderen steckt.

Damit lieferte ich dem medizinischen Personal und der »besorgten« Beamtin eine Steilvorlage.

Sofort kam: »Wie sieht es hier aus!« Ich fragte auch noch zynisch nach, ob vielleicht jemand meine Fenster putzen möchte, weil man mit prüfendem Finger und Blick darüber ging. Aber das wollte auch niemand übernehmen. Im Gegenteil. Wenn ich nicht sofort die Wohnung verlasse, werde ich hier mit Handschellen abgeführt. Ich zog mich an, packte noch ein paar Anziehsachen ein und die »supernette« Polizistin begleitete mich sogar noch auf die Toilette. Ich wollte sie erst noch fragen, ob sie mir das Toilettenpapier reichen kann oder mir die Urintropfen abwischen möchte. Aber sie verstand keine Witze.

Ich hoffte insgeheim, weil ich den Notarzt mit meinem ehemaligen Therapeuten auf dem Telefon verbunden hatte, um in »seine Klinik« zu kommen, dass sich das regeln würde. Ich dachte, Herr OA Stanislav »rettet« mich vor dem Wahnsinn, da er ja von den Vorfällen wusste. Aber das Universum und die Psychiatrie hatten einen anderen Plan mit mir.

Bei dem Hinausbegleiten des Polizisten wollte ich fragen, ob ich verhaftet wegen »sexy« bin, und dachte an Handschellen. Wäre schön, wenn meine geheime Liebe sie mir anlegen könnte!

Noch war ich optimistisch.

Ich stieg, in Jeansbermuda und Achselshirt, braungebrannt, wütend, dass ich das Fieber gar nicht wahrnahm, in den Rettungswagen. Der Notarzt wollte mich gleich noch sedieren, was ich dankend ablehnte. Die junge Rettungssanitäterin, die mich begleitete, meinte auch noch: »Ach, Sie dürfen bestimmt bald wieder heim!« Ich fragte sie zynisch, ob der Notarzt überhaupt Deutsch kann. Sie sagte: »Ja, sehr gut sogar.« Anscheinend halt nur nicht zu mir.

In der Klinik, wo ich jahrelang Patientin war, angekommen, dachte ich, das Höllenspiel ist überstanden. Aber jetzt kam es richtig dicke.

»Psychoknast Wasn«

Ich hatte Fieber, 40 Grad, die ganze Zeit schon und deshalb wollte ich 14 Tage später zur Eigenbluttherapie. Doch meine Gesundheit war den Ärzten egal. Wichtig war, ob ich Corona hatte, deshalb kam ich auf die Isolierstation. Heimlich dachte ich, wäre ja ideal hier die ganze Zeit allein auf der Station. Zu dem Zeitpunkt durfte ich mein Handy noch benutzen. Ich telefonierte mit meinem Vater, der panische Angst vor Corona hatte, aber dass der Verdacht bei mir gestellt worden ist, juckte ihn nicht die Bohne. Im Gegenteil, noch ein Schuldvorwurf und dann das Gespräch weggedrückt. Was hätte ich auch anderes erwartet?

Dass ein Menschenleben für »meine« Ärzte nicht zählte, pst, nur das Beste natürlich für die Patienten, war mir gleich am zweiten Tag dort klar. Und im Allgemeinen schon lange.

Die guten Tabletten anstelle von Psychologen, die vielen OPs, weil kräftig bezahlt wird, lieber amputieren als erhalten, weil es mehr Kohle gibt (ist ein offizielles Geheimnis). An dieser Stelle muss ich gleich einmal die psychoonkologische Behandlung meiner sterbenskranken Mama ausführen. Da die Metastasen im Körper bereits gestreut hatten, brach ihr linkes Bein. Nur durch Zufall entkam meine Mama einem Pflegeheim. Auch so ein ganz »toller« Arzt meinte nach der OP, sie komme zur Reha und dann ins Pflegeheim. Meinen Vater ignorierter er total, der fit und agil war, von meiner Existenz wusste der »besorgte Arzt« nichts. Nur einmal ein Kollege, der sich die Mühe machte, einen Abstrich von der Gewebeprobe zu machen, kam dann dahinter, dass es eine Metastase und keine Osteoporose war. Danach hatte meine Mama von einem netten Arzt »Narrenfreiheit«. Mühsam kämpfte sie sich zurück, dass sie mit Krücken wenigstens ein paar Schritte gehen und vor die Türe konnte, um mit meinem Vater wenigstens einmal eine kleine Ausfahrt zu machen oder einmal ein Eis zu essen. Doch der Tumor war aggressiv. Er ließ sich nicht stoppen mit Hormonen, meine Mama war schwach. Aber sie willigte in eine Chemotherapie ein. Angeblich nicht so stark. Fazit des Ganzen, sie konnte ihren Mund nur noch so weit öffnen, dass eine Tablette hindurchpasste. »Aber so etwas können wir uns gar nicht erklären!?«, war die Antwort der Ärzte. Sie wurde immer schwächer, aber es ging ja noch ein bisschen mehr Kohle zu machen. Nämlich mit der »Psychoonkologischen Betreuung«: Was für ein Name. Dahinter verbarg sich nichts weiter als Haldol und Faustan-Beruhigungstropfen. Haldol, das Uralt-Antipsychotikum, was die Ärzte so gerne verschreiben, weil es spottbillig ist und so schöne Dyskinesien verursacht. Und das Gegengift wird nicht mitgegeben. Eine Frau, die kämpft, um selbstständig auf Toilette zu gehen, soll ein Antipsychotikum einnehmen, was sie zum Erliegen bringt. Ich kenne mich mit dem ganzen Dreck aus, auch wenn mir der Chefarzt verklickern wollte, dass Risperdal nichts macht, weiß ich das von Gerichtsmedizinern besser. Mir braucht keiner irgendetwas hier vorzumachen. Wir sind Ärzte. Ja und mir hat vor vielen Jahren ein

Gerichtsmediziner genau deshalb geholfen. Alles liegt im Auge und der Gunst des behandelten Therapeuten. Er kann die volle Zurechnungsfähigkeit bis zur völligen Unzurechnungsfähigkeit bescheinigen, wie es in meinem Fall dann passieren sollte.

Weiter zur Isolierstation. Nein, Covid hatte ich nicht, aber ich war ein herrlich zu schröpfender Kassenpatient. Dank meines Fiebers konnten Tests und Untersuchungen gemacht werden, aber es wurde nichts gefunden, doch dazu später.

Die Aufnahme erfolgte durch die Frau des Chefarztes. Die hat in seiner Klinik gleich den Posten als Oberärztin inne. Dann stehen bei Visite immer »Mama und Papa Lustner« an deinem Bett.

Dass die Frau OÄ speziell ist, hat sich auch beim medizinischen Personal herumgesprochen. Viel nimmt sie sich von ihren Patienten nicht, nur sie verordnet halt die Pillen und nicht wir. Eigentlich bräuchte sie dringend ein paar Pillen, denn als ich ihr von dem Gaslighting zu Hause erzählte, fragte mich eine ausgebildete Psychotherapeutin auch noch, was denn das ist. Darauf ich: »Sie sind doch die Ärztin, Sie müssen das doch wissen!« Doch das war wohl die falsche Antwort, forsche und denkende Menschen sind nicht geduldet (wie in Equilibrium, dem Film). Wie konnte ich nur denken, dass sie mich aus der Hölle befreit, jetzt sollte es losgehen.

Nachdem sie meinen athletisch trainierten Körper betrachtet hat, die Tattoos notiert hatte, noch meine ganzen Ärzte erfragte, sagte sie: »Sie kommen jetzt mit!« Ich: »Nein!« Darauf rief sie panisch bei ihrem »Bediensteten« an, dass bitte acht (!) Pfleger (Gewicht eines Pflegers 100 kg Fettmasse) mich (Gewicht 55 kg) begleiten sollten. Eigentlich wollte ich mir mal die »Schwanzparade« angucken. Dachte aber, die Frau ist irre genug. Geh einfach mit. Aus dem versprochenen Einbettzimmer wurde dann auch nichts, ich kam in das Fünfbettzimmer.

Auf der geschlossenen Station angekommen, was keine »normale geschlossene Station« war, sondern lediglich ein Gang voll mit alten Menschen, die Geriatrie frei, da ging es richtig los.

Ich saß fiebernd auf dem Stuhl vor der OÄ ihrem Zimmer. Plötzlich sprach mich ein junger Typ an, ob ich ihm die Zahnputzschachtel öffnen könnte. Ich dachte: Was für ein Clown! Ich öffnete ihm die Schachtel und dann ging es los. Erneutes Gespräch auf der geschlossenen Station. Die OÄ meinte: »Sie bleiben jetzt hier!« Ich: »Nein, ich bleibe nicht hier, Sie können mich hier nicht länger festhalten!« Doch das war die falsche Antwort. Denn ich machte sie nur noch wütender. Sie schrie förmlich: »Das werden wir ja sehen! Und ob ich Sie hierbehalten kann!« Auf einmal rief sie bei Gericht an und verlangte nach einem Richter, der unverzüglich vorbeikommen sollte. Ich bekam Panik. Ich hatte damals die Durchwahl zu meinem ehemaligen Therapeuten und rief an, dass ich fertiggemacht werde und der »Amtsschimmel gegen mich reitet!«. Doch mein Therapeut war angeblich in einer Besprechung. Diese Besprechung dauerte sechs Wochen mit Verlängerung.

Die Tür ging auf, ein Richter kam. Ich hatte zwar eine Rechtsschutzversicherung, aber wir sind in Deutschland

und nicht in Amerika. Da kommt so schnell kein Anwalt zum Patienten. Mir wurde dann, um den Anschein
eines »fairen« Prozesses zu wahren, ein Verfahrenspfleger
gestellt, der einfach nur dasaß und nichts machte außer
nicken und zu mir sagen, ich solle hier einwilligen, weil
ich ja weiß, wie der Hase so läuft. Sorry, nein, ich wusste
eben nicht, wie so ein »fairer« Prozess läuft.

Ich erzählte dem Richter von Gaslighting, dass ich das
Opfer bin, ich wusste ja nicht einmal, was in den Strafbefehlen stand. Der Horror begann. Frau OÄ erklärte
mich für unzurechnungsfähig. Ich habe Wahnvorstellungen und sei paranoid. Ich habe einen psychotischen
Rückfall und bilde mir alles ein. Ich würde halluzinieren.
Und ich könnte mich nicht mehr um mich kümmern
und müsste jetzt betreut werden. Aufgrund der Unzu-
mutbarkeit meiner Tochter gegenüber sollte mich eine
Gibbi Samon betreuen. ICH!? Ich dachte, ich spinne,
oder dass ich jetzt wirklich halluziniere. Sie sollte auch
gleich mein Geld noch verwalten, das sowieso zu wenig
ist. Ein »Buttergolem« mit fettigen Haaren aus meinem
Umkreis, die ja ihr Leben so unter Kontrolle zu haben
scheint, dass ihr Äußeres alles widerspiegelt. Ich weiß,
man soll nicht alles auf Äußerlichkeiten reduzieren, aber
das ist einfach nur anmaßend.

Perfekt! Es ist das perfekte Spiel! Jeder weiß: Ohne
Moos nix los! Da ich sowieso schon nicht mehr viel davon hatte, aufgrund meiner überdimensionalen Kredit-
rate, weil ich jahrelang die »Zahlsau« nach der Firmenin-
solvenz war, die Ausgaben immer mehr wurden, meiner
sterbenden Mama und meiner pubertierenden Tochter

einige kleine Wünsche erfüllen wollte, ungeplante Ausgaben, die ich jetzt hier gar nicht erläutern möchte.

Ich wusste nicht einmal, dass ein Strafbefehl gegen mich vorlag. Vor allem warum? Weil ich die »gottverdammte« Tür eingeschlagen habe oder irgendwann im Streit mit meinem Vater verbal eskalierte oder mein Villeroy & Boch zerschlug, weil sie es hässlich fanden und mich damit verspotteten. Weil ich mich gegen körperliche Gewalt wehrte? Ich weiß nicht, wie die Wahrheit gedreht worden ist. Nur eins weiß ich, dreizehn Wochen später, voll durch den Wind und wirklich seelisch erschüttert, panisch, verängstigst ja, wirklich fast paranoid, bescheinigte mir ein Gerichtsmediziner, den ich eigentlich wegen einer Therapie um Hilfe bat, der aber aus versicherungsmäßigen Gründen ablehnen musste, dass ich voll straffähig sei.

Rein theoretisch hätte ich also damals in Untersuchungshaft oder was auch immer gehört, aber dass ich ein Idiot bin, ist günstiger für alle Beteiligten. Denn so brauche ich nie wieder jemanden glaubhaft zu machen, dass meine Sachen verschwinden. Selbst nach der Psychiatrie ging es weiter. Ein Nachweis, der nie wieder zurückgeholt werden kann, dass ich als »Hilfsschwester« früher gearbeitet habe, ist mir gestohlen worden. Der Idiotenstempel ist perfekt! Dazu gleich noch den Paragraphen der üblen Nachrede mir ins Gesicht geschleudert, dass ich unter wahnsinniger Angst lebe.

Stan und ich in der Geriatrie

Doch zurück zur Altenstation. Genannt wurde ich dort vom Pfleger Ludwig die Eisprinzessin, das habe ich wahrscheinlich meinem früheren Kokainkonsum zu verdanken. Es ging gleich los, mich mit Antipsychotika vollzustopfen. Die alten Menschen, zugestopft mit irgendwelchen Medikamenten, saßen hin und wieder im Speisesaal oder lagen im Bett.

Ein einzelner Tisch mit zwei Stühlen war noch frei und ich setzte mich daran zu den Mahlzeiten. Plötzlich setzte sich Stan, der Typ mit der Zahnbürste, zu mir. Als er mir plötzlich sein Schicksal erzählte, kam ich mir wie in der Matrix vor. Genau das Gleiche wie bei mir. Stan hatte seinen Kumpel besucht. Er machte einen Witz: »Stell dir vor, ich bin heute Steve Jobs!« Das hörte der völlig »irre« Nervenarzt Snyper der anderen geschlossenen Abteilung, mit dem ich auch noch das Vergnügen hatte. Dazu später. Dr. Snyper ließ gleich den voll »seriösen« Richter Radnik vom Amtsgericht kommen, der ja völlig neutral ist, und welch ein Wunder, Stan wurde für unzurechnungsfähig erklärt und entmündigt.

Angeblich hatte er zwei Unternehmen und war Schiedsrichter und arbeitete als Beamter in der Stadt und war früher Rettungssanitäter und Türsteher im ehemaligen angesagten Club, wo wir früher alle hingegangen sind, inklusive der Dealer.

Ein Leben am Limit

Ich hatte in den Neunzigern ein krasses Leben. Um alles zu erreichen, nahm ich Aufputschmittel. Kokain inklusive. Mit Kokain ging alles besser. Es macht einen hart und kalt. Lässt einen zum Hulk werden, ganz zu schweigen, dass es einem wahnsinnig geil im Bett macht. Manche »betäuben« sich ihren Penis oder die Vagina damit.

Meinen Ex machte es wahnsinnig geil. Wir vögelten ununterbrochen, bis zum Morgengrauen. Doch die permanente Überlastung, das Erschöpfen der Nebennieren, durch das ständige Ausschütten von Adrenalin und Noradrenalin, hatte verheerende Folgen. Die Erschöpfung drohte. Erst der Leistungsabfall im Training und dann wurde mein Beruf zum Problem. Ich wollte alles schaffen. Nicht nur Training, Beruf, Weiterbildung und Kinderbetreuung und Haushalt. Ich wollte perfekt sein.

Eines Nachts bekam ich den totalen Zusammenbruch. Ich fing an, akustische Halluzinationen zu hören. Ich wusste sofort, dass ich krank war. Mein toller geiler Freund fand mich aber nur so lange geil und »liebenswürdig«, solange ich funktionierte. Er legte sein Praktikum um, nach München, um für mich unerreichbar zu sein. Und nicht nur das, ich war unglücklich in einen hübschen braunäugigen Boxer aus meinem Club verliebt. Doch die Liebe blieb unerwidert. Ich steigerte mich immer mehr hinein. Jedenfalls hatte ich eine Psychose. Ich setzte mich in den Zug nach München und wies mich in die Psychiatrie ein, weil ich dachte, mein Freund kommt mich besuchen. Aber das war auch nur mein Gedanke. Jedenfalls war ich in dieser Psychiatrie für eine Nacht und sie waren sehr nett zu mir. Am nächsten Morgen telefonierte ich mit meiner Mama, die immer für mich da gewesen ist. Sie holte mich heraus und brachte mich nach Leipzig in die Universitätsklinik. Dort waren alle nett, noch netter, und machten mir Hoffnung. So etwas wie mit Stan ist mir noch nie passiert.

Das irre Leben in der Geriatrie

Die Geriatrie ist mit die abartigste Station, auf der ein nicht dementer Mensch untergebracht werden kann.

Wie anfangs schon erwähnt, bekam ich nicht das versprochene Einzelzimmer, sondern einen Platz in einem Fünfbettzimmer. Ich teilte das Zimmer mit Martha, Barbara, Ines. Ines war echt nett. Alle waren älter. Anfangs schien alles gut zu sein. Aber Barbara, diese Frau war von Grund auf doof. Und vor allem mit ihrer Angst machte sie mich wahnsinnig, dazu das permanente Entschuldigen. Das Schlimmste ihrer Dummheit war für mich, als sie zwei Apfelsinenkerne verschluckte und sie voller Panik auf und ab rannte, ob es schlimm ist. Bis ich es nicht mehr aushielt und sagte: »Ja, sehr schlimm, denn jetzt wird dir ein Apfelsinenbaum aus dem Arsch wachsen!« Und nein, sie begriff nicht einmal, dass es Ironie ist. Sie glaubte es auch noch. Die Frau war ein hoffnungsloser Fall. Wahrscheinlich wollte ihr Mann sie loshaben. Sie sagte, sie war auf dem Weg zu ihrer Mutter, als sie zu Hause erwartet worden ist von einem Richter. Und gleich wegen Selbstmordversuch entmündigt und eingewiesen worden ist.

Ich war die verhasste Patientin der OÄ, ich hätte weder eingewiesen, festgehalten noch zwangsmedikamentiert werden müssen. Und das hat nichts mit fehlender Krankeneinsicht zu tun, sondern mit Machtgeilheit der Ärzte. Gleich am dritten Tag wurden mir die Antipsychotika hochgezogen, wo heimlich Schwestern mich fragten, was an mir behandelt werden soll.

An und für sich war die Geriatrie aus nicht dementer Sicht traurig bis absolut heiter. Als ich eines Morgens im Speisesaal saß, beobachtete ich einen alten Mann, wie er die Blumenvase vom Tisch nahm, die Blumen auf den Tisch legte und das Wasser trank. Ich dachte gleich an den Butler James aus Dinner for one.

Nachts wurde es immer lustig, denn die Türen gingen nicht zu verschließen und so standen im Dunkeln wildfremde Menschen in unserem Fünfbettzimmer. Herr Gramm machte Ines Angst, er war absolut gewalttätig und ich konnte ihn nicht aus dem Zimmer schmeißen wie alle anderen. Ich kam mir wie Hakan der Türsteher vor den Bars vor. Ich verriegelte die Türe von innen mit einem Stuhl unter dem Türgriff. Doch die völlig verblödete Barbara riss ihn weg. Merke: »Gegen dumme Menschen niemals antreten, vor allem nicht in der Psychiatrie.«

Frau Palik war heftig. Wenn ich sie nachts nicht ertappte und ich wirklich einmal schlief, setzte sie sich auf einen Stuhl in unserem Zimmer und aß mein Obst. Da sie so verwirrt war, und ihr auch die Zimmernummer nichts mehr sagte, wo sie hinsollte, hängte man ihr einen Frosch an die Türe. So hieß sie nur noch der »Frosch«.

Eines Nachts hat sich auf dem Gang auch einer seiner Exkremente entledigt. Ein Scheißhaufen auf dem Gang.

Meine »Inhaftierung« sollte sechs Wochen dauern. Ich schaltete eine Anwältin ein, die mir meine Cousine besorgt hat. Ob es was gebracht hat, weiß ich immer noch nicht. Denn frei gebracht hat mich ein »Pakt mit dem Teufel«, ein »Behandlungsvertrag«. Dazu später.

Jedenfalls bemühte sich meine Anwältin und sprach mit der machtgeilen OÄ. Sie hatten eine interne Vereinbarung, dass ich nach den sechs Wochen freikomme und kein neuer Antrag gestellt wird. Doch welch Zufall, die Frau des Chefarztes ging ganz überraschend in Urlaub und der »nette« Kollege Snyper, eingangs von Stans Schicksal erwähnt, übernahm als Vertretung die Geriatrie.

Ich wechselte kein Wort zur Visite mit ihm, er sagte nur: »Sie kommen übermorgen nicht frei, dafür werde ich sorgen.« Einen Tag vor Ablauf der Frist ließ Snyper seinen Busenfreund Radnik kommen. Ich sollte mich äußern, ob ich hierbleiben möchte. Doch wir sind in Deutschland und nicht in Amerika. Als ich nach meiner Anwältin verlangte, wurde mir diese verweigert und der nickende Verfahrenspfleger mir als »Verteidiger« gestellt. Dieser »Kaspar« kostete mich 500 Euro.

Da der irre Herr Snyper in meinem Tagebuch irgendwann gelesen haben musste, wo so ziemlich alle durch den Kakao gezogen worden sind und ich den ersten Richter als einen »Hergeholten von der Imbissbude« bezeichnete, meinte Radnik: »Ich bin ein wirklicher Richter!« Was für ein Idiot!, dachte ich mir. Ich antwortete darauf: »Ja, das ist mir schon klar!«

Hinter geschlossenen Türen einigte man sich dann, dass ich nicht mehr andere gefährde, wie beim ersten Mal, nein, dieses Mal war es Eigengefährdung. Kurzum, ich sei depressiv, selbstmordgefährdet und hätte mein Leben nicht unter Kontrolle. Rein rechtlich hätte ich wegen Suizid nicht verurteilt werden können, denn nirgends ist ein Wort über Suizid oder Depression gefallen, geschweige denn irgendeine depressive Stimmung. Die eine Schwester meinte: »Sie sind der lebenslustigste Mensch, den ich kenne!« Schwester Kathy, eine absolut Nette, schenkte mir einen Rosenquarzstein. Sie sagte, noch einmal sechs Wochen hier zu überstehen ist nicht einfach. Sie wusste auch genau, was mit mir tagtäglich dort gespielt worden ist. Nicht umsonst meinte sie: »Sie sind des Wahnsinns fette Beute!«

Doch zurück zu Snyper und Radnik. In einer Psychiatrie hast du keine Rechte. Von wegen Patientenrechte. Ein Menschenleben ist nichts wert. Schon allein mir Medikamente, die als tödlich und Gefahrenklasse eingestuft werden, gegen eine Psychose, die nicht vorhanden ist, zu geben, ist eine Straftat. Doch es ist ein Milliardengeschäft der Pharmaindustrie. Der Patient, das »Zahlschwein« für die Ärzte. Ich hatte 40 Grad Fieber und mir wurden wer weiß wie viele Milliliter Blut gezogen, gefunden haben sie nichts. Aber fleißig abrechnen. Wenn es nur annähernd um meine Gesundheit gegangen wäre, dann hätte man mir an dem Tag der Blutentnahme Ausgang gegeben, um meinen Körper und Kreislauf zu stabilisieren. Doch weit gefehlt. Ich lag halb ohnmächtig in meinem Bett im Fünfbettzimmer und wurde den ganzen Tag mit Tavor zusätzlich noch zugestopft, dass ich, vorweggegriffen, mit schweren Entzugserscheinungen zu kämpfen hatte.

Und nicht nur mein Menschenleben ist dort nichts wert gewesen. Ich möchte kurz erwähnen, da ich früher »Hilfsschwester« und Stan Sanitäter war, durften wir den

Schwestern beim Bettenbeziehen und Essenausteilen helfen. Im Dreibettzimmer der dementen Männer lag Herr Mohn, der immer so nett war und sich freute, wenn ich mit ihm redete. Mich wunderte es schon die ganze Zeit, dass Herr Mohn nicht mehr zum Essen erschien. Als ich sein Nachbarbett bezog, sah ich, dass er Schweiß auf der Stirn hatte und schlecht atmete. Ich meinte zu Stan: »Guck dir einmal Herrn Mohn an, dem geht es gar nicht gut!« Er griff ihm auf den Bauch und meinte: »Der Bauch ist voll hart!« Er informierte die Schwester, die den Pfleger Mario und er einen Arzt, der wieder einmal kein Deutsch richtig konnte. Stan meinte, dass Herr Mohn sofort in ein Krankenhaus muss. Die lapidare Antwort: »Wir sind auch ein Krankenhaus!« Pfleger Mario aber durchschaute wahrscheinlich das Spiel, denn er blieb danach dran und veranlasste in der Nacht bei einem anderen Arzt, dass Herr Mohn in ein Krankenhaus gebracht wurde. Er kam sogar nach geraumer Zeit lebend noch einmal zurück. Es ist erschreckend, was Ärzte dort mit den Menschen machen. Herr Mohn war ein lieber alter Opa, am Ende war er so mit Medikamenten zugestopft, dass er apathisch im Rollstuhl am Essenstisch saß. Es ist nicht der einzige Vorfall. Plötzlich trugen Menschen Windeln, die vorher nicht inkontinent waren.

In abgeschwächter Form ging es Stan und mir auch so. Wenn er seine Medizin nicht nehmen wollte, obwohl angeblich kein Medikamentenzwang herrscht, ließ der großartige Chefarzt die Polizei kommen und ließ ihn zwangsmedikamentieren. Dann lag er bewusstlos den ganzen Tag in seinem Einbettzimmer mit Rundumüberwachung und am nächsten Morgen saßen wir am Frühstückstisch und ich verstand kein Wort, was er mir erzählte. Er konnte keinen klaren Satz bilden. Das ist pure Körperverletzung. Bestürzend, dass so etwas der »Rechtsstaat« duldet.

Es war wieder einer dieser Tage, an dem Stan seine Medizin nicht einnehmen wollte und er um Hilfe rief. Ein Zwangsmedikamentierungsstab kam. Das Witzige, mein ehemaliger Therapeut hatte Zeit (?!), dabei zu sein, aber keine Zeit, um mich aus der »Hölle« zu holen! Stan schrie um sein Leben. Mein Vater war gerade zu Besuch und hatte sein neues Smartphone bei der Hand. Ich schnappte es mir und fotografierte dieses Quartett.

Der Chefarzt tobte wie verrückt, das ist eins schwere Straftat, und ich dachte mir, das sagt ausgerechnet der Richtige, und dachte mir, Rechte hast sowieso keine. Was soll der Geiz!

Natürlich folgte die Bestrafung für mein »psychotisches« Verhalten. Ich bekam gleich von den neuen Antipsychotika, weil bei den ersten kein Wirkstoffspiegel wäre und ich sie nicht eingenommen hätte (Bullshit alles, natürlich habe ich sie eingenommen, vielleicht waren es Placebo), eine Tablette mehr. Die guten Abilify! Die, die Psychosen, Angstzustände und Depressionen auslösen.

Die Ärzte wussten doch genau, dass ich früher alle diese Krankheiten hatte und genau das, was Apriprazol auslöst. Was in meiner Krankenakte stand, weiß ich bis heute nicht, aber es ist schön, dass vom Richter bis zur anderen Psychiatrie es jeder wissen durfte.

Stan durchlebte eine totale Wesensveränderung. Er war nicht wiederzuerkennen. Er brach in seinem Zimmer zusammen, genauso wie ich. Laut Akte war ich schwer suchtkrank, aber mich stopfte man voll, mit Tavor. An einem Sonnabendmorgen war ich so vollgestopft, ich war gerade dabei, Stans Augenbrauen zu zupfen, dass ich in Stans Bett kollabierte und einschlief. Wir schliefen den ganzen Vormittag. Er gab mir an diesem Tag Halt und schenkte mir Sicherheit.

Meine heimliche Liebe vor der Einlieferung war Bastian. Ich sah ihn als meinen Dualpartner und Seelengefährten. Wenn ich in seine braunen Augen blickte, wurde mir ganz schwindlig. Er war zwar prollig, aber ich mochte ihn. Immer wenn ich an ihn dachte, fuhr er mir über den Weg oder kam an. Er ist mehr als ein geiler Typ. Er hat die schönsten braun-schwarzen Augen und den schönsten Mund. Ich hätte ihn gleich am ersten Tag, als er mich im Gym begrüßte, geküsst. Wir hatten beide einen »heißen Draht« zueinander. Aber nach der Zwangseinlieferung sah ich ihn nie wieder. Heimlich wünschte ich mir, er würde mich aus der Hölle auf Erden befreien, aber man kann nichts erzwingen. Mittlerweile erfuhr ich, dass er groß Karriere machte und in Leipzig jetzt lebt, wo er sich mit den »Schönen und Reichen« umgibt. Selbst wenn ich ihn wiedersehen würde, wäre ich nicht mehr gut genug für ihn.

Satisfyer & Co. –
von den Neunzigern bis heute

In der Zwischenzeit habe ich so viele Angebote für Sex und sogar Beziehung bekommen. Beinahe wie damals in den Neunzigern. Dazu komme ich später. Ich habe ein absolutes sexverdächtiges Angebot: »Satisfyer«.

Zurzeit ist mein Handy aus, aber ich war sein Webcamgirl. Das erste Video von mir machte ihn so geil, dass er mich um eine Liveschaltung, per Telegramm, bat, wo er mir seinen harten Schwanz zeigte und vor Geilheit gleich abspritzte.

Er ist genauso geil wie mein Telefonsexpartner, den ich hatte. Das Gespräch werde ich nie vergessen.

Eines Abends in den Neunzigern hatte ich Langeweile und ich sah im Fernsehen eine Telefonsexhotline, bei der Frauen kostenlos anrufen konnten. Ich dachte, warum nicht? Probiere es aus.

Es war 21.00 Uhr abends: Damals war ich noch recht jung und noch nicht so erfahren, also törnte mich es an.

Er hinterließ auf der Hotline seine Telefonnummer. Ich rief ihn an. Er beschrieb sich als 35-Jährigen und wäre im Außendienst tätig.

Ich flunkerte und beschrieb mich als 20-jährige Hotelfachfrau, in Wirklichkeit war ich Wirtschaftsstudentin und wog 50 kg. Gab mich als 76 kg schwere mit braunen, kurzen Haaren junge Frau aus. Ich glaube, es war ihm egal, wie ich wirklich aussah. Er war nur geil. Er suchte die devote Frau und mich machte dieser Gedanke an:

Unser Gespräch fing an. Er zu mir: »Wie alt bist du?«
»20«. »Du hast keine Erfahrung damit, oder?« »Hängt
ab. Ich war vorhin geil!« »Und jetzt, bist du es auch
noch?« »Ja. Erzähle mir deine Fantasie!« »Du liegst auf
dem Rücken und streichelst dir zart über deinen Körper!
Berühre dein Gesicht mit den Fingerkuppen und jetzt
deinen Mund! Ganz sachte, öffne ihn leicht! Was macht
deine Haut?« »Gänsehaut!« »Deine Härchen richten sich
auf. Sehe, wie deine Knospen hart werden. Streiche über
deine Brüste! Zeig sie mir! Drück sie zusammen! Kneif
deine Brustwarzen, verdrehe sie. Drück deine Brüste fester zusammen. Ganz langsam, streich über deine Leisten!
Streiche deine Leisten! Spreiz deine Beine! Stell dir vor,
mein Kopf ist zwischen deinem Schoß. Schau mich an!
Fahr mit den Fingern die Schamlippen entlang! Langsam! Kneif sie zusammen! Heb deinen Po! Spreiz deine
Beine etwas mehr und spiel an deinem Kitzler! Sieh, wie
schön er schwillt! Steck deinen Finger in deinen Mus-
kel. Press ihn zusammen! Fester! Nimm deinen Finger
zurück und fahr die Schamlippen entlang. Drück die
Hand gegen deinen Venushügel! Nimm zwei Finger und
stoße sie hinein! Du bist zu schnell! Mach das, was ich
dir sage! Stoße zu, fester!« Ich stöhne! »Ja, du bist eine
devote Sau! Sieh, wie deine Möse feucht und glänzend
wird. Sieh meinen dicken Schwanz! Will dich jetzt ganz.
Sieh, wie groß er ist, wie er glänzt. Sollst ihn blasen!
Will dich ficken! Sieh mich an, du geile Sau! Will es mir
über deinem Gesicht kommen lassen.« Stöhn, hechel. Ich
komme, geil überwältigend.

Am nächsten Tag bin ich dann umgezogen. Der Umzug war schon länger geplant und mein Telefon wurde abgemeldet. Er konnte mich also niemals kennenlernen.

Ganz im Gegenteil zu meinen anderen Männerge-schichten.

Den geilsten Sex hatte ich, neben den One-Night-Stand mit Arno, mit Calvin.

Arno

Arno war ein Muskelsportler und wir kannten uns aus dem Fitness. Er war stämmig gebaut, vielleicht 95 kg, kurze blonde Haare und blaue Augen. Eines Abends gingen wir zusammen in ein Lokal, ich kam mit meinem Mountainbike. Wir tranken einen Drink, er lud mein Fahrrad in sein Auto und wir fuhren zu mir. Ich hatte damals durch meinen großen Freundeskreis Zugang zu allen möglichen Drogen. Weed, der schwarze Afghane lagen von meinen Freunden überall zu Hause bei mir herum. Die Haschkekse, die wir damals backten, bekamen mir aber gar nicht. Ich hatte nach dem Verzehr permanente Heulkrämpfe, und als mich meine Mama besucht hatte und so einen leckeren Cookie essen wollte, warf ich sie endgültig in den Müll. Vielleicht wäre es meiner Mama wie meinem Kumpel und meiner WG-Mitbewohnerin gegangen, die mächtig Spaß hatten, aber ich wollte ihr keinen Schaden zufügen und riss ihn ihr aus der Hand. Sie sah mich entsetzt an.

Zurück zu Arno. Er war Ende zwanzig. Ein richtiger Stemmer, wie ein Pornostar. Er machte mich geil, spreizte meine Beine und ich ließ mich von ihm durchficken. Ich kam einmal, zweimal, ich weiß nicht, wie oft. Jedenfalls nachdem wir es miteinander getrieben hatten, wollte er unbedingt einen Joint rauchen, obwohl er noch nie gekifft hatte. Ich wollte es ihm ausreden, aber er bestand darauf. So klebte ich das Zigarettenpapier zu einer Tüte und befüllte es mit Tabak und schwarzem

Afghanen, rollen konnte ich die Tüte nicht, aber dafür gab es sogar Drehmaschinen. Import aus den Niederlanden. Ich entzündete den Joint und zog daran und gab ihm ihn. Er zog, einmal, zweimal und hörte nicht auf. Es sollte an diesem Abend böse für ihn enden. Er bekam Halluzinationen.

In meinem Wohnzimmer stand ein Wäscheständer mit meiner Wäsche. Arno drehte plötzlich durch. Er dachte, ich sei seine Frau wahrscheinlich, denn plötzlich holte er mit der Hand aus und wollte zuschlagen, wegen dem Wäscheständer, dann waren seine Paranoia und seine Halluzinationen so groß, dass er auf die Straße rannte. Ich wohnte damals gleich neben der Polizeiwache und Eigenbedarf an Gras gab es auch noch nicht. Ich bekam die absolute Panik. Ich versteckte das Dope in meiner Wohnung und rannte zur Straßenbahn, um zu meiner Freundin, die in einem anderen Stadtteil wohnte, zu fahren. Die Laternenlichter verschwammen vor meinen Augen, die Ampellichter sah ich doppelt. Bei Anja angekommen, sagte ich ihr: »Der Arno ist durchgedreht. Der ist wahnsinnig geworden und ich weiß nicht, was mit ihm machen soll!« Sie rief ihn an und er lallte irgendetwas in den Hörer, dass er von seinem Kumpel geholt werden würde. Ich habe ihn nie wieder im Fitness Club gesehen.

Calvin

Zurück zu Calvin. Unsere Trennung war schade, dumm, und mein Leben wäre vielleicht anders verlaufen, hätte ich mich nicht wieder für den psychopathischen Kindesvater entschieden, der mich schon in der Schwangerschaft verließ, obwohl er das Kind genauso wollte. Er kam lediglich immer dann zurück, wenn ich einen neuen Partner hatte, und machte mir ein schlechtes Gewissen und zerstörte mir so mein gesamtes Leben.

Bitter die Trennung von Calvin. Calvin war wie Arno. Blond, kurze Haare, blauäugig, 1,80 cm groß, 95 kg schwer, durchtrainiert. Er meinte immer, er sehe aus wie Bruce Willis. Und so Unrecht hatte er gar nicht.

Optisch gesehen waren weder Arno noch Calvin mein Typ. Doch dann der Kuss von Calvin. Da waren absolute Schmetterlinge! Er konnte fantastisch gut küssen. Ich erinnere mich an unseren ersten Kuss. Unsere Lippen berührten sich, langsam, heftiger, dann bissen und dann berührten sich unsere Zungen, drängten wieder auseinander. Seine kräftigen Hände drückten meinen Kopf fest an sich heran, wir versanken. Ich spürte seine Erektion.

Wir entledigten uns unserer Kleidungsstücke. Ich küsste seinen Körper. Seine Hände berührten erst sachte, dann heftig meine Brüste. Er zog mich auf sich. Ich spürte seinen Penis. Wurde feucht, wollte ihn nur noch spüren. Erst langsam und dann stärker. Ich ritt ihn zum Höhepunkt. Er lag völlig geil und hingebungsvoll vor mir. Nachdem wir geschlafen hatten, erwachten wir und er fickte mich von hinten wie ein Bulle. Seine kräftigen Stöße ließen meine Schädeldecke erzittern. Er nahm noch die Hand und stimulierte meine Klitoris. Calvin war geil. Nie werde ich unseren Studentenfasching vergessen, als wir etwas abseits es miteinander getrieben haben. Ich saß mit hochgeschobenem Rock auf seinem Schwanz und ritt ihn. Der Joint, den wir geraucht haben, machte uns völlig high und geil.

Drugs and SEX

Das Marihuana war besser als das Kokain oder Amphetamine, die wir zur Leistungssteigerung genommen haben. Schlaf erschien mir damals als überflüssig. Ich wollte alles erreichen und war süchtig nach Leben. Doch die Sucht nach Leben, Leistung und Liebe sollte sich verheerend rächen, nämlich mit dem körperlichen und seelischen Zusammenbruch.

Der eine Stoff, den ich damals nahm, machte mich damals so geil, dass ich nur noch gefickt werden wollte. Deshalb ließ ich mich auf einen One-Night-Stand ein. Mein damaliger ONS nahm wahrscheinlich Viagra, denn er fickte die ganze Nacht. Ich war geil, aber der Sex schlecht, das bekam ich mit.

Alle meine Männer waren jünger. Ich habe sie mir nicht ausgesucht, sondern es hat sich immer so ergeben. Fast alle meine Männer waren Muskelsportler, so auch Jason. Der Sex war immer geil. Mit seinen muskulösen Armen zog er mich eines Abends zu sich, ich wehrte leicht ab, dann rutschte ich an seinem Körper hinab, knüpfte seine Hose auf und steckte seinen Schwanz in meinen Mund und blies ihm einen. Ich trug ein kurzes Sommerkleid. Er zog mir den Slip aus, während ich mich in Liegestützstellung abstützte. Dann er seinen. Er lag auf meiner Couch und ich setzte mich auf ihn. Ich war ungeheuer geil und feucht. Er mochte dieses Galoppspielen, das schnelle Niffen. Dann löste er meinen BH. Ich hatte mein Kleid noch an. Der eine Träger hing über meinem Arm, so dass meine erigierte Brustwarze hervorschaute. Ich war Sportlerin und daher waren meine Brüste klein, eine Handvoll. Es törnte ihn an. Ich oben, er unten. Er hatte einen wahnsinnig großen Schwanz. Positionswechsel. Er oben, ich unten. Er drückte meine Beine wie zum Spagat auseinander. Ich massierte meine Brüste, wurde von Wollust getrieben. Streichelte seinen Körper. Er steckte mir seinen Finger in meinem After. A tergo. Ich liebte es. Ich drehte mich manchmal ein bisschen um, um ihn zu beobachten. Wir küssten uns. Er presste seinen Mund auf meinem. Wir stießen im gleichen Rhythmus. Im Spiegel sah ich seinen durchtrainierten und angespannten Oberkörper. Dann drückte er mich zu Boden. Bloß noch kraftvolle Stöße. Dann merkte ich, wie sein Penis anschwoll, und meist ein wenig später kam er. Ich glaubte jedes Mal zu zerplatzen, wenn er ejakulierte. Mein Orgasmus war fantastisch, wir waren halb weggetreten. Meine Vagina vibrierte. Sex durchzog mein ganzes Leben.

Absolut geilen Sex hatte ich mit Rocco. Leider war er suchtkrank. Aber der Sex war geil.

Eines Tages kettete er mich mit Handschellen an das Bett, zog mir meinen Slip aus. Seine Zunge glitt an meinem Körper hinab auf meinen Venushügel und dann in meine Vagina. Mit spitzer Zunge bohrte er sich in meine Muschi. Ich wurde feucht. Dann sah ich sein glänzendes Glied. Er steckte es mir in den Mund und dann fickte er mich. Ich kam ein-, zwei-, dreimal. Mit ihm hatte ich den experimentellsten Sex. Abgesehen davon, dass ich ihn auch als Domina behandelte, wo ich ihn an das

Bett kettete und ihn schmoren ließ, seine Nippel mit Nippelklammern zwackte und ihm heißes Kerzenwachs auf den Körper tropfte, seinen Schwanz dann in den Mund nahm, ihn erigierte und ihn schmoren ließ, bis er bettelte, dass ich es zu Ende bringen soll. Verdient hätte er es an diesem Tag nicht, aber ich wollte keine Spielverderberin sein. Ich umspielte seine Eichel mit der Zunge, massierte seine Eier und dann kam er in meinem Mund.

Fast genauso geil war unser Pornodreh für private Zwecke. Was mit dem Film nach unserer Trennung passiert ist, weiß ich nicht. Aber es war ein Natursektfilm. Wir hatten es schon öfters gemacht. Darauf stehe ich eigentlich nicht, aber wie gesagt, es war alles experimentell. Wir besorgten uns ein Orgie-Bettlaken, das ist ein Bettlaken aus Latex. Er stand voll darauf, in den Mund gepisst zu bekommen. Ich stellte mich über sein Gesicht, ging in die Hocke und pisste ihm in den Mund.

Für den Porno war es umgedreht. Ich trug einen Overall mit freiem Schritt. Ich blies ihm einen Ständer, es ist mir bis heute unerklärlich, wie so etwas möglich ist, aber im erigierten Zustand pisste er mir in den Mund. Dann zog er seinen Schwanz heraus, pisste über mich und steckte seinen Schwanz in der A-tergo-Stellung erst vaginal, und als ich extrem feucht wurde, drang er anal in mich ein. Ich dachte in dem Moment, mein Arsch platzt, aber dann wurde ich so geil, dass ich kam. Er zog seinen Schwanz raus und spritzte mir sein Sperma über das Gesicht. Was für ein Movie.

Mit ihm hatte ich auch das erste Mal Fisten. Ich dachte nicht, dass es mich anturnt. Eines Abends lagen wir auf der Couch. Wir hatten uns bereits getrennt, wegen seines Alkoholmissbrauchs und seiner unkontrollierten Wut und Gewaltausbrüche, die in seelischer und körperlicher Gewalt immer mündeten. Aber eines Abends, als seine neue Freundin zur Arbeit war, rief er bei mir an. Sie war das krasse Gegenteil von dem, was ich war. Statt blond-braun und sportlich trainierte 55 kg Lebendgewicht, war sie eine farbig pigmentierte und 80 kg Frau. Was nie seinem Beuteschema entsprach. Aber wahrscheinlich war es sein unbändiger Familienwille. Er wollte immer eine Familie und Kinder. Ich hatte ein Kind, aber er erschien mir als Familienvater zu unbeständig. Der Drogen- und Alkoholkonsum von ihm machten ihm auch als Stief-vater nicht möglich, geschweige denn als Vater. Dazu die seelische und körperliche Gewalt. Im sturzbesoffenen Zustand, so dass nach geraumer Zeit ich ihn nur noch zum Pimpern besuchte und mein Kind in »Sicherheit« wusste. Am Rande bemerkt, ich erlitt auch eine schwere Angststörung nach der Beziehung, die sich nie so ganz gegeben hat. Aber es geht ja um den besagten Abend. Er rief mich an und ich bin wieder zu ihm in das alte Fachwerkhaus der nahegelegenen Kleinstadt gefahren. Er lag stoned auf der Couch. Ich setzte mich zu ihm. Er zog mich zu sich heran und küsste mich. Ich spürte, dass er von mir angeturnt war. Es war Sommer. Ich trug ein kurzes Achseltop und eine kurze Hose. Er streifte mir das Achseltop über den Kopf, griff meinen BH und holte meine Brüste heraus. Er massierte sie mit seinen kräftigen Händen. Meine Brustwarzen standen und ich wurde feucht. Ich massierte sie weiter, während er mir

Shorts und String auszog. Sein Gesicht verschwand in meinem Schoß. Er konnte fantastisch gut lecken, dann nahm er seine Hand. Ich war extrem feucht. Erst steckte er zwei Finger in meine Möse, ich wurde immer geiler und dann nahm er die Faust. Schmatzend von der Feuchtigkeit meiner Vagina bewegte er seine Faust in mir rein und raus. Ich wurde so geil, dass ich kam. Er hatte einen mächtigen Ständer und er spritzte mir, als er dann kam, sein Sperma über das Gesicht. Danach verschwand ich von ihm. Der Kontakt brach ab. Ich erfuhr dann im Nachhinein, dass er seine Freundin nicht nur mit mir, sondern mit meiner damaligen Freundin auch betrog. Das gab Madline, seiner Freundin, wahrscheinlich den Rest. Trotz dass sie sich gleich, nachdem sie drei Monate mit ihm zusammen war, hat schwängern lassen, um endlich die Familie mit ihm zu gründen, reichte dann das Kind nicht aus. Ich erfuhr, die geplante Hochzeit wurde abgesagt, sie zog mit dem Kind aus. Das Ende war tragisch. Ich erfuhr später, dass er an Drogen, wahrscheinlich einem Herzinfarkt starb.

Ich war zu diesem Zeitpunkt schon über 15 Jahre drogenfrei.

Stan

Drogen spielten auch bei Stan, der Typ aus der Psychiatrie, eine Rolle. Stan mit seinen stahlblauen Augen wurde von einem ganz seriösen Richter, wie eingangs erwähnt, und seinem gut befreundeten Nervenarzt zwangsinhaftiert. Man kann es ruhig Inhaftierung nennen. Es ist der reinste Psychoknast. Genau die gleiche Konstellation Snyper/Radnik hielt auch für mich, zwei Tage bevor ich entlassen werden sollte, einen Prozess ab. Snyper kannte mich kein bisschen, nur meine Uralt-Krankenakte, wo die angeblichen »Vieraugengespräche« meines Therapeuten (im Nachhinein hieß es: »War doch klar, dass Ihre Gespräche jeder lesen darf) mit mir drinnen standen. Snyper redete nicht einmal mit mir. Ich dachte echt, meine Anwältin regelt das. Aber in einem Psychoknast ist Denken der falsche Prozess.

Ich wurde an dem Tag, als ich freikommen sollte, einfach in das Behandlungszimmer gerufen. Da stand ich noch mit meinem durchtrainierten braungebrannten Körper. Mich guckte Radnik fragend an: »Haben Sie keine Atemmaske? Würden Sie sie bitte aufsetzen?« »Ja, Moment!« Ich hatte keine Ahnung, was in dem Strafbefehl stand, weshalb ich überhaupt eingesperrt worden bin. Dass eine eingeschlagene Türe solche Kreise zieht?! Mir war klar, dass es mehr sein musste. Wegen einer Kleidertüre einen Prozess abhalten!? Mir wurde klar, ich steckte tief in der Scheiße. Der Richter: »Ich halte Sie für keine gefährliche Frau!« Ich dachte, OMG! Und antwortete: »Das bin ich auch nicht!« WTF, dachte ich. Es ist wie im vorigen Jahrhundert, bei der Hysterie bei Frauen therapiert worden ist. Und dann die sinnlose Frage, ob ich hierbleiben möchte. Ich wusste, egal was du sagst … würde er nicht wollen, dass du weiter hier feststeckst, wäre er nicht hier. Ich sagte nur: »Ohne meine Anwältin sage ich nichts!« Ich wusste ja, dass eine Vereinbarung bestand, dass ich gehen dürfte. Snyper wurde aggressiv. »Sie haben einen Anwalt, den Verfahrenspfleger!« Ich: »Ist aber nicht meine von mir beauftragte Anwältin!« Snyper stieg die Wut zu Kopfe: »Sie haben eine Anwältin? Nennen Sie mir sofort ihren Namen!« Ich nannte ihn. Aber alle Nervenärzte dort waren wie Hannibal Lector. Ich musste, ohne ein Wort weiter gesagt zu haben, den Raum verlassen. Ich erfuhr, hinter geschlossenen Türen, dass mich das Gericht zu weiteren sechs Wochen, wegen Suizid, Depressionen und mein Leben nicht im Griff zu haben, verurteilte. Rechtlich gesehen wäre so etwas gar nicht möglich. Ich hatte keine suizidalen Gedanken geäußert. Trotz der Misshandlung in der Psychiatrie an meiner Person, nämlich Verweigerung von Therapien und Ausgang, hatte ich keine Depressionen und mein Leben ganz gut im Griff. Die Einzigen, die sich nicht im Griff hatten, waren die Nervenärzte. Es ist eine unfassbare seelische Gewalt, der man ausgesetzt ist. Und leider konnte mir mein ehemaliger »Vertrauenstherapeut« nicht helfen, weil er ja immer noch Besprechung hatte. Sechs Wochen Geriatrie sind hart. Ohne Therapie, Gespräche, Ausgang oder normales Leben. Es gab einige Schwestern, die nett zu mir waren. Viel schlimmer war, dass mein Innerstes, was ich meinem Therapeuten anvertraute, in einem Aktenordner stand und für jeden zugänglich war. Ich war eine gläserne Frau. Also, ich wurde zu weiteren sechs Wochen in der Geriatrie verurteilt. Und wie gesagt, die Besprechung meines ehemaligen Vertrauenstherapeuten dauerte weiter. Er lachte sich insgeheim so mächtig ins Fäustchen, sechs weitere Wochen in der Geriatrie, wo es schon früh nach Kot stank, durch die nicht gerechte Entsorgung der Windeln. Dadurch kamen Fliegen. Der Gang und die Zimmer wimmelten davon.

Stan wurde dann auf seinen Antrag hin plötzlich nach Zwankau ins Krankenhaus verlegt. Ich wusste, mit den beiden Irren Barbara und Martha bin ich verloren. Martha sollte sowieso entlassen werden. Sie war die Einzige, die Ausgang hatte, und nur mit ihr durfte ich eine kleine Runde an die frische Luft. Ich bekam allein keinen Ausgang, weil sie dachten, ich klettere über den Zaun. Der Zaun ist für unsedierte Patienten ein Lacher. Da kommt man locker drüber. Wahrscheinlich werden deshalb alle Insassen der geschlossenen Stationen so »abgeschossen«. Die Menschen laufen wie Roboter herum, wenn sie nicht sediert im Bett liegen.

Jedenfalls bekam ich Panik. Ich rief meine Anwältin an, dass ich unbedingt verlegt werden muss. Entweder nach Leipzig oder Zwankau. Eigentlich war die Umverlegung nach Leipzig so gut wie sicher, aber der Chefarzt von Wasn hatte wahrscheinlich solche Angst, dass man ihm auf die Schliche kam, dass es ganz plötzlich hieß, Leipzig nimmt aufgrund von Covid keine neuen Patienten an. Zwankau nahm mich nicht auf, da mein Haus dort nicht wohnte. Ich fiel also in die berüchtigte Psychiatrie Untergolumi. Jeder wusste von dem Ruf. Aber ich dachte, schlimmer als mit vier weiteren Verrückten, dementen, Hannibals Lector, Fliegen und Kot kann es nicht mehr werden.

Das Überleben in dem Fünfbettzimmer war nicht ganz einfach. Ich sicherte mir gleich den Fensterplatz. Ich weiß ja, die Irren reißen auch bei fast null Grad die Fenster auf, denn es war ja schon Herbst geworden. Natürlich wollten die Irren ihre frische Luft. Ich öffnete das Kippfenster, und wenn sie dann weggetreten im Bett lagen, schloss ich es. Abends wusch ich immer noch die von meiner Cousine mir geschenkten T-Shirts mit Rei in der Tube und hängte sie über die Heizung. Die ich voll aufdrehte. War alles gar nicht so einfach. Denn ich wurde ja vollgestopft mit Tavor. Und selbst als ich schon halb weggetreten schlief, weckte man mich, dass ich nachts noch einmal zwei bekam. Manchmal habe ich gar nichts mitbekommen, aber ich wusste, hier bewusstlos zu sein, ist tödlich. Wie gesagt, nachts kamen die fremden Menschen in das Zimmer. Und Herr Gram war gewalttätig. Aber die irre Barbara verstand sich mit ihm blendend. Von Stan erfuhr ich nur noch, bevor er verlegt worden ist, dass er seine deutsche Staatsbürgerschaft nach dem Ding abgegeben hat und sich über Russland gemeldet hat.

Ende Oktober sollte es so weit sein, dass ich in den anderen Psychoknast verlegt werden sollte. Doch um überhaupt verlegt zu werden, wurde ich erneut erpresst. Ich musste gleich zustimmen eine Abilify mehr einnehmen, sonst hätte Frau OÄ Lustner nicht zugestimmt. Mein Therapeut war immer noch in Besprechung. Nein, es war einfach Böswilligkeit. Wie erwähnt, lasen ja die Nervenärzte in meinem Tagebuch, wenn ich wirklich einmal mit der fetten Martha eine Runde drehen durfte. Und da lästerte ich ganz schön über sein abfälliges Verhalten mir gegenüber und bezeichnete ihn als Körperklaus. Ich war sowieso für unzurechnungsfähig erklärt worden, und mir glaubte keiner, außer meiner Cousine.

Sie meinte mittlerweile zu mir, ob ich in irgendetwas verwickelt wäre. Sie hat so etwas auch noch nicht erlebt. Na ja, Feinde hatte ich genügend. Abgesehen von meinen Ex-Freunden, deren neuen tollen Superfrauen, einige andere, denen ich im Laufe meines Lebens auf den Schlips getreten bin. Aber benennen konnte ich wirklich keinen.

Am Morgen des Abreisetages nahm ich noch einen Schluck aus meiner Mineralwasserflasche, die die ganze Zeit herumstand. Es schmeckte total bitter. Ich denke, man hat mir irgendetwas hineingetan. Es sollte nicht der letzte Übergriff in den Psychoknasten gewesen sein. Meine Zahnpasta wurde gestohlen und noch andere Kleinigkeiten.

Umverlegung nach Untergolumi

Jedenfalls wurde ich am Abreisetag mit einem Taxi und zwei 100 kg schweren Pflegern und einem Fahrer in die nächste Psychiatrie gefahren. Als ich vor sechs Wochen in die Psychiatrie kam, hatte ich keine Angst mehr, doch als ich in das Taxi stieg, war mir etwas mulmig. Ich wusste nicht, wohin sie mich bringen wollten. Ich habe die Strecke nicht gekannt und nach der ganzen seelischen Gewalt war ich nicht mehr so stark wie zu vor. Dazu der Medikamentenmix in meinem Kopf. Ich wusste ja, dass keiner nach mir suchen würde. Zu Hause wären sie ja froh gewesen, wenn ich nie mehr wieder heimkäme. Der gesamte Tathergang zu dem Gaslighting und dem Kleidertürgate muss so gedreht worden sein, dass es als Mordversuch oder Körperverletzung hingestellt worden ist. Wie gesagt, ich wusste nicht, was in den Strafbefehlen stand. Ich wurde auch nicht angehört, denn ich galt ja als verrückt, mit Halluzinationen und Wahnvorstellungen. Sehr interessant, ich habe es nur im Vorbeigehen, als ich aus der Wohnung geführt worden bin, gesehen, dass mein Vater und meine Tochter zeitgleich und nicht unabhängig befragt worden sind. Zwei Zeugen, die sich gegenseitig das Gleiche bezeugen. Ich dachte, ich spinne. Die Doofe war ich.

Alles schoss mir in dem Taxi durch den Kopf. Meine Gedanken wurden immer abartiger, je weniger ich den Weg kannte. Dann dachte ich, was, wenn die dich irgendwohin bringen und dich verrecken lassen für irgendwelche Organspenden. Denn als »Irrer« hast du keine Rechte.

Doch ich kam in Untergolumi an. Ein riesiger Gebäudekomplex. Eine »kleine Stadt« beinahe. So viele Häuser. Wie ich später herausfinden sollte, gab es sogar Kindergarten und Schule dort.

Ich wusste gar nicht, wo ich untergebracht werden sollte. Die Schwestern der ehemaligen Psychiatrie machten mir schon Panik, dass der neue Psychoknast im Corona-Hotspot lag. Ehrlich gesagt war mir zu diesem Zeitpunkt Corona so etwas von egal. Ich dachte nur, schlimmer als die seelische Folter kann Corona nicht sein. Denn wenn ich weiter in der Geriatrie bleiben würde, blieb als einziger Auslauf der Gang, der nach Kot stank und voll mit dementen Menschen war. Stan hatte sich schon umverlegen lassen.

Da kam ich also stark verängstigt in Untergolumi an. Das Aufnahmegespräch mit den Ärzten hätte man sich schenken können, denn das Urteil war ja bereits gefällt in Wasn. Auch wenn ich keine Psychose oder Wahnvorstellungen hatte, es lohnte sich nicht, irgendetwas dagegen zu sagen. Hier hieß es, sich zu arrangieren. Ich war vollkommen allein. Man legte mir irgendwelche Zettel hin, wo ich mit der »Zwangsbehandlung mich einverstanden erklären sollte«, alles Mögliche. Ich wusste, jedes Nein hat Konsequenzen. Ich fragte dennoch dann die Internistin, was ich bei dem einen machen sollte. Sie sah, dass ich völlig eingeschüchtert war, und sagte: »Lassen Sie es, unterzeichnen Sie es nicht.«

Ich wusste nicht einmal, auf welcher Station ich gelandet war. Im Nachhinein erfuhr ich, dass es die berühmt berüchtigte 7.3. war, wie mir ein junger Pfleger einmal erzählte.

Ich bekam ein Überwachungszimmer, wo nachts die Kameras angeschaltet und durch den Lüftungsschacht Licht geflutet wurde. Die Nacht überstand ich gut, danach musste ich umziehen in das Nachbarzimmer, was ich als Einbettzimmer bekam. Ich wusste ja, dass ich permanent überwacht worden bin, und auch wenn es verboten wäre, so entdeckte ich ein merkwürdiges Ding dort. Es sah aus wie eine kleine Überwachungskamera in der Badlampe. Da hier das Bad abzuschließen ging, hätte es für mich Sinn ergeben. Ich rollte also den Nachttisch von meinem Zimmer ins Bad und kletterte auf das vielleicht ein Meter hohe Ding. Gar nicht so einfach, unter Medikamenten die Balance zu halten und die zwei Heftpflasterstripes mit ausgestreckten Armen an der Badlampe anzubringen.

Ich kletterte wieder herunter und rollte den Nachttisch zurück. Ob Zufall oder nicht, just in dem Moment kam der Pfleger zu seinem Rundgang in mein Zimmer. Er guckte mich etwas merkwürdig an und fragte, ob alles in Ordnung sei. Ich dachte: Na klar, ich kann wenigstens in Ruhe auf Toilette gehen! Ich antwortete: »Ja, danke!«

Wer noch nicht wahnsinnig hier ankommt, wird in der Psychiatrie wahnsinnig oder krank. Das ist sicher. Und wer jemals behaupten sollte, die Psychiatrie hat ihm geholfen, der hat sie nicht erlebt oder ist vollends verblödet. Oder hat das enorme Glück, in eine private oder nicht staatlich geführte zu kommen.

Zurück zum Pfleger. Er kontrollierte das abgesperrte Fenster, ob es noch verschlossen war. Ja, Alter, ich habe keinen Schlüssel oder Dietrich, um das Ding zu öffnen!, waren meine Gedanken. Es war furchtbar, die Unterkunft war wirklich besser, das will ich mal hier erwähnen, so etwas wie Wasn müsste dichtgemacht werden, wegen untragbarer Zustände. Doch im neuen Zimmer kam durch den Lüftungsschacht der Gestank des Desinfektionsmittels. Es stank wie Chloroform. Ich stopfte in die Ritzen des Lüftungsschachtes ein T-Shirt. Der Gestank machte mich fast wahnsinnig.

Aufgrund von Covid durfte niemand die Station verlassen und ich hatte ja immer noch Arrest. Da ich ja in Wasn Hilfsschwestertätigkeiten nachgegangen bin, konnte ich hier gar nicht so schnell umdenken. Viel schlimmer aber an dem ganzen System ist, dass mir niemand glaubte, dass ich keine Psychose oder Wahnvorstellungen hatte, sondern das Opfer einer Intrige war. Warum man mich beseitigen wollte, weiß ich nicht! Macht, Dominanz, andererseits sprachen die Wertgegenstände, die gestohlen worden sind, eine andere Sprache. Das klang nach Habgier. Aber meine Tochter war niemals so gewesen. Ich konnte mir ihr Verhalten nicht logisch erklären. Es war sinnlos, hier irgendetwas geradebiegen zu wollen. Ich galt als »irre Gewalttäterin«, die am Tag der Einweisung trotz 40 Grad Fiebers voll zurechnungsfähig war, und für unzurechnungsfähig erklärt worden ist. Allein, ohne Zeugen, ohne Videobeweis oder irgendetwas war ich machtlos. Ich war ohnmächtig, die Gedanken konnten nicht zur Ruhe kommen. Kranke

Menschen haben nicht die gleichen Rechte wie gesunde. Wenn »Gesunde« schlagen, bekommen sie im besten Fall eine Abmahnung oder eventuell eine Anzeige.

Wie ich über Quellen erfuhr, soll es vor geraumer Zeit auf einem Juristentag zur Schlägerei zwischen ausgebildeten Juristen gekommen sein. Die Sache wurde unter den Teppich gekehrt. Oder in Zwankau stürmte einer mit einer Axt in einen Supermarkt, um gegen die damaligen Coronamaßnahmen zu protestieren. Die Polizei verwarnte ihn lediglich und nahm ihm vorübergehend den Führerschein weg. Interessanter Sachverhalt. Ich werde wegen einer eingeschlagenen Türe zum Idioten gemacht.

Die eingeschlagene Türe wäre vielleicht auch nicht passiert, hätte mein ehemaliger Therapeut mir eine Verhaltenstherapie zum Umgang mit Gaslighting gegeben. Stattdessen stellte er fest, dass das Opfer, ich in dem Fall, zu wenig Medikamente nehme, weil ich noch nicht doof in der Ecke lag. Er wusste, dass mit den Medikamenten meine körperliche Unversehrtheit auf dem Spiel stand. Auf Anraten eines Psychiaters (!), wohlgemerkt der Krankenkassenärztlichen Hotline, sollte ich das Nervengift absetzen, weil es zu Wechselwirkungen einer Vierfach-Impfung, einer unerwarteten Impfreaktion kam. Anstatt mir dabei zu helfen, und mit mir den Weg zu gehen, wurde ich übelst seelisch und körperlich misshandelt. Um meine Unversehrtheit wiederherzustellen, wollte ich eine Eigenbluttherapie machen. Der Chefarzt von Wasn hält sich für besonders schlau. Er verweigerte sie mir. Aber wer solche Zustände auf den geschlossenen Stationen duldet, muss sich eben anders profilieren.

Im Nachhinein, als ich nochmals mit meinem ehemaligen Therapeuten sprach, in der Hoffnung, dass ich es noch klarstellen konnte, erntete ich nur noch Spott. Von Impfreaktion hat der in seinem Wasn noch nie etwas gehört und die lapidare Antwort: »Mit Spätdyskinesien müssen Sie klarkommen.« Ich weiß von einem Gerichtsmediziner, dass es gegen Dyskinesien ein Gegengift gibt. Erfahrene, gute Nervenärzte wissen das. In Wasn werden sie Menschen verweigert.

Ein Heilpraktiker, der 30 Jahre zuvor in der Schulmedizin gearbeitet hatte, und mir vor dem Strafbefehl half, meinte, er würde den Therapeuten anzeigen. Anzeigen? Gut gesagt. Da ist nichts nachweisbar. Wie soll ich etwas beweisen? Dass ich keine Wahnvorstellungen hatte, dass ich keine Verhaltenstherapie gegen Gaslighting bekam, dass ich nie eine Differentialdiagnose bekam, obwohl er es immer zu mir meinte, und dass er mir die Heilung, Gesundung verweigerte.

Ich möchte nicht wissen, was in meiner Krankenakte in den »Vieraugengesprächen« stand. Ein starkes Stück, das gesamte medizinische Personal von Untergolumi las darin herum. Ich hätte es gar nicht erfahren, hätte mich nicht ein Pfleger eines Morgens gefragt: »Was haben Sie denn für Sport getrieben? Und was haben Sie sich da so eingeworfen?« Ich dachte, ich höre am frühen Morgen nicht richtig. Es kann sich keiner vorstellen, wie es sich als gläserne Frau so anfühlt. Private Gespräche landen als Frühstückslektüre bei dem überaus neugierigen medizinischen Personal, das den ganzen Tag nichts weiter machte, außer permanent rauchen, Kaffee trinken, bisschen Medizin austeilen und schwere Fälle fixieren. Die jungen Pfleger und eine Pflegerin waren nett. Mit denen kam ich gut klar. Mein Namensvetter war mein »Lieblingspfleger«. Er verstand meinen Sarkasmus und meinen Zynismus.

Aber es gab auch richtige »Arschgrampen«. Hikko. Dieser Mann, ich hätte ihm tagtäglich meinen Hass am liebsten gezeigt. Bei all seinen »Übergriffen« musste ich auch noch ruhig und gelassen bleiben. Er suchte permanent die Konfrontation. Das permanente Machtgehabe. Ich hatte Obst im Kühlschrank. Irgendwann drehte jemand den Kühlschrank hoch, dass das Obst gefror. Hikko musste das Obst um Mitternacht entsorgen. Er konnte nicht bis 3.20 Uhr warten, wie ich jeden Morgen aufstand. Wenn ich einmal am »Aggressionsboxsack« trainierte, kam er belehrend, wie es richtig geht. Ich fragte, ob er in einem Boxclub sei. Eigentlich steht noch ein realer Fight mit ihm aus, denn ich meinte, wir sollten gegeneinander kämpfen, wenn ich keine Patientin der Anstalt mehr bin. Ich muss sehen, ob ich meine Kondition nach dem Ganzen wiederbekomme und ob ich einen Sparringspartner in meiner Freizeit zum Training finde. In meinem jetzigen Zustand, ich leide mittlerweile unter einem schweren Trauma, erscheint es mir nur wie Traum.

Seine dummen, unqualifizierten Belehrungen, Apriprazol sei nicht Abilify, bis es mir zu viel wurde und ich meinte: »Sie sitzen den ganzen Tag vor dem Computer, googeln Sie es doch bitte einmal, bevor Sie mich hier belehren.« Am Nachmittag musste er dann das erste Mal klein beigeben.

Oder der Pfleger Franziskus. Er war ungeheuer nett, erzählte ungeheuer viel, war extrem neugierig. Doch, wie es mit den Netten so ist, Hinterhältigkeit lässt grüßen. Eines Morgens kam er in mein Patientenzimmer, ich glaube, es war der achte Umzug in ein anderes Zimmer. Das war auch eine beliebte Schikane, wenn die Pfleger/-innen Langeweile hatten, musste ich umziehen, insgesamt neun Mal. Aber dazu komme ich später noch einmal.

Eines Morgens machte ich meine Yogaübungen. Er kam in mein Zimmer. Redete und redete. Da, ich weiß nicht von wem, von mir schon einmal nicht, alle von meinem trainierten Körper einschließlich Bauch wussten, kam es zu einer Konfrontation, die mir zu denken gab. Er umfasste plötzlich meine Taille bzw. meinen Bauch und sagte, ist denn auch alles noch fest. Da dachte ich mir schon meinen Teil. Aber es ging weiter. Ich ging in den Spagat und legte meinen Oberkörper auf dem Boden ab. Da betatschte er mich plötzlich von hinten, seine Hände an meinen Hüften. Da ich früher aus dem Sport kam, machten mir die Berührungen nichts aus. Nur war Franziskus nicht mein Trainer oder meine Trainerin. Er war ein Pfleger und ich eine Patientin und eigentlich ist es eine sexuelle Anmache. Aber ich bin es gewohnt, damit umzugehen. Ich ließ ihn eiskalt abblitzen, fragte, ob er mit trainieren möchte. Wäre er sexuell übergriffig geworden, und hätte ich mich nicht mit Worten gewehrt, sondern körperlich, wäre ich wieder weiter fertiggemacht worden. Ich wusste, ich muss mit Selbstvertrauen überzeugen.

Bruce, der Campus,
Marlon und Richard

Genau wie damals, als meine große Liebe auf dem Studentenfasching, weil ich so umwerfend geil aussah, mich vergewaltigen wollte. Ich wollte ihn ja. Und natürlich hätte ich für ihn die Beine breitgemacht, aber dass er mich vergewaltigen wollte, nahm ich ihm übel und spielte das absolute Psychospielchen mit ihm. Bruce war Germanistik- und Musikstudent. Umwerfend gutaussehend, lange schwarz-braune Haare und braune Augen, wie damals Renegade, der Kultkopfjäger der Neunziger. Muskulös, romantisch könnte man sagen, er sah wie ein junger Gott aus. Und er war ein absoluter Macho. Ich wusste, auf welchen Frauentyp er stand. Nutten. Und genauso stylte ich mich. Das gesamte Faschingsoutfit, platinblonde Perücke, hohe Lackstiefel und einen Lack-Body, der meinen durchtrainierten 50 kg schweren Körper umhüllte, hatte ich nur wegen ihm an, um ihn zu kriegen. Ich wusste nicht, dass seine Band, die auch noch heute spielen, Groupies anlockten und er ein kleiner Superstar war.

Ich kannte ihn nur vom Campus und wir machten schon zu meinem ersten Studentenfasching, ich als Charleston-Dame mit schwarzer Perücke und er als Sträfling, die Bekanntschaft. Man flüsterte mir damals ins Ohr, ich sei die schönste Frau des Abends. Wenn man jung ist, glaubt man nicht so an sich. Ich wurde in meiner Jugend von Selbstzweifeln zerfressen. Ich trainierte permanent, fand mich immer zu dick, entwickelte sogar eine Magersucht. Selbst 48 kg bei 1,70 cm fand ich zu viel. Und dann fand ich meine Haut immer schlimm. Sie war gar nicht mehr schlimm, aber in meiner Kindheit/ Pubertät litt ich an Akne und hatte enorme seelische Probleme dadurch. Natürlich hatte ich keinen Pfirsicheint oder die »Porzellanhaut« der Asiatinnen. Ich hatte halt großporige, fettige Haut. Und durch den Sport, was ja Hormone ankurbelt, sprießen hin und wieder Hautunreinheiten. Ich war, wie man mir so oft sagte, bildhübsch, aber hatte keinen Selbstwert und zu wenig Selbstbewusstsein. Es war immer die Suche nach der Liebe. Liebe fand ich keine, sonst hatte ich wirklich alles. Ich war gesund, sportlich, konnte studieren, konnte arbeiten, hatte »wohlhabende« Eltern, eine mich liebende Mama, Freundinnen, konnte mir das kaufen, was ich wollte, bekam die bestbezahltesten Studentenjobs. Ein von außen betrachtet neidisch machendes Leben. Aber die permanente Abfuhr beziehungsweise nur der Sex in der Beziehung, ohne jemals die Liebe zu finden, machten mich seelisch krank.

Doch zurück zum Fasching. Bruce warf an diesem Abend ein Auge auf mich. Da auf dem Fasching immer Kussfreiheit herrschte, knutschten Bruce und ich herum. Das sollte für mich schwere karrieretechnische Probleme nach sich ziehen. Ich hatte mein Auslandssemester schon in der Tasche. Eine oder zwei Wochen später sollte es nach Schweden gehen. Doch unsere Kussfreiheit kam nicht bei allen gut an. Am nächsten Tag wurde ich gleich einmal in der Vorlesung daraufhin angesprochen, wenn es mit der Karriere nicht funktioniert, kann man es auch als Nackttänzerin versuchen. Ich werde 25 Jahre später noch einmal über diese Karriere nachdenken. Wie ich in Marketing gelernt habe, gibt es für alles einen Markt. Man muss noch die richtige Zielgruppe erreichen.

Doch zurück zu meinem Studium. Eigentlich hatte ich keine sehr schlechten Noten. In Wirtschaftsmathe sogar eine 1, alles andere war quer durchsetzt. Doch was danach geschah, war äußerst merkwürdig. Ich bin durch das gesamte Zwischenzeugnis gerauscht, alle Fächer nicht bestanden. Ich wusste bis dahin gar nicht, dass ich so eine Vollidiotin bin. Zufall oder nicht, allein die Aussage der Nackttänzerin war ja Hinweis genug. Jedenfalls habe ich mein Auslandssemester, was ich eigentlich aufgrund guter Noten bekam, einfach sausen lassen, weil ich lieber den Abschluss machen wollte. Das war sehr hart und traurig für mich. Bruce erzählte ich noch stolz am Abend des Studentenfaschings davon und er wunderte sich nicht schlecht, als ich immer noch über den Campus sprang. Der Studentenfasching und Bruce das Waterloo. Mit dem Fasching sollte erst der Wahnsinn beginnen. Der Mann, der mich in den Wahnsinn trieb. Was er jemals von mir wollte, habe ich nie erfahren. Aber dieses Hin und Her sollte fast fünf Jahre dauern.

Wir fuhren beide Motorrad. Immer wenn ich aus dem Fenster des Hörsaals blickte, sah ich, wenn er ankam. Er leitete damals den Studentenclub mit seinen Freunden auf dem Campus. Ich beobachtete ihn regelmäßig. Er muss es gewusst haben, dass ich schräg gegenüber Vorlesung hatte. Wenn er mittags nach dem Mensaessen mit seinen Mates dort stand, standen meine Kumpels und ich schräg gegenüber. Bruce und ich blickten uns hin und wieder an. Er war der absolute Macho. Und absolut überheblich uns Wirtschaftswissenschaftlern gegenüber. Wir waren für die Pädagogen die Schlümpfe. Und es war beinahe verpönt, dass ein Wirtschaftswissenschaftler irgendetwas mit einem Pädagogen haben konnte. Im Grunde genommen war er ein Arschloch. Aus heutiger Sicht. Aber wie gesagt, als junge Frau denkt man anders und ich hatte alles, außer Liebe. Und wahrscheinlich auf der krampfhaften Suche nach Liebe verliebte ich mich immer in die falschen Männer. Speziell Bruce.

Der Studentenfasching killte nicht nur meine Karriere, sondern auch die Beziehung zu Marlon. Dazu aber später. Ich war glücklich mit ihm. Er war zu dem Zeitpunkt bei der Bundeswehr und sonst nebenher noch Radfahrer. Er fuhr für Telekom und er war echt lieb. Aber ich fühlte mich schuldig, weil ich herumgeknutscht hatte. Ich gestand ihm alles. Er nahm es locker, aber ich kam über mich selbst nicht hinweg.

Das sollte nicht die letzte Beziehung sein, die Bruce killte. Ich war wieder in einer Beziehung, dieses Mal mit Richard. Richard wanzte sich eigentlich an mich heran. Er war überhaupt nicht mein Typ. Ich bat ihn damals eines Tages um Hilfe bei meinem Computer, da er ein absoluter Nerd war. Er war kleiner als ich, oder sagen wir genauso groß, hatte blonde Haare, blaue Augen und eine Nickelbrille. Er verstand das alles etwas falsch und ich schlitterte da wieder in etwas hinein, was ich nicht mehr stoppen konnte. Als Dankeschön für die Einrichtung meines Computers landeten wir im Bett. Und hier begann das Worst-Case-Szenario. Er hatte permanent Ejaculatio praecox, zu Deutsch vorzeitigen Samenerguss. Das erste Mal dachte ich, dass es die Aufregung ist. Er steckte mir seinen erigierten Penis kurz in die Vagina und kam sofort. Aber es war permanent so. Natürlich hatte er andere Qualitäten. Er konnte kochen. Aber ich mit meiner Essstörung fand auch Kochen ganz schlimm. Eines Abends kam er mit Fenchelknolle an. Ich dachte, ich spinne. Ich machte gute Miene zum bösen Spiel. Er war bestimmt ein guter Vater, ich habe ihn zwanzig Jahre später mit einem Kind mit meinem damaligen Freund Rocco wiedergetroffen und später noch öfters beim Einkaufen. Aber wir würdigten uns keines Blickes mehr.

Ich wollte ihn aber auch nicht auf die sexuelle Schwäche hin ansprechen. Ich wusste, Männer sind extrem da sensibel, und am Ende begeht er noch irgendeine Dummheit, weil er denkt, er ist nicht gut genug für mich.

Jedenfalls eines Abends waren Richard, ich, meine Cousine und ihr heutiger Ex-Mann in einer Disco, in der Bruce als Türsteher arbeitete. Natürlich war er wieder voll der Macho. Er baggerte mich an, die »Kleine« wollte ich schon immer treffen. Er wusste nicht, dass ich in ihn verliebt war. Wie ich später erfuhr, litt er selbst unter Minderwertigkeitskomplexen.

Ich ging auf Toilette und er drehte seine Security-Runde. Unsere Blicken trafen sich. Wir wussten beide, was mit uns gerade passiert. Wir gingen gemeinsam vor die Türe und verschwanden um die Ecke in der Nacht.

Die drei waren noch immer in der Disco und wie sich herausstellte, suchten sie mich. Meine Cousine kam heraus und ertappte uns beide knutschend. Sie dachte, sie spinnt. Dann sagte sie zu mir: »Dir ist doch hoffentlich klar, dass dich Richard sucht.« Ich: »Bitte sag nichts, sag, du hast mich nicht gefunden.« Bruce verstand den Ernst der Situation. Er meinte: »Ich bin um vier in meiner Wohnung.« Und gab mir seine Adresse. »Wenn du willst, dann komme vorbei!« Ich dachte nur: Und wie ich will! Doch ich musste Richard loswerden.

Und das war ziemlich schwierig. Denn er wollte wieder mit mir ins Bett. Die Stimmung beim Abgang aus der Disco war still. Meine Cousine wusste ja, wo ich war, aber sie hielt dicht. Ich saß in Richards Wagen auf dem Nachhauseweg still und schweigend. Zu Hause an meiner Wohnung angekommen, meinte ich, ich brauche heute Ruhe. Aber meine Männer akzeptierten durch die Bank hinweg nicht meine persönlichen Bedürfnisse. Es kam zweimal sogar zu richtigen Schlägereien, weil ich nicht »gehorchte«. Damals hatte ich noch Rechte und durfte zurückschlagen. Aber als psychisch Erkrankter gibt man auch gleich seine Persönlichkeitsrechte mit ab. Man muss, wie in meinem Fall, sich alles gefallen lassen. Doch zurück zu Richard. Richard war kein Gewalttyp, aber hartnäckig. Ich machte dann kurzen Prozess und sagte: »Ich gehe jetzt allein die Treppen hier hoch und ich möchte einfach meine Ruhe. Der Abend hat mir gereicht!« Frustriert stieg er in seinen Wagen und musste wahrscheinlich die Nacht allein die Hand an sein bestes Stück anlegen.

Wirklich sorry für alles, aber bei Richard kann man zum asexuellen Menschen werden.

Richard war ich los. Ich stieg auf meinen Chopper und fuhr in den Stadtteil, wo Bruce wohnte. Ich klingelte, er öffnete mir die Türe. Sofort verlor er sein machohaftes Getue und er sagte: »Ich hätte nicht mit dir gerechnet! Komm doch bitte rein!« Ich streifte meine Lederjacke ab. Wenn ich ihn ansah, mit seinen schwarzen langen Haaren, seinen braunen Augen und seinem breiten Kreuz. Ich war hin und weg, nahm mich aber zusammen. Bruce wohnte in einer WG und er hatte, welch Glück, sturmfrei.

Wir setzten uns. Ich hatte meine Bikerhose und ein Achseltop an. Er fing an, von sich zu erzählen. Dass er mit seiner damals noch unbekannten Band bereits »fame« hätte und er mit den jungen Groupies, die an der Bühne stehen und ihm auflauern, nicht klarkommen würde. Sie würden ihm hinterherlaufen. Ich dachte: Bei deinem geilen Aussehen wunderst du dich!?, aber sagte kein Wort.

Es war kurz nach Ostern. Auf dem Tisch lag ein Milka-Osterhase, wahrscheinlich von seiner damaligen Freundin, von der er angeblich getrennt war. Ich mochte außer gläserweise Nutella nichts Süßes. Das war auch so eine Essstörung von mir. Ich aß jeden Tag ein ganzes Glas, und damit ich meinen großartigen Körper behalten konnte, stemmte ich wie eine Irre Gewichte.

Doch zurück zu Bruce. Er machte uns einen Kaffee. Kaffee hatte eigentlich bei mir einschläfernde Wirkung. Wir setzten uns gemeinsam auf die Couch und unterhielten uns. Er war nicht nur schön, sondern auch intelligent. Ich wusste gar nicht, was mich mehr anmachte. Seine Intelligenz oder sein Körper. Wir unterhielten uns über Telepathie, Telekinese, Herrmann Hesse, Sartre, über alles Mögliche. Ja, wir philosophierten herum. Er war überzeugter Atheist und ich eine Frau, die an Gott, das Universum und alles Mögliche glaubt.

Irgendwann küssten wir uns. Er war ungeheuer schüchtern in Wirklichkeit. Wir wollten unsere Hosen ausziehen, doch wir waren gefangen in unsren »Markenklamotten«. Als wir uns endlich herausgepellt hatten und ich im String mit meinem durchtrainierten Körper vor ihm stand, war er noch schüchterner.

Ich hatte damals mir angewöhnt, durch Atmen zum Orgasmus zu kommen. Leider hat der Stress der letzten Jahre mir diese Fähigkeit zunichtegemacht. Aber egal. Er spielte mit mir und ich mit ihm. Ich fragte ihn: »Was macht dich an?« Und er: »Wenn du es dir selber machst!«

Ich setzte mich auf seine Couch und spreizte meine Beine. Zog den String zur Seite, so dass er meine Vagina sehen konnte. Mein Achseltop hatte ich schon längst ausgezogen. Meine Brüste waren klein und straff, damals hatte ich noch kein so ein breites Kreuz. Ich hatte 75B. Meine Brustwarzen standen. Meine Hände glitten über mein Gesicht, zwei Finger steckte ich in meinen Mund. Meine andere Hand glitt über meinen linken Busen, umfasste ihn, dann zog ich die rechte Hand aus meinem Mund und massierte meine linke Brust. Mal fest, mal sachte kniff ich meine Brustwarzen, dann glitt meine linke Hand zwischen meine gespreizten Beine.

Ich massierte den Venushügel und wurde geil. Ich sah in seine Augen und sah die Beule in seiner Shorts. Dann streichelte ich die Innenseite meines linken Schenkels, zog die rechte Hand auf der rechten Seite hinzu. Meine flinken Finger glitten zu meiner Vagina, die feucht war. Ich steckte erst einen, dann zwei hinein und bewegte sie rein und raus. Ich begann zu stöhnen.

Er war so geil, dass er erst seine Hose und dann meinen Slip auszog, mich einfach flachlegte und in mich eindrang. Er war der Erste, wo ich keine Angst vor HIV hatte oder einem Kind. Er war der Mann meiner Träume. In rhythmischen Bewegungen stieß er mich. Wir stöhnten leise. Kurz vor dem Samenerguss zog er sein Glied heraus und spritzte mir auf den Bauch.

Wir lachten und redeten noch ein ganzes Stück. So erfuhr ich, dass auch er aus »wohlhabenden« Hause war, sein Vater Zahnarzt war, ihn als Kind mit dem Gürtel oder Ochsenziemer »zähmte«. Wir redeten sogar von Kindern Ich wollte damals vier Kinder und trotzdem Karriere machen. Er meinte darauf nur, dass zwei Kinder ausreichend seien, er sei ein überaus bequemer Mensch. Er erzählte mir sehr intime Dinge und zeigte sich von seiner verletzlichen Seite.

Wie es mit uns beiden aber weitergehen sollte, blieb ungeklärt. Angeblich hatte er sich von seiner Freundin getrennt, die natürlich platinblonde Haare hatte. Was daran stimmte, darüber vermag ich mir kein Urteil zu bilden. Angeblich sei sie von ihrem Vater oder Opa vergewaltigt worden und würde deshalb mit Bruce so gut wie keinen Sex haben. Ich dachte, was für ein Desaster.

Er ist der Mann meiner Träume und spielt Psychologe für die.

Wir lachten und redeten noch viel, bis es schon Morgen war, als ich wieder ging, damit nicht noch einer seiner Mitbewohner hereingestürmt kam. Ich zog meine Bikerklamotten wieder an und schwang mich auf meine getunte Sportster und fuhr mit Schmetterlingen im Bauch weg. Ich war total happy. Und insgeheim dachte ich: Vielleicht ist die »Trulla«, seine angebliche Ex, weg und aus dem ONS wird mehr. Ich machte mir Hoffnung auf eine Beziehung mit »Renegade«.

Ich fuhr überglücklich am Morgen nach Hause und legte mich ins Bett und schlief mit der »Erfüllung« meiner Träume.

Doch der nächste Tag auf dem Campus sollte mich eines Besseren belehren. Er stand mit seiner Clique mir und meinen Kumpels gegenüber und lediglich ein kühles Hallo kam von ihm.

Ein Freund seiner angeblichen Ex, ein Wirtschaftsingenieur, der mich relativ gut leiden konnte, erzählte mir dann während der Vorlesung, dass er und Beatrice wieder zusammen wären. Anders ausgedrückt, er war nie von ihr getrennt. Eine Welt zerbrach in mir. Ich war fix und fertig. Nach der Vorlesung ging ich in den Laden und kaufte mir erst eine Flasche Merlot und im Drogeriemarkt eine Packung Rasierklingen. Die gibt es gar nicht mehr, so richtige Rasierklingen.

Am Abend ließ ich in meiner Wohnung in meiner Badewanne Wasser ein, es war eine wunderschöne Altbauwohnung und ein noch viel schöneres Bad, das mir mein Vater, da er damals eine große Baufirma besaß, auf Anraten meiner lieben Mama, sanierte.

Ich war jetzt allein in der Wohnung, nachdem ich meiner WG-Mitbewohnerin kündigte. Es ging für mich nicht mehr klar.

Ich nahm die Flasche Merlot mit und legte die Rasierklingen auf den Badewannensims. Ich war damals sehr trinkfest. Ich setzte die Flasche Merlot an meinen Mund und merkte, wie der Wein die Speiseröhre hinunterglitt. Ich trank, um meinen Schmerz zu betäuben, den die Rasierklinge verursacht, wenn sie sich in mein Fleisch bzw. meine Vene bohrt. Ich hatte die Flasche ausgetrunken und schritt zur Tat. Ich setzte die Klinge an, natürlich längs, denn ich wollte ja nicht gerettet werden. Der Schmerz bohrte sich von meinem Handgelenk durch meinen Körper. Ich wurde ohnmächtig. Das war im Nachhinein mein Schutzengel. Am nächsten Morgen, blutend, erwachte ich im kalten Wasser, aber die Hauptvene war nicht getroffen. Wie gesagt, mein Schutzengel leistete ganze Arbeit. Ich wusste, dass ich zu keinem Arzt konnte, die Einweisung wäre mir sicher gewesen. Zwar waren Ärzte in den Neunzigern noch Menschen, die einen nicht gleich behielten, die nicht gleich die Polizei oder den Richter riefen, aber das war ja eindeutig. Also legte ich mir einen Druckverband an. Meine Mama besuchte mich just an dem Tag, das ist die hellsichtige Mutter-Kind-Beziehung, und brachte mich damals zu meinem privaten Therapeuten, den Chefarzt einer Klinik und Forensiker, der mich nie für einen Vollidioten hielt. In analytischen Gesprächen rettete er mir schon einmal das Leben und hier meinte er beinahe lustig: »So schön kann doch gar kein Mann sein, dass Sie hübsche, kluge Frau für ihn sterben wollen!« In humoristischer Weise nahm er die Nacht des Pulsaderaufschneidens auseinander. Von ihm habe ich das Gebet von Antoine de Saint-Exupéry, das in seiner offenen Klinik aushing, und ich finde, es sollten mehr Menschen lesen, und ich zitiere es an dieser Stelle:

»Ich bitte nicht um Wunder und Visionen Herr, sondern um Kraft für den Alltag. Lehre mich die Kunst der kleinen Schritte!

Mach mich findig und erfinderisch, um im täglichen Vielerlei und Allerlei rechtzeitig meine Erkenntnisse und Erfahrungen zu notieren, von denen ich betroffen bin.

Mach mich griffsicher, in der richtigen Zeiteinteilung. Schenke mir das Fingerspitzengefühl, um herauszufinden, was erstrangig oder zweitrangig ist.

Ich bitte um Kraft und Zucht, dass ich nicht durch das Leben rutsche, sondern den Tagesablauf vernünftig einteile, auf Lichtblicke und Höhepunkte achte, und mir Zeit für Besinnung, Erholung und kulturelle Freude nehme.

Lass mich erkennen, dass Träume allein nicht weiterhelfen, weder über die Vergangenheit noch über die Zukunft. Hilf mir, das Nächste so gut wie möglich zu tun und die jetzige Stunde als die wichtigste zu erkennen.

Bewahre mich vor dem naiven Glauben, es müsste im Leben alles glatt laufen. Schenke mir die nüchterne Erkenntnis, dass Schwierigkeiten, Niederlagen, Misserfolge, Rückschläge eine selbstverständliche Zugabe zum Leben sind, durch die wir wachsen und reifen.

Erinnere mich daran, dass das Herz oft gegen den Verstand streikt.

Schick mir im rechten Augenblick jemanden, der den Mut hat, mir die Wahrheit in Liebe zu sagen. Ich möchte dich und die anderen immer aussprechen lassen. Die Wahrheit sagt man nicht sich selbst, sie wird einem gesagt.

Ich weiß, dass sich viele Probleme dadurch lösen lassen, dass man nichts tut. Gib, dass ich warten kann.

Du weißt, wie sehr wir der Freundschaft bedürfen. Gib, dass ich diesem schönsten, riskantesten und zartesten Geschenk des Lebens gewachsen bin

Verleihe mir die nötigste Phantasie, im rechten Augenblick ein Päckchen Güte – mit oder ohne Worte – an der richtigen Stelle abzugeben.

Mach aus mir einen Menschen, der einem Schiff mit Tiefgang gleicht, um auch die zu erreichen, die unten sind.

Bewahre mich vor der Angst, ich könnte das Leben versäumen.

Gib mir nicht das, was ich mir wünsche, sondern das, was ich brauche.

Lehre mich die Kunst der kleinen Schritte!«

Er war ein großartiger Psychiater.

Doch zurück zu meinem »fehlgeschlagenen« Suizidversuch. Ich ging also in die Apotheke und kaufte mir einen Druckverband, um das schmuddelige Ding, was ich mir notdürftig umband, zu ersetzen. Auf der Campustoilette wechselte ich den Verband und bin zur Vorlesung, so als hätte es nichts. Das war nicht das letzte Mal, dass ich wegen Bruce verrücktspielte.

Mir wurde in Zwankau alles zu viel. Es war kurz nach der politischen Wende. Es gab nicht viel. Die Leute waren unfreundlich. (Sind sie auch heute noch.) Ich brauchte Abstand. Amerika erschien mir passend dafür.

Ich konnte sehr gut Englisch und mein Traum war es immer, einmal nach Amerika zu fliegen. Für Studenten gab es Work and Travel. Aber da wurde ich auch wieder einmal verarscht. Mit Work and Travel bekommt man eine vorübergehende Greencard. Meine damalige Englischprofessorin war eine Amerikanerin und die meinte, die bekommt man vor Ort. Sie schrieb mir sogar ein perfektes amerikanisches Empfehlungsschreiben für eine Arbeit.

Ich hatte durch enorm gutbezahlte Studentenjobs und meine liebe Mama und meinem Vater, der mich damals vielleicht so etwas wie mochte, die finanzielle Sicherheit.

Zu jener Zeit gab es noch kein Internet. Nein, das ist falsch, aber das Leben lief noch nicht digital ab.

Es gab noch klassische Reisebüros an jeder Ecke. Wie durch einen Wink des Schicksals bin ich in ein kleines gegangen und fragte nach einem Flug nach Los Angeles, die Stadt der Engel. Es war Juni und alles ausgebucht. Ich war frustriert. Doch drei Tage später klingelte mein Telefon, dass ein Nonstop-Flug Leipzig–Los Angeles, sogar noch Fensterplatz, frei sei. Die nette Frau vom Reisebüro organisierte in absoluter Kürze das Visum und alle nötigen Papiere.

Ich konnte mein Glück kaum fassen. Um damals länger in den USA bleiben zu können, musste man eine Adresse, wo man übernachtet, angeben. Ich suchte ein Hostel, den Banani Bungalow in L. A.

Alma Mater an der »Elite-Uni« mit Sabia, Mia & Malina

Am Abreisetag brachten mich meine Eltern zum Flughafen Leipzig. Meine Mama hatte große Angst um mich und weinte, vielleicht weil sie auch wusste, dass ich gerne damals in den USA bleiben wollte. Ich hatte die Schnauze von Deutschland gestrichen voll. Ich kam aus dem Osten Deutschlands. Gleich nach der Revolution und nach Beendigung meines Berufes, den ich ergriff, weil ich damals zu DDR-Zeiten nicht »rot« genug war, mein Studium zu beginnen, ging ich in den »Westteil«. Natürlich war es offiziell der nicht ausreichende Notendurchschnitt, den ich mir allerdings erarbeitete und nicht wie die Kinder der »Stasibonzen« zugeschoben bekam. So ging ich an eine der ältesten Universitäten. Es war fantastisch. Der Mief der Kleinstadt wurde weggespült von der Uni und den Kindern der Bildungselite der alten Bundesländer. Extrem wohlhabende und voll, zumindest offiziell mir gegenüber, sympathische und nette Studenten/-innen. Doch zunehmend stieg ich hinter unsere verschiedenen Bildungswege und Erziehung. Der Campus der Uni hatte eine Kneipe oder ein Café und zunehmend begann ich nach der Vorlesung mit meiner Freundin dorthin zu gehen und trank einen Whiskey. Ich begriff zunehmend, dass uns Welten trennten. Nicht nur die Politik, nein, die gesamte familiäre Struktur hinterfragte ich. Sabia konnte nicht verstehen, warum ich immer trank. Betrunken war ich nie davon. Nur es war schon beinahe so etwas, wie mein grüner Tee jetzt für mich, dass ich tagtäglich nach oder zwischen den Vorlesungen ein oder zwei Whiskeys on the rocks trank. Sie meinte immer, du hast so etwas Selbstzerstörerisches an dir. Nur meine Seele kam damit nicht zurecht. Entweder spielten alle das glückliche Leben der Juristen-, Ärzte- oder anderen wohlhabenden Kinder oder bei mir lief in meiner Kindheit wirklich etwas schief. Finanziell ging es mir nicht schlecht. Mein Vater hatte mit meinem windigen und umtriebigen Onkel eine große Baufirma gegründet. Die Konkurrenz war gering, mein Vater promovierter Techniker. Leider, wirklich leider war er ein absoluter Fachidiot. Seine Arbeiten und der Service waren erstklassig und er verarbeitete hochwertige Produkte, aber der Konkurrenzkampf auf dem Bau war zu groß und wurde zunehmend unseriöser, mit heimlichen Bestechungsgeldern, um Bauaufträge zu bekommen. Nachunternehmen oder Abnehmer kamen ihren Zahlungsverpflichtungen nicht nach. Mein Vater musste Insolvenz anmelden.

Ich bekam elternunabhängiges Bafög, aufgrund meines erlernten Berufes und der Arbeit.

Es war kurz nach der Wende. Von Escada und Prada, Gucci und Co. hatte ich in meiner Kleinstadt nichts gehört. Kleidungsläden gab es außer C&A bei uns noch gar nicht. Um schick einkaufen zu gehen, bin ich mit meiner Mama immer nach Nürnberg. Dort sah ich Läden wie Hallhuber, Esprit, Benetton, ich kann sie alle gar nicht mehr nennen. Aber die absolute »upperclass«, die ich an der Uni kennenlernte, traf ich in Nürnberg nicht. Ich würde nicht sagen, dass sie mir geschadet hat, sie hat mir eine Welt eröffnet, die ich vielleicht sonst nie erfahren hätte, mit allen Höhen und leider der absoluten Tiefe.

Doch zurück zu der Uni, Sabia und ich waren unzertrennlich. Wir tauschten sogar Kleidungssachen, trugen große Schals und feierten das Leben. Doch im Inneren wurden die Zweifel immer lauter. War das Studium meine Berufung? Jura oder heutzutage Rechtswissenschaft? Ich kam aus einer sozialistischen Diktatur. Von Exekutive, Legislative und Judikative hatte ich noch nie etwas gehört. Das, was jetzt mittlerweile jeder weiß und eigentlich in den Gymnasien gelehrt wird, dieses Grundwissen fehlte mir. Die Falllösung der gestellten Fälle machte mir tierisch Spaß, aber die Grundlücke konnte ich nicht schließen, vielleicht auch, weil Sabia und ich das Leben feiern mussten. Keine Party ohne uns beide. Wir waren unzertrennlich. Wir waren wie Dick und Doof. Ich hatte den Part des Doofen, so kam ich permanent in der Vorlesung vor.

Der Campus war klein und uns kannten fast alle. Die Partys waren immer lustig. Wir flirteten, wir waren jung, hübsch und lustig. Sabia kam angeblich aus ehemaligem Landadel. Sie trug sogar einen Familiensiegelring. Sie war so etwas von herzlich, wenn ich da an meine verbitterten Abiturientenfreunde dachte. Wir zogen Männer und Frauen magisch an, leider auch einen, der mein Genickbruch werden sollte

Pjotr

Er wohnte in dem gleichen neugebauten Wohnheim auf dem Campus. Mathematiker, aber überhaupt nicht so aussehend. Massiv trainiert, Undercut, blaue Augen, schwarze Augenbrauen, die er durch seine russischen Vorfahren hatte, wie er stolz erzählte. Er hatte auch einen russischen Vornamen Pjotr. Er hatte so etwas Anziehendes. Im Grunde war er ein Hurenbock. Er fickte nicht nur alle geilen Studentinnen, sondern ging auch zu richtigen Huren und jammerte andererseits, dass er arbeiten muss, weil er kein Geld hätte. Wäre er mir in Zwankau auf dem Campus begegnet, wäre das Spiel anders verlaufen. Jedenfalls baggerte er mich an. Er lud mich sogar zu einer Party ein, wo ich mitkochen sollte. Aber ich war schon immer der Typ: »Hilfe, meine Wohnung hat eine Küche!« Im gesetzten Alter hat es sich gegeben und ich kann sogar Rouladen und Mahlzeiten zubereiten.

Sabia warnte mich eindringlich vor ihm.

So lernten wir auf den Partys Sam und Till kennen. Sam fuhr voll auf Sabia ab und Till auf mich. Er war Soziologiestudent. Kam aus einer reichen Arztfamilie und »fickte« das Regime, indem er statt Aktentasche auf dem Campus mit Aldibeutel erschien. Wie man sich damals halt einen Soziologiestudenten vorstellte. Lange, blonde Haare, blaue Augen, Nickelbrille, intellektuell, trotzdem witzig. Ich glaube, damals strengstens verboten, hat er sich jeden Morgen gesagt: »Ein Joint am Morgen vertreibt Kummer und Sorgen!« Gesagt hat er nichts, aber ich habe mir meinen Teil gedacht.

Ich hatte viel Spaß mit ihm, er tröstete mich, wenn ich jedes Mal bei unseren Spieleabenden mit Sabia, Sam, Till bei Trival Pursuit haushoch verlor, weil ich noch nichts wusste. Manchmal saßen wir zusammen in seinem alten Wagen und guckten die Sonnenuntergänge an, hörten Carmina Burana. Till übernachtete auch bei mir, aber zum Sex kam es nicht, obwohl er es wollte. Erstens hatte ich noch einen festen Freund im Osten und zweitens stand er auf Füße. Ein Fußfetischist. Das turnte mich so etwas von ab, dass er meine Füße in seinen Mund stecken wollte. Ich hatte damals auch noch eine andere Schmerzgrenze als später. Mir wurde ja mein Ostfreund als das Nonplusultra verkauft. Ja, natürlich, als ich im Abi war, wollte ich ihn haben, obwohl er überhaupt nicht meine Bildungsschicht war. Aber durch mich entwickelte er einen ungeheuren Ehrgeiz. Er absolvierte in der Abendschule das Abitur, wo ich ihm hin und wieder einmal half, und studierte dann Fotografie. Er war ehrgeizig. Er wollte das sein, was ich war, und ich ermutigte ihn, dass er seinen Traum des Fotografen unbedingt leben soll. Nur kurz umrissen, er hatte eine steile Karriere. Die Lokalzeitungen waren voll von seinen Ausstellungen, er hatte ein eigenes Atelier, aber wie mir später zu Ohren kam, muss ihm die Höhe dermaßen zu Kopf gestiegen sein, dass er unentschuldigt Termine permanent sausen ließ, Klassenfotos ablehnte, weil er was Schönes machen wollte. Kurzum, sein Atelier ist weg. Eingetragen ist er noch in seiner Mietwohnung als

Fotograf, aber sein Geld kann er damit wahrscheinlich auch nicht mehr verdienen. Es hieß, er arbeitet auf dem Bau. Ein steiler Aufstieg und Absturz.

Doch zurück zu dem Zwiespalt. Die vielen hübschen, netten Kommilitonen, aber ich war wirklich treudoof. Das machte die Erziehung. Auch ein Grund, warum ich nach der Vorlesung immer meinen Whiskey on the rocks trank. Meine Mama und auch ihre Schwestern kamen aus einer ganz anderen Zeit. Meine Mama war hübsch, aber nennen wir es einmal ein Vollweib. Das krasse Gegenteil, das ich eigentlich war. Ich glaube, meine Mama war asexuell. Ihr bedeutete das Ganze nichts. Sehr zu ihrem späteren Leidwesen. Sie dachte wirklich, Torsten, der Fotograf, wird mein Ehemann. So, wie sie es halt erzogen bekam.

Ich war naiv. Klammerte mich an den Freund, der im Osten schon längst auf die Disko rannte, um andere Mädchen zu daten. Und noch viel schlimmer. Der größte Hurenbock, Pjotr, geisterte immer mehr in meinem Kopf herum, Er lief mir permanent über den Weg. Wir wohnten im gleichen Wohnheim und hatten auf dem Campus Vorlesung. Wie er mir an dem Kochabend, wo jede Menge geile und willige Studentinnen eingeladen worden sind, erzählte, war er zuvor bei der Bundeswehr und war sich nicht sicher, ob er überhaupt hier das Mathematikstudium machen wird oder zurückgehen soll.

Da ich ja aus dem Osten kam und wir bei weitem nicht so viel zu fressen hatten wie im Westen und die Fresstempel, Aldi, Lidl etc., auch erst aufgebaut werden

mussten, und wir nicht zu den Privilegierten der West-
verwandtschaften gehörten, war unser Essen halt nicht
so üppig. Obst kannte ich nur Kubaorangen, oder wenn
mein Vater, der in einem Institut in Leipzig arbeitete,
einen Stadtbummel machte und manchmal Bananen
mitbrachte, war das was Besonderes. Kurzum, die Regale
waren in Läden zu DDR-Zeiten fast leer, zumindest in
unserer Region. Zwar mussten wir nicht hungern, aber
ich hatte auch ohne Diät und Aerobic einen besseren
Körper als die geilen, willigen westdeutschen Studentinnen, die Pjotr einlud.

Seine Maskulinität machte mich an. Dazu diese blauen
Augen, obwohl ich eigentlich braune Augen bevorzuge.
Aber dieser Mann strahlte das aus, was er war, ein geiler »Bock«. Er zog mich magisch in seinen Bann. Selbst
seine hässliche gelbe Markenjeans, die der Hingucker
auf dem Campus war, und Sabia nur meinte, das ist zum
Fremdschämen, änderten nichts an dieser Anziehungs-
kraft.

Unsere Mädchenfreundschaft erweiterte sich um Mia
und Malina. Mia hatte auch einen festen Freund und
war bodenständig. Malina kam aus reichem Haus. Wie
reich, weiß ich nicht, aber ihr Vater verwöhnte sie. Sie
bekam von einer Stadtwohnung bis zum neuen Golf alles. Sie war extrem ausgepufft. Ich habe sie nach Jahren
gegoogelt, sie ist auch die Einzige, die einen richtigen
Posten bekam. Wenn wir abends zu zweit unsere Mar-
tinis tranken, sagte sie mir immer: »Du musst hier über
Leichen gehen, Süße!« Sie absolvierte mit ihrer Clique
das Abitur an der Europaschule in Luxemburg, was nur

einen Katzensprung von unserer Uni entfernt war. Malina und Sabia verstanden sich nicht besonders. Sie waren grundverschieden und Malina hatte ihre Clique der »upperclass kids«, die aber alle nett zu mir waren. Das mit dem »über Leichen gehen« war mir noch nicht vertraut. Aber irgendwann, bei mir war es nach der Inhaftierung in den Psychiatrien, wird man wirklich eiskalt, um nicht kaputt zu gehen. Malina hatte es wahrscheinlich von klein auf gelernt bekommen. Ihr Vater arbeitete sich hoch, er war gebürtiger Ungar. Und um das zu erreichen, auch für seine Tochter, musste er so sein. Wie gesagt, sie ist die Einzige, die, wenn ich richtig gegoogelt habe, mit in einem Aufsichtsratsvorstand sitzt. Sie war auch in ihrer Männerwahl anders. Sie hatte zwar so eine Affäre, aber im Grunde stand sie auf ältere Männer. Pjotr hatte sie gehasst. Alle meine »Freundinnen«. Sie wussten es besser, als ich es erfahren sollte.

Der innere Konflikt wurde immer größer in mir. Mit Malina trank ich abends Martini, und die Hinterfragung meines jungen Lebens ließ mich während der Vorlesungen im Café zu meinem Whiskey greifen.

Die Falllösungen machte ich immer gerne und in den Vorlesungen schrieb ich mit. So selbstverständlich, wie das jetzt ist, war das nicht. Da wurde der Professor noch mit der »Brieftaube« abgeschossen und die Treppen des Audimax waren überfüllt mit Studenten. Dank meiner Freunde hatte ich immer einen Sitzplatz. Bei Nichtgefallen der Vorlesung gab es so lautes Gequatsche der Studenten, dass der Professor zur Tat schreiten und den Hörsaal verlassen wollte.

Doch das elementare Grundwissen über die Bundesrepublik, was man sicherlich im Ostteil an den Unis erst einmal nach der Wende gelehrt bekam, fehlte mir. Eine der ältesten Städte war es, mit bekanntesten Bauwerken aus der Römerzeit. Es war wunderschön. Nur ein Katzensprung nach Luxemburg und Frankreich.

Wie naiv und leichtsinnig wir alle waren. Eines Abends fuhren wir zu viert, Sabia, ich und zwei Mitkommilitonen, nach Luxemburg. Ich weiß nicht, ob man dort am Steuer trinken durfte, aber wir reichten die Flasche Sekt, die wir in Luxemburg kauften, herum und der Kommilitone, der fuhr, hielt die Flasche Sekt in der Hand am Steuer. Wir machten uns keinen Kopf, über nichts.

Auf den Partys lief immer die Musik der Siebziger, von The Doors über Toto und das ultimative Lied immer, das jedes Mal gespielt wurde, war von Hape Kerkeling: »Das ganze Leben ist ein Quiz und wir sind nur die Kandidaten ...«.

Es war eine richtige »Studentenkultur«, es war schön, alles. Aber im Inneren merkte ich, wie meine kleinbürgerliche Fassade, die aufgrund unseres Regimes nicht anders sein konnte, verzweifelte Erziehungsfehler plötzlich entdeckte und immer mehr an der Studienwahl zweifelte. Ich besuchte immer öfters Psychologievorlesungen, ich fand mich darin besser wieder. Sabia merkte das und ich werde ihr nie das Buch vergessen, das sie mir deshalb schenkte: »Der Mann, der seine Frau mit einem Hut verwechselte«. Es sollte wie ein Fluch sein, dass ich zwanzig Jahre auch aus der Bahn gefallen bin, wie die Protagonisten aus dem Buch des Neuropsychologen Oliver Sacks.

Eines Abends im Studentenwohnheim, ich war so fertig, stand ich bald eine halbe Stunde unter der heißen Dusche, als ich ein Klopfen an meiner Wohnheimtüre vernahm. Mein Gedanke, es ist Pjotr. Aber ich stieg nicht aus der Dusche. Er wäre sowieso nicht so lange geblieben, bis ich mich abgetrocknet hätte. Aus heutiger Sicht hätte ich die Türe geöffnet, denn ich hätte ja heute gewusst, dass ich gleich nackt herausgehen kann. Aber wie gesagt, ich war jung. Da das Wasser weiterplätscherte, dachte ich dann, ich habe mir das Klopfen nur eingebildet.

Am nächsten Tag traf ich ihn im Waschsalon des Wohnheims. Er fragte mich nach dem Waschprogramm und sagte, dass er an meiner Türe klopfte. Eigentlich hatte Pjotr auch eine feste Freundin, aber das juckte ihn nicht im Geringsten, mit den anderen Studentinnen ins Bett zu steigen. Ich glaube, irgendwann gab er ihr den Laufpass.

Ich kam mir vor, als wäre ich von ihm hypnotisiert. Ich war eigentlich Nichtraucherin. Aber heimlich in unserer Schulzeit hatte mein Cousin hin und wieder von irgendjemand Zigaretten organisiert und so zogen wir in unsrem damals riesengroßen Waldgrundstück, das jetzt von Biogasanlagen verschandelt worden ist, eine durch. Manchmal zog ich heimlich auf der Toilette unserer Neubauwohnung bei offenem Fenster eine durch. Kurzum, ich konnte rauchen, aber keiner wusste das.

Es war wieder eine Studentenparty und Pjotr sah ich schon von Weitem mit Kippe im Mund an der Tanzfläche. Ich borgte mir von irgendeinem eine Kippe und zündete sie mir an. Pjotr sah mich. Er traute seinen Augen nicht, als er mich mit Glimmstängel sah. Er kam zu mir und fragte: »DU?«, und zeigte auf die Zigarette. Er beobachtete mich genau, ob ich paffte oder ob ich hustete. Er hatte ja keine Ahnung, dass das nicht meine erste Zigarette war. Ich ganz verwundert: »Ja!?«

An Pjotr heftete sich wie sein Schatten eine 1,50 cm große aufdringliche, besserwisserische, selbstsüchtige und neugierige Studentin, Sina, mit indischen Wurzeln. Sie war so etwas, wie sein »Spitzel«. Sie saß so oft auf meinem Bett und schwärmte mir immer wieder von Pjotr vor und wie es denn wäre, wenn sich zwei Menschen sexuell attraktiv finden würden, ob sie nicht einmal ins Bett gehen sollten. Damit meinte sie mich und ihn.

Eines Abends sind Pjotr und ich und Sina, ich dachte, ich spinne, sein Anstandswauwau, Essen gegangen. Der Abend war schon im Arsch, als ich ihn mit ihr sah. Dass zwischen den beiden nichts lief, war mir klar. Aber WTF, wer bringt zu einem Essen die »Bekloppte« mit. Dass da kein Funken überspringen konnte, obwohl ich ihn ungeheuer anziehend fand, war ja klar.

Pjotr grub sich in mein Unterbewusstsein. Seine blauen Augen, sein Undercut, seine athletische Figur, ich schlief immer schlechter in dem Wohnheim, denn permanent stand Sina auf der Matte. Sabia, meine damals allerbeste Freundin, hatte von ihrem Vater eine Wohnung organisiert bekommen. Da wir sowieso uns so gut verstanden und ich öfters schon bei ihr übernachtete, wo wir immer heißen Amaretto mit Sahne zu unseren Fernsehabenden oder stundenlangen Gesprächen tranken, bot mir an, dass ich bei ihr ein paar Nächte schlafen kann.

Doch eines Nachts legte sich wie ein Schalter in meinem Gehirn um und ich, es war, glaub ich, 24.00 Uhr oder später, sagte zu Sabia: »Ich muss zu Pjotr! Ich muss mit ihm reden!« Sabia fragte, ob ich noch bei Trost sei, mit dem Idioten zu reden! Aber mein Unterbewusstsein übermannte mich. Ich stieg in meinen kleinen roten Käfer, den mir meine Mama kaufen ließ, und fuhr zu dem Wohnheim auf dem Campus. Reinkommen war ja kein Hindernis, ich wohnte ja selber da und musste also nur den Schlüssel in das Schloss stecken. Ich klopfte an Pjotrs Türe. Es muss kurz nach Mitternacht gewesen sein, denn er war dabei schlafen zu gehen oder schlief bereits. Er war, wie wir alle, ein Nachtmensch. Er fragte: »Du!? Hier?« Ich: »Ich muss mit dir reden, ich kann nicht schlafen!« Er sagte: »Komm rein!« Ein enormer Fehler. Denn statt mit mir zu reden, riss er beinahe förmlich meine Kleidung vom Leib. Ich war eigentlich auf reden und nicht ficken eingestellt. So schnell wie ich auf seinem Bett landete, konnte ich gar nicht gucken. Es ging so schnell. Natürlich fand ich Pjotr geil, aber dass er ohne Vorwarnung mich auf das Bett warf und in mich eindrang, überforderte mich total. Ich kann nur sagen, die Nacht hat alles versaut. Er kam, ich nicht, auch noch ohne Gummi in mir. Ich dachte, na fein, wenn meine Spirale jetzt auch noch versagt, bin ich vom größten Hurenbock auch noch schwanger. Danach wollte er mit mir reden, aber ich hatte kein Bedürfnis mehr. Mein Gedankenkarussell wurde nicht weniger, sondern mehr.

Es war kein Karussell, sondern eine Achterbahn. An was ich mich noch erinnern konnte, war, dass ich meinte, ich hoffe, dass der Schuss gerade eben kein Volltreffer war. Da kam er mit fruchtbaren und unfruchtbaren Tagen und ich dachte: Sei einfach still! Wenn der Stress oder die Hormone verrücktspielen, kann man auch an einem unfruchtbaren Tag schwanger werden, wenn die Spirale verrutscht ist. Ich war jung und sie verschob sich manchmal, deswegen bin ich auch immer zu meinem Gynäkologen zur »Überprüfung« gegangen. Klar, das Kind wäre genauso hübsch, halt blond und blauäugig, wie meine Tochter, die braunhaarig und braunäugig ist, geworden. Aber ich kannte ihn ja nicht einmal richtig. Damals gab es noch kein RTL2, live aus dem Leben, wie das Ganze hieß. Es wäre der Skandal schlechthin.

Dass ich mehr als diese katastrophale Nacht wollte, habe ich, glaube ich, gar nicht mehr herausbekommen. Jetzt schwirrten mir auch noch die Gedanken um meinen »Rufmord« nach dem Motto: »Die habe ich auch gefickt, war nicht so der Burner!« durch den Kopf und noch viel mehr, dass ich vielleicht auch noch schwanger sein könnte und das Getratsche von der Sina. Ich war panisch. Irgendwann war es früher Morgen, als ich meine Sachen nahm und mich anzog, nach oben ging und wusste, du bist hier in einer absoluten Psychospirale. Die besuchten Psychologievorlesungen taten noch ihr Übriges, dass ich mich bis ins kleinste Detail selbst analysierte. Ich rief am Morgen Sabia an und sagte, ich gehe zu einem Psychologen. Jedenfalls hatten Sabia oder Malina meine Eltern angerufen. Und meine Mutti war außer sich. Sie kamen in ihrem grünen Audi gleich an dem Tag die 600 Kilometer lange Strecke angefahren. Ich ging zum Psychologen. Damals konnte man einfach auf der Matte stehen und zu einem Psychologen gehen.

Undenkbar heute. Ein Jahr Wartezeit ohne Liste. Wie viele durch Coronamaßnahmen ihre Existenz verloren haben oder selbst durch die Isolation immer kränker wurden, oder wie bei mir einen Gesprächstherapeuten suchen, oder die, die dann auch durch ihren Existenz-verlust Suizid beginnen, kann man sich nicht vorstellen. Ich habe alles erlebt – Aufstieg und Ruin unserer Unter-nehmerfamilie.

Doch zurück zu dem Psychologen. Der verstand mein ganzes Problem nicht so ganz. Er sah mich mit großen Augen an und meinte dann zu meinen Eltern, die im Wartezimmer saßen: »Ich glaube, sie braucht hier Ab-stand, nehmen Sie sie einfach mit zu Ihnen für einige Wochen.«

Doch das war das Ende meiner Karriere. Ich kam wie-der in der miefigen Kleinstadt mit 25 000 Einwohnern an, wo noch immer tiefster Osten war und wir noch immer in der ranzigen Wohnung ohne fließend heißes Wasser wohnten. Statt besser wurde es von Tag zu Tag schlechter. Ich vermisste meine »Clique«, den Campus, die Vorlesungen und insgeheim Pjotr. Hier herrschte noch bitterer Osten, von der »Upperclass«-Welt hat kei-ner etwas je gehört oder mitbekommen. Meine Cou-sine dachte, ich sei übergeschnappt. Alle hielten mich für einen Snob und angeberisch, dabei war ich nur die Studentin aus einer »anderen Welt«. Das verstand aber niemand. Ich flüchtete mich in Traumwelten, weil ich es nicht aushielt. Irgendwann rief ich bei Pjotr an, die größte Dummheit überhaupt, und erfuhr, dass er eine neue Freundin hatte.

Da wusste ich, dass es aus war, nochmal dorthin zu gehen. Meine Mama machte sich um mich große Sorgen und fragte dann selbst nach einem Psychiater. Die waren alle grottenschlecht, fast wie in Wasn. Aber es gab einen, den Chefarzt der offenen Klinik und Forensiker, der zu DDR-Zeiten die »Bonzen« behandelte und jetzt hin und wieder Privattermine vergab.

Es war auch keine Klinik, es war ein altes Gebäude, ein Schloss. Erst wollte er mich dort auf dieser offenen Station aufnehmen, aber erkannte mein Problem sofort, dass es in einer Klinik nur schlechter mit mir werden würde.

In analytischen Gesprächen, mit so einer Brise Humor, wie ich sie manchen jetzigen Psychiatern wünschen würde, nahm er alles auseinander, was in mir abging. Und er kam zu dem Fazit, ohne mich hier zu rühmen, aber es waren seine Worte: »Sie sind eine blitzgescheite junge Frau, jetzt glauben Sie an sich. Ich hätte mir nie getraut, als so junger Mann in den Westen zu gehen, ganz allein. Sie sind nicht nur schlau, sondern mutig. Bitte geben Sie sich in Ihrem momentanen Zustand nicht auf.« Manche Tage waren so schlimm, dass ich weggetreten war. Kein Witz, meine Mama unternahm alles, um mich in die Realität zurückzuholen, und jede Woche gingen wir zu ihm. Er war wie ein väterlicher Freund. Dann sagte er: »So wird das nichts. Bitte bewerben Sie sich für ein neues Studium, gehen Sie weg und fangen Sie neu an.« Ich erzählte ihm von meinem Psychologiestudium, was in meinem Kopf herumspukte. Da sagte er lachend: »Die meisten Psychologen sind ihr eigener Patient!«

Wie ich in Wasn erlebte, sollte er recht behalten haben. Das Traurige, als ich in Wasn war, verstarb er. Es war ein merkwürdiges Ereignis, was mir mit seinem Tod widerfuhr. Ich saß eines Morgens ganz zeitig im Speisesaal der Geriatrie und ich dachte immer und immer wieder an Sabia, Malina, Mia, Till, Pjotr, Sam und immer wieder an Dr. Stork. Es ging mir nicht mehr aus dem Kopf, und weil es mich so beschäftigte, googelte ich in der Stunde, wo ich mein Handy hatte, ihn und ich erschrak. Ich fand seine Traueranzeige, eine Woche vorher war er verstorben. Ich war so berührt, wie ein letzter Wink von ihm.

Neuanfang in Zwankau

Ihm hatte ich es zu verdanken, dass ich ein neues Studium aufnahm, und zwar Wirtschaftswissenschaften. Vielleicht weil die Männer in Westdeutschland immer meinten, Frauen sind nichts für die Wirtschaft. Damals war BWL noch ein Numerus-clausus-Fach und nicht wie heute nach dem Motto: »Warst du im Abi nicht sehr hell, Kragen hoch und BWL!«.

Ich entschied mich für Zwankau. Zwankau, damals noch im Dornröschenschlaf. Ich bewarb mich für Wirtschaftswissenschaften an der neugegründeten »University of Applied Sciences«, wie es so schön hieß. Ich wurde angenommen. Ein himmelweiter Unterschied zu meinem ersten Studium. Es war alles noch chaotisch. Die Studenten anders als im »Westen«. Zwar waren auch viele hier, wo die Eltern eine Firma oder ein Autohaus hatten, es war ein breitgefächerter Haufen. Im Businesslook, wie es die WIWI an der Uni taten, erschien niemand. Im Gegenteil. Alle sahen wie »Soziologen« aus und viele männliche Kommilitonen wie die typischen Maschinenbauer, denen ja immer der böse Spruch nachgesagt wird: »Karohemd und Samenstau, das ist der der Student des Maschinenbaus!«. Das erste Semester pendelte ich mit meinem kleinen roten Käfer von der miefigen Kleinstadt, die auch 30 Jahre nach der Wende den Mief nicht loswird, nach Zwankau. Dann bildeten wir eine Viererfahrgemeinschaft. Das war lustig, aber ich vermisste meine Eigenständigkeit. Fast alle Studenten kamen aus der näheren Umgebung von Zwankau und fuhren täglich heim, aber ich hatte den Mief von Raschenbach satt. Durch Kontakte erfuhr ich, dass eine Studentin ins Ausland geht für ein Semester und zwei Zimmer frei würden, in einer Dreiraumwohnung. Eine Mitstudentin und ich, sie kam übrigens aus den alten Bundesländern, beschlossen, zusammen eine WG zu gründen. Das dritte Zimmer war noch frei. Ein so ähnlicher Typ wie Pjotr, aber bei weitem nicht so anziehend, fragte, ob er mit einziehen kann. Ich dachte nur »NEIN!«, und Saskia wollte ihn auch nicht. Es war eine Dachgeschosswohnung. Die Möbel hatten wir vom Sperrmüll. Die Schreibtische von der Uni, die ausrangiert worden sind, das andere überall vom »Sperrmüll mitgenommen. Geschlafen hatte ich auf einer Matratze, die ich mir allerdings neu kaufte.

Es war eine Notlösung, aber nur so hatte ich den Fuß in der damals schwer zugänglichen, wegen ungeklärter Eigentumsverhältnisse, Mietwelt in Zwankau.

Wir feierten sogar eine Studenteneinzugsparty. Noch harmlos. Die härteste Droge war Coca-Cola, wo sich ein Kommilitone einen Zucker- bzw. Koffeinschock holte. Was für ein Trottel. Und dann war da Ryner. Auch ein absoluter Fehltritt von mir. Er war älter und ich glaube ein Maschinenbaustudent. Ich weiß nicht, warum alle blonden, blauäugigen Männer damals auf mich abfuhren, obwohl ich auf braune Augen und braune Haare stand. Jedenfalls Ryner war so ein Typ, den man wie einen aus einer Kommune bezeichnen konnte. Blonde, längere Haare, Nickelbrille. Er schlief erst mit der Studentin, der die WG-Wohnung gehörte, und heftete sich dann mich. Er war wirklich in keiner Weise mein Typ. Weder vom Optischen, noch vom Intellektuellen, noch vom Humor oder aufgrund anderer Interessen. Alle Mitstudenten, die wir zu unserer Einzugsparty einluden, gingen gegen halb eins morgens. Wir redeten, aßen und tranken Rotwein. Nur Ryner. Er blieb. Und er landete mit mir im Bett, halt der Matratze. Der Sex war grottenschlecht, zumindest in meinen Augen. Doch nach dem ONS verschwand er nicht, nein, er schlief einfach im dritten Zimmer auf der Couch. Das war too much für mich. Ich konnte mir mit ihm keine Beziehung vorstellen, weder im Moment noch in der Zukunft. Meine damalige Mitkommilitonin Doro hatte Mitleid mit ihm, wie er auf der Couch schlief. Ich hatte eher Mitleid mit mir, dass ich wieder in etwas hineingeschlittert war. Ich dachte bei Ryner an Malina: »Du musst knallhart sein«, und so warf ich ihn nach dem Morgenkaffee aus der Wohnung. Doro machte auch noch ein Foto, wie »süß« er schlief. Ich dachte, dann nimm du ihn doch.

Es hatte sich herumgesprochen, dass ich von einer Uni kam. Mein ganzes Auftreten war ein anderes. Und da ich damals aus den »alten« Bundesländern wusste, dass es dort Studentenrat, Studentenvertretung, Fachschaft und so weiter gab, und an der neugegründeten »University of Applied Sciences« nicht, setzten wir uns zu viert, die alle Bezug zu den »alten Bundesländern« hatten, zusammen. Da waren Tim, der in Kiel erst studierte, Didi, der von der westdeutschen Küste kam, ich und meine WG-Saskia aus Bayern. Wir gründeten die Fachschaft für Wirtschaftswissenschaften und organisierten für alle

Studenten Altklausuren, die man dort abholen bzw. vervielfältigen konnte. Den Ruhm steckten sich dann die Nachfolgejahrgänge, wo enorm viele Schleimer waren, ein. Als sei die Fachschaft ihr Verdienst. Ich lächelte nur müde darüber. Didi hat darauf bestanden, dass man es ihm quittierte, dass er ein Gründungsmitglied war. Ich brach dann nach dem »Kussdesaster«, wie erwähnt, was mich meine Karriere bzw. das Auslandssemester kostete, die Arbeit in der Fachschaft ab. Wie veröffentlichten sogar eine Studentenzeitschrift. Damals, als der PC noch in den Kinderschuhen steckte, fast schon eine kleine Meisterleistung, Layout und Inhalt zu erstellen. Als das Internet in Wirtschaftsinformatik schwer zugänglich war und wir noch Programme schreiben mussten, im DOS-Modus der Computer startete.

Einige meinten von der Fachschaft der ehemaligen Uni, bevor sie zur »University of Applied Sciences geworden ist«, ich sei eine »Turbo-Emanze«. War ich eigentlich nicht, es war nur meine »westdeutsche Vergangenheit«, die mich prägte. Und mein Faible für schwarze Lederhosen und weiße Blusen.

Auch in Zwankau zog ich, wie schon oben erwähnt, Männer an. Ein übelster Angeber, Mike. Seine Großeltern waren Kaufleute und etwas vermögend gewesen, jedenfalls war er ein Aufschneider und scharf auf mich. Vielleicht war es meine geheime Rache an »Pjotr-Verschnitten«. Ich ging auf das Spiel mit ihm ein. Die erste Nacht vögelten wir in meinem kleinen Käfer. Danach wollte er eine Beziehung mit mir. Seine Aufschneiderei machte mir weniger Probleme als meinen Mitstudenten.

Mike war ein Großmaul, der lieber irgendwelche Studentenjobs machte, als zur Vorlesung ging. Ich machte ihn geil und wenn ich bei ihm im Wohnheim übernachtete, vögelten wir die ganze Nacht. Er war nicht fähig, Gefühle zu zeigen, aber das machte mir nichts aus, geliebt habe ich ihn sowieso nicht und der Sex war gut. Der Sex war nichts Experimentelles wie später, aber da ich permanent feucht war, war er heiß auf mich. Doch das eine Mal, ich erinnere mich, da spielten wir Dominanz und Unterwürfigkeit. Ich fand das geil und kam gleich mehrfach. Anscheinend hatte der Gefühlseisblock echte Gefühle für mich, denn eines Tages waren wir beim Juwelier und er kaufte zwei Ringe, die Verlobungsringen glichen. Geiler Sex ist ja schön, aber für eine Beziehung wünsche ich mir auch den Mann als Best Buddy, mit dem ich auch lachen kann. Das habe ich bei ihm nicht gefunden und ihm irgendwann auf einer Party den Laufpass gegeben. Doch das Ganze hat er nicht mir sehr übel genommen, und um den Bogen zurück nach L. A. zu spannen, sollte er mir dorthin folgen.

Auf dem Weg nach L. A.

Zurück zu dem Abflugtag in Leipzig, Nonstop-Flug nach L. A. Ich trug eine abgeschnittene Jeans und ein Uncle-Sam-T-Shirt, einen Rucksack und eine Reisetasche. Es war damals alles ganz entspannt. Ticket, Passport, Visum, ich durfte passieren und saß im Departure-Raum. Ich dachte an alles noch einmal zurück, vor allem an Bruce. Dann sind alle Passagiere zu dem Flugzeug gebracht worden.

Ich war in voller Vorfreude, als ich auch noch wusste, dass ich einen Fensterplatz hatte. Nichts ahnend saß ich neben einem kleinen Jungen und der »heftete« sich an mich. Er bat mich darum, dass ich ihn begleiten sollte bis zum Flughafen von L. A., wo ihn sein Vater in Empfang nehmen würde. Ich machte mir keinen Kopf und dachte: Kann ja nichts schiefgehen. Heute wäre so etwas undenkbar. Kurz schoss mir zwar der Gedanke durch den Kopf: Was, wenn der Vater nicht kommt?!, dann sitze ich in Los Angeles mit einem sechs- oder siebenjährigen Kind! Wunderbar!?

Wie gesagt, damals gab es keinen Iris-Scan. Lediglich den Metalldetektor. Im Handgepäck hatte ich sogar ein Springmesser, das störte niemanden, und einen Security Officer zum Überwältigen von auffälligen Personen gab es nicht. Der 9.11. hatte alles verändert, auch mein Reiseverhalten. Ich bin nur noch einmal geflogen, nach Alicante.

Nun ja, erst eine »nette« Unterhaltung mit meinem

Vordermann in der Economyclass, dass er nicht zu Hause wie im Fernsehsessel sitzen kann, brachte Beinfreiheit. Fasziniert von den Wolken, über denen wir flogen, blickte ich aus dem Fenster. Wir flogen durch die Zeitzonen, das heißt, es sind bei der Sommerzeit neun Stunden hinter der Zeit von Deutschland. Die Entfernung sind über 9000 Kilometer und die Flugzeit waren glaube ich dreizehn Stunden. Wie gesagt, ich hatte das ungeheure Glück eines Nonstop-Fluges. Ich schaute mit Kopfhörern auf den Ohren amerikanische Filme oder döste etwas vor mich hin. Irgendwann gegen frühen Mittag ging die Maschine auf Landekurs Airport Los Angeles. Es war alles gechillt. Ich konnte es nicht glauben, da stand ich mit meinem »skinny body«, wie mich die Amerikaner später bezeichneten, meinen ausgefransten Bluejeans, dem Crop-Top, meinen Sneakers, der überdimensionalen Reisetasche, dem Rucksack, und dem Kind. Meine Reisetasche habe ich als eine der Ersten von dem »Gepäckkarussell« bekommen. Wir schritten zu zweit durch den Flughafen. Und tatsächlich, sein Vater erwartete ihn. Ich war echt froh, nicht nur er.

Am Flughafen warteten Taxis, oder wie der Amerikaner sagte, cabs. Was jetzt eine Fahrt kostet, weiß ich nicht, aber damals im Vergleich zu Deutschland spottbillig. Ich konnte sehr gut Englisch. Die Sprache oder Sprachen allgemein faszinierten mich. Zudem hatte ich noch bei amerikanischen Professoren Englischvorlesungen in Wirtschaftsenglisch.

Ich bat den Taxifahrer, mich in den Banani Bungalow zu bringen. Er lag zentral in Los Angeles auf einer Anhöhe. Diese Stadt hat glaube ich eine Ausdehnung von 50 bzw. 70 Kilometern. So weit wie hier unsre Entfernungen zwischen den Städten und zeitweise achtspurige Autobahnen.

Irgendwann hielt er auf der Anhöhe des Youth Hostel, oder Jugendherberge. L. A. liegt nur knapp von Mexiko entfernt. Es ist warm, sehr warm im sonnigen Kalifornien gewesen.

Das Youth Hostel waren alles kleine Bungalow, in denen, ich weiß es nicht mehr, vielleicht fünf Doppelstockbetten mit Jungen- und Mädchenbelegung gemeinsam standen. Ich dachte, nimm dir ein oberes Bett, am Ende ist einer in der Nacht betrunken und kotzt dir ins Bett oder so dicht, dass er ins Bett pinkelt.

Es war schon etwas befremdlich, dass ich die Nächte nicht nur mit fremden Menschen, sondern auch noch mit Männern im Zimmer verbrachte. Immer noch im festen Glauben, dass sich das mit der Greencard für Work and Travel vor Ort regeln ließe, war ich erst einmal optimistisch. Ich fragte den Betreiber nach Arbeit und ich bekam eine. Zwar durfte er mir, weil ich keine Greencard vorlegen konnte, keinen Lohn zahlen, aber ich bekam Essen und Unterkunft gratis. Ich hatte die steile Karriere von der Putze zu der, die dann das Essen verkaufte und das Dinner mit supportete. Auch die Kasse wurde mir dann anvertraut. War erst einmal super, aber dunkle Wolken zogen auf, besser eine dunkle Wolke zog auf.

Einen oder zwei Tage später, ich dachte, ich habe eine akute Halluzination, stand Mike, mein Ex, im Banani

Bungalow. Mein Gedanke: WTF, Alter, das darf alles nicht wahr sein! Los Angeles hat zig Übernachtungsmöglichkeiten. Ich wusste, dass er es von meiner Englischprofessorin gewusst haben muss, wo ich absteige, denn ich habe es ihr in Deutschland gesagt. Er tat völlig überrascht, und ich dachte nur, bleibe mir von der Pelle. Ich grüßte ihn zwar, aber den erhofften Kontakt, den er sich wahrscheinlich versprach, unterband ich. Sein Englisch war, wie man es so schön sagt: »Not the yellow from the Egg!«, denn, viele Ostdeutsche, die meisten hatten fast gar kein Englisch, nur Russisch in der Schule, bis auf die Abiturienten. Nur weil ich von Kindheit an so besessen war, Englisch reden zu können, wurde es zu meinem Hobby. Ich kaufte mir von meinem Taschengeld die für uns einzige englischsprachige Zeitung Spotlight und lernte Vokabeln und las die Songtexte von englischen Liedern, die ich im Radio auf Bayern 3 hörte, was natürlich strengstens untersagt war. Aber da wir nahe Bayern lagen, konnten wir die bayerischen Radiosender und Westfernsehen, ZDF, ARD und Bayern, empfangen. Hin und wieder musste ich mir den schwarzen Kanal, das DDR-Propagandafernsehen angucken, um im Staatsbürgerunterricht über die neuesten Errungenschaften des Sozialismus mitreden zu können.

Doch zurück zu Mike. Er merkte schnell, dass es keine Auffrischung der »alten Liebe« geben wird. Der Spruch, alte Liebe rostet nicht, hat sich zum Glück bei mir nicht bewahrheitet. Ich hoffe immer noch, dass ich meinen geheimen Schwarm noch daten kann. Doch später dazu.

Mike. Am meisten hasste ich an ihm, dass er auf hart machte und das größte Weichei war, was man sich vorstellen konnte. Er konnte alles, und im Grunde nichts. Eigentlich ein absoluter Blender. Meine frühere Kommilitonin aus Zwankau hat sich Jahre nach der Trennung von uns beiden prächtig mit ihm verstanden. Ob er sich geändert hat durch die Phase, als er sich Kuscheltiere zulegte, um als emotional zu gelten, und irgendein Plüschi sein angeblich kaltes Herz erweichte, weiß ich nicht. Er hatte kein kaltes Herz, er war im Grunde genommen einfach ein Idiot, der klugscheißerte und deshalb von seinen Umfeld, sprich Kommilitonen, nicht ernst genommen worden ist.

Wie gut sie mit ihm befreundet war, und ob er es ihr kräftig besorgte, das war so das Einzige, was er konnte, weiß ich nicht. Sie war immer so eine »kleine, liebe« Professorentochter, die mit mir immer über ihre Komplexe redete. Wegen eigentlich gar nichts Schlimmem, »dicken Oberschenkeln«. Eigentlich mochte ich sie. Ich habe sie aber nie mit einem Freund gesehen. Dann mal mit so einem »getunten« Muskelsportler, war ja bestens durch meine Kerle informiert, was man da so einnimmt, um so überdimensionales Wachstum zu bekommen. Aber angeblich wäre da nie etwas gelaufen. Kann mir schon vorstellen, dass Mike sie um den Finger wickelte und sie ordentlich durchvögelte. Der spielte sogar mit Gedanken, als Zuhälter zu »arbeiten«, um nicht hart arbeiten zu gehen. Was habe ich im Inneren immer gefeixt. Dachte mir, lange bevor es die Ich-AG gab, Alter, dich braucht keine Frau zum Beschützen!, und sollte ich das

Geld benötigen, dich würde ich hundertprozentig nicht finanzieren.

Aber welches Verhältnis meine Kommilitonin wirklich zu Mike hatte, ob er nun wirklich seriös geworden ist, ich wollte es auch gar nicht wissen. Ob er die Kuschelphase dann auslebte, keine Ahnung.

Kleiner Ausflug in die Vergangenheit mit Marlon

Ich war nach Mike mit Marlon zusammen, den ich ja wegen meiner großen Liebe zu Bruce verließ. Nur mit Marlon fand ich zurück zu mir und hatte wahnsinnig viel Spaß. Wir lachten auch im Bett. Er war damals bei der Bundeswehr und hatte seine Dienstwaffe mit nach Hause genommen. Er wollte, dass ich mit ihm in den Wald gehen sollte, um dort Zielscheiben aufzustellen und zu schießen. Wie gesagt, in den Neunzigern war vieles locker und für heute undenkbar, aber das ging mir dann einen Schritt zu weit. Zwar wäre da nicht gleich der Psychiater gekommen, aber ich glaube, dass es zu einer Anzeige gereicht hätte. Darauf hatte ich keine Lust, mein Leben war stressig und chaotisch genug.

Nie vergessen werde ich unseren Supersommer, wir fuhren in seinem alten Audi durch die Gegend, Richtung Schwarzwald. Die Bremsen waren ein richtiges Desaster. Ich glaube, unsere Schutzengel leisteten da Überstunden. Wir kamen in irgendeiner Pension an und da alle Zimmer belegt waren, es aber später Abend war, und wir wahrscheinlich ungeheuer sympathisch aussahen, bot man uns ein »Gästezimmer« im Keller zu einem unschlagbaren Preis an. Ich war mit Marlon nie schwimmen gegangen und er glaubte, dass ich gar nicht schwimmen konnte. Die kleine Pension hatte einen Pool im Freien, und als Marlon seine Sachen auspackte, bemerkte er nicht, dass ich heimlich verschwand und nachts einfach durch den Pool schwamm. Irgendwann »vermisste« er mich wahrscheinlich und durchsuchte die Pension, bis er im Mondschein auf die Terrasse kam und mich in dem Pool erblickte. Er traute seinen Augen nicht, ich habe schon seine Fragezeichen in den Augen gesehen, aber nichts gesagt. Er zog auch seine Sachen aus und wir schwammen nackt in der Nacht durch den Pool. Wir hatten noch unglaublich viel Spaß und lachten die halbe Nacht noch im Bett. Er war zu diesem Zeitpunkt wirklich auch ein Freund für mich. Ich wünschte mir, dass der Sommer nie geendet hätte. Wir fuhren von Heidelberg nach Basel, nach Straßburg, übernachteten, wo wir etwas Preiswertes fanden, hatten nur ein paar Kleidungsstücke, wenn wir etwas benötigten, kauften wir uns ein T-Shirt. Es war ein toller Sommer. Auf dem Rückweg hielten wir noch in Coburg und weil der Sommer so schön war, fuhren wir noch zu viert, meine Cousine und ihr jetziger Ex Mann, in ein Ferienhaus nach Dänemark in Ording. Es war ein Sommer on the road und es war fantastisch. Damals herrschte noch kein Massentourismus, Arhaus, Den Gamle By, fast menschenleer und wenn ich an Grenen Skagen, den nördlichsten Punkt Dänemarks denke, wo Ost- und Nordsee zusammenfließen, wo nur Marlon und ich und einige Einheimische dort waren. Das Wasser dort war kalt, zum Barfußlaufen reichte es. Marlon musste ganz reinspringen. Alles war so verträumt. Ich habe vor geraumer Zeit einen Bericht im Fernsehen gesehen, dass Skagen jetzt die It-Stadt für Neureiche wäre, in den Neunzigern hat da bestimmt niemand daran gedacht.

Man kann schon sagen, damals war vieles besser, Mitte/Ende der Neunziger.

Doch zurück zu Marlon. Ich hatte mit ihm wahnsinnig viel Spaß, das machte wahrscheinlich auch, weil er bei der Bundeswehr war, denn als er seinen Dienst dort beendet hatte, war er nicht mehr wiederzuerkennen. Er lag nur noch vor dem Fernseher mit seiner Spielekonsole. Ich kam mir vor, als sei ich ihm lästig. Die Stimmung war auf einmal erdrückend. Und nein, er hatte keine PTSB. Dann geschah sowieso das Ding vom Studentenfasching mit Bruce.

Doch jedenfalls habe ich Marlon zu verdanken, dass ich Mike abgeschossen habe.

Allein in L. A. mit Levi

Da half Mike auch sein »Gestalke« in L. A. nichts mehr. Er suchte sich dann eine »deutsche Clique«. Es waren ja genügend Deutsche dort, mit denen er abhängen konnte. Sein Englisch war sowieso grenzwertig.

Ich las die amerikanischen Tageszeitungen, auch die Inserate, und ich sah, dass damals dort Gebrauchtwagen spottbillig waren. Ich spielte mit den Gedanken, mir einen alten Wagen zu kaufen und nach Mexiko weiterzufahren.

Ich war Gesprächsstoff. Ich erschien vielen als skinny und viele redeten mit mir und abends über mich. Aber das war echt harmlos, im Vergleich zu den Fiesigkeiten und Lästereien beziehungsweise den Beschimpfungen, denen ich vor der Einweisung, und selbst noch danach, ausgesetzt war.

In einer alten leergeräumten Garage stand im Banani Bungalow eine Hantelbank und jeden Morgen stemmte ich die Langhantel. Anfangs beäugte man mich skeptisch, aber ich trieb ja auch in Deutschland Sport. Irgendwann stemmte ich dann mit den »guys« gemeinsam die Gewichte.

Eines Tages, als ich wieder den Anzeigenteil »studierte«, sprach mich ein Amerikaner an. Er hieß Levi, war sieben Jahre älter als ich, braune Augen, Brille, braune, kurze Haare. Wir redeten miteinander. Er erzählte mir, dass er mit seinem NAVY-Dienst fertig sei, und wir freundeten uns an. Irgendwann hatte ich einen Termin mit einem

Gebrauchtwagenhändler und ich bat Levi, ob er mich eventuell begleiten könnte. Der Händler war Italiener und ungeheuer nett, und als er erfuhr, dass ich mit dem alten Cadillac allein nach Mexiko wollte, sagte er ganz ehrlich: Er ist Vater von einer Tochter in meinem Alter und nie, wirklich nie, würde er sie allein und auch nicht in diesem Wagen nach Mexiko lassen! Das überzeugte mich dann wirklich und das »Projekt« Gebrauchtwagen war gestorben. L. A. kann man nicht zu Fuß erkunden. Ich besorgte mir einen Mietwagen, wohin mich Levi mit seinem Wagen fuhr.

In weiser Voraussicht, dass ich auch in den USA Sex haben könnte, habe ich mir in Deutschland eine Großpackung Kondome besorgt und mitgenommen und immer welche einstecken gehabt. Schneller als gedacht kamen sie zum Einsatz. Levi war nicht nett ohne Grund zu mir. Er fand mich einfach geil. Auf dem Weg zu dem Mietwagenverleih hielt er, nachdem er mich zuvor angemacht hatte, an, steckte mir seine Zunge in den Rachen, riss seine Hose auf, wo er mir seinen Ständer präsentierte und ich ihm einen »rubber« drüberstülpte. Und er meine Shorts herunterzog und ich die Beine breitmachte. Er wusste genau, wie er mich berühren musste, ich explodierte beinah und hatte einen fantastischen Orgasmus. Das sollte erst der Anfang zwischen uns beiden sein.

Ich bekam einen Mietwagen. Da man in den USA mit 16 Jahren Auto fahren darf, ist Autofahren das kleinere Problem. Wenn man mit 25 Jahren wie 18 Jahre aussieht, ist aber Alkohol zu kaufen das Problem. Regelmäßig wurde ich, wenn ich eine Flasche Wein oder irgendetwas anderes Alkoholisches an der Tankstelle kaufen wollte, nach meiner ID, also dem Personalausweis gefragt, bevor man dann in einer Tüte Papier das alkoholische Getränk ausgehändigt bekam.

Eines Tages fuhr ich in meinem kleinen weißen Mietwagen, ich glaube, es war ein Ford, ohne Navigationssystem nach Downtown. Acht Spuren, Stadtautobahn, das »Banken- und Businessviertel« war ja leicht ausgeschildert, problematischer war der Heimweg in den Banani Bungalow, denn der war nicht ausgeschildert. Ich weiß wirklich nicht, wie ich es geschafft habe, da wieder anzukommen, aber am Abend war ich zurück. Ich hatte einen Guardian Angel, denn bei einer Ausdehnung von 70 beziehungsweise 50 Kilometern ist es gar nicht schwer, irgendwo anders zu »landen«.

Trotzdem es in L. A. wirklich alles Mögliche gab, fiel ich mit meinem »skinny body«, den langen, blonden Haaren und der leicht sonnengebräunten Haut auf. Ich bekam so viele Visitenkarten zugesteckt, auch von »Talentagenturen«. Aber ich war extrem misstrauisch und selbstzweiflerisch. Ich glaubte nicht richtig an mich, es hatte sich zwar verbessert, aber aufgrund meiner Abfuhr von Bruce, der mir hin und wieder durch den Kopf geisterte, war ich schwer in meinem Selbstwertgefühl angeschlagen.

Das änderte auch nicht der Besitzer zweier Calvin-Klein-Shops, der mich in meinen Shorts einfach toll fand und mir anbot, bei ihm zu wohnen. Aber da war Levi ja noch an mir interessiert.

Ich weiß nicht mehr, wie lange ich in L. A. war, bevor Levi den verrückten Plan mit mir teilte, dass er jetzt frei von der NAVY sei und nach San Francisco ziehen möchte, und ob ich Lust hätte, einfach mitzugehen. Die Aufstiegschancen außer als Kassenhilfe im Banani Bungalow waren ausgereizt, der »irre« Mike saß mit seinen deutschen »Freunden« den ganzen Tag im Pool, gesehen hatte ich dank Levi so ziemlich alles von L. A., auch einen Stripclub von innen, wo Frauen nur in Begleitung eines Mannes überhaupt Zutritt bekamen. Kino, Disco, Chinese Theatre, die Hollywood Hills mit den berühmten Buchstaben, die, glaube ich, Jeff Heffner, der ehemalige Playboy-Herausgeber, vor einigen Jahren vor dem Ruin bewahrte, den Sunset Boulevard, Diners und Co.

Ich überlegte kurz und dachte, hier ist zwar alles möglich, aber vielleicht auch in San Francisco. San Francisco galt umgangssprachlich als mehr »sophisticated«. Am nächsten Morgen, nach der Frage, ob ich mitziehen würde, sagte ich zu. Levi war wahrscheinlich in San Diego stationiert, denn er meinte, wir müssen nach San Diego fahren, um seinen Hausrat zu holen. San Diego liegt an der Grenze zu Mexiko. Wie fuhren in seinem alten blauen Ford hin, und er hielt vor einem Haus. Er offenbarte mir auf der 200 Kilometer langen Strecke, dass er dort noch eine Freundin hätte. Ich dachte: WTF, das sagt er mir jetzt! Doch sie wüsste Bescheid, dass es aus wäre. Und nebenbei erwähnte er, dass er den Möbeltransporter selber fährt und ich seinen Ford nach San Francisco fahren muss.

Ich staunte nicht schlecht, als er mich mit zu seiner Ex-Freundin nahm, die ihn komisch anblickte. Ich war mir aber keiner Schuld bewusst, denn sie wüsste ja Bescheid!? Er tat so, als sei alles ganz normal, ich begrüßte seine asiatische Ex-Freundin mit: »Hi, how are you?« Was sollte ich denn sonst sagen!?

Wir beluden seinen Transporter, er fuhr noch sein Motorrad hinaus auf die Rampe. Hinter dem Möbelwagen trieben wir es nochmal miteinander. Ich bestand die ganze Zeit auf Kondom, hatte ja auch immer eins in der Tasche.

In L. A. sahen wir uns im Kino den damaligen Film, der, glaube ich, nur in den USA lief, »Showgirls« an und Levi verglich mich die ganze Zeit mit Nomi. Ob das ein Kompliment war oder nicht, sei hier einmal in den Raum geworfen.

Die Räumungsaktion ging schnell. Wir gingen am Abend noch durch die Stadt und blieben noch in einer Bar, bevor wir dann zu einer Pension gingen und dort nächtigten, um die rund 900 Kilometer Fahrt anzutreten. Ich machte mir um nichts einen Kopf, weder wie die Fahrt wird, noch was in San Francisco kommen wird.

Am nächsten Morgen starteten wir. Ich erhielt Rauchverbot, dazu muss ich sagen, dass ich zum damaligen Zeitpunkt gerne rauchte. Zwar konnte ich jederzeit aufhören, aber gerade bei solchen »Endlos-Strecken«. Die ersten 100 Kilometer die Westküste entlang, alles prima. Irgendwann pfiff ich auf Levis Rauchverbot, dachte mir, was will er denn machen? Ohne mich kommt sein Wagen nicht in S. F. an, der kriegt sich schon ein.

Hin und wieder nippte ich an meiner Coke. Der Highway war nahezu an manchen Stellen menschenleer. Nach knapp der Hälfte bekam ich Lichthupe von ihm, dass ich an dem Motel herausfahren soll. Es war genauso ein schäbiges Motel, wie man es aus alten »Horrorfilmen« kennt. Aber es gab eine Dusche, ein Bett und etwas zu essen. Am nächsten Morgen, ganz ehrlich, ich war froh, die Nacht überlebt zu haben, ohne irgendeinen irren Mörder, ging es nach Donut-Frühstück weiter. In der ganzen Zeit, die ich in Amerika lebte, kann ich nicht behaupten, jemals Fan von Donuts, Brownies, Cupcakes, Peanut Butter geworden zu sein.

Von L. A. nach San Francisco

Es ging also weiter nach San Francisco, der Stadt mit den »Bergstraßen« und der berühmten Cable Car, die berühmteste Straßenbahn der Welt, die die Powell Street entlangfuhr.

Die erste Straße, die Hills entlang, war echt merkwürdig. Man wusste nicht, was oben nach der »Spitze« kam. Überall standen zu dem Zeitpunkt Schilder herum, dass Wohnungen frei waren. Die Wohnung sollte zentral gelegen sein und preiswert. Die Parallelstraße der Powell Street, die Jones Street, erschien ideal. Ich wusste bis zur Vertragsunterzeichnung nicht, dass am unteren Ende des Gebäudekomplexes die No-Go-Area, Tenderloin, angrenzte.

Der Vermieterin war es egal, ob ich eine Greencard hatte oder nicht. Ich war Deutsche und die galten als zuverlässig und zahlungsfähig. So wurde nicht nur Levi, sondern auch ich Mieterin eines Zweiraumappartements mit der berühmten Feuerleiter.

Das Appartement sah aus wie in einem schlechten Film. Das »Aufenthaltszimmer« hatte ein Klappbett, ein Doppelbett, das man hoch an die Wand klappen konnte, um tagsüber mehr Platz zu haben, die bekannten Schiebefenster, die man, wenn jemand über die Feuerleiter gekommen wäre, hochschieben könnte und eine Einbauküche. Die bis auf Levis Porridge zum Frühstück und meine heiße Milch zur Nacht, eigentlich völlig unnütz herumstand.

No-go-Areas waren mir bereits aus L. A. bekannt. Ich musste mich also arrangieren, wenn ich da lang wollte. Die Nutten und Junkies standen den ganzen Tag, da hieß es also, kühlen Kopf bewahren. Später las ich in einem deutschen Touristenführer über San Francisco: »Als Tourist meiden Sie bitte die Tenderloin.« Ich schmunzelte Jahre später über den Ratgeber.

Die erste Nacht in S. F. war heiß. Levi leckte mich zum Superorgasmus. Er kam frisch geduscht aus dem Bad, setzte sich hinter mich, massierte meine Waden, dann glitten seine Hände weiter zu meinem Po, dabei spielten seine Finger zwischen meiner Möse und dem After. Ich wurde geil. Er drehte mich auf den Rücken und steckte seinen Kopf zwischen meine Beine. Seine Zunge spielte mit meinem Kitzler und dann steckte er sie in die Vagina. Ich stöhnte und kam wie ein Feuerwerk.

Unsere Tage sollten fast immer so aussehen. Die angebliche Greencard für Work and Travel bekam ich vor Ort nicht und so arbeitete ich schwarz in Chinatown in einem Grafikladen.

Die meiste Zeit verbrachte ich im Bücherladen, wo ich Zeitungen und Bücher las, um mich auf den TOEFL-Test vorzubereiten, denn ich spielte mit dem Gedanken, das Wirtschaftsstudium an einer amerikanischen Uni weiterzuführen. In Amerika war es gang und gäbe einen Kaffee zu zahlen, und danach konnte man nachschenken, so viel man wollte. Levi war tagsüber an einer Uni und versuchte auch eine Ausbildung als Bartender. Ich hatte also die ganze Zeit für mich. Meistens ging ich am Nachmittag durch die Stadt bummeln. Wie des einen

Tages, als ich wieder im Macy's, einer großen Mode-
kette, shoppen war. In der Herrenabteilung, auf der Suche nach einem Pullover für meinen Vater, geschah es.

Und plötzlich kam Brady

In Gedanken versunken, sprach mich ein Beau an. Ich registrierte es erst gar nicht richtig. Wollte gerade weitergehen, dann sah ich hoch, sah ihn an. Er war eine Mixtur aus Teufel und Engel. Mystisch. Anziehend schwarzes, schulterlanges Haar, Augen so dunkel wie die Nacht und einen Bart, der um seinen Mund herum fein barbiert war.

Er fragte mich, ob das Teil, was er anhatte, ihn kleiden würde. Ich dachte mir: Boah, dich kleidet einfach alles! Und bejahte es. Natürlich war es eine Anmache, aber von so einem würde ich auch gerne wieder gefragt werden. Er hieß Brady. Wir flirteten. Er hatte mich schon in seinen Bann gezogen. So plötzlich wie er aus dem Nichts auftauchte, so plötzlich verschwand er. Tage vergingen. Ich saß oft im Yakety Yak, einem alternativen Café, und dachte unentwegt an Brady. In unserer »Macy's«-Unterhaltung sagte er mir, dass er Schauspieler am örtlichen Theater sei und als Bartender in einem Café beziehungsweise einer Bar, die in der Tenderloinarea lag, nebenher arbeitete.

Bei jedem Mann, den ich auf der Straße sah, dachte ich, ich sehe Brady. Die Zeit verging, aber er ging mir nicht aus dem Kopf. Er kickte sogar meine große Liebe Bruce aus meinem Kopf.

Brady, seine athletische Figur, seine schwarz-braunen Augen, sein schwarzes, langes Haar, seine magisch-mystische Aura, die hypnotisierend auf mich wirkte. Ich saß wieder einmal im Yakety Yak, nippte an meinem Latte Macchiato und grübelte. Ihn auf den Straßen wiederzusehen hat sich ja in der letzten Zeit nicht bewährt. »Soll ich in das Café gehen?« Aber da ist ja immer noch Levi. Der Konflikt ist wirklich groß gewesen, denn der Sex war bombastisch, aber ich wollte ja eigentlich hierbleiben, um mein Studium fortzuführen.

Die Zeit verbrachte ich weiterhin mit Lesen, Vorbereiten auf den TOEFL-Test, Schwarzarbeiten, Trainieren im Gym und Schlendern an der Fisherman's Warf. Dort saß ich oft und schaute auf das Wasser und dachte über Brady nach.

An einem Abend waren wir im Golden Gate Theater und sahen uns das Phantom der Oper an. Es lag in der Tenderloin. Aber es war trotzdem ein fantastischer Abend. Ich dachte heimlich, ich treffe Brady. Aber er war nicht dabei. So konnte es nicht weitergehen, ich überlegte mir einen Plan.

Levi trank in der letzten Zeit immer mehr, meistens außerhalb, warum er trank, wusste ich nicht, aber er ist in der Bronx aufgewachsen, vielleicht war es dort so gang und gäbe. Ich dachte mir, egal jetzt, der säuft die ganze Zeit! Warum nicht in das Café gehen, wo Brady arbeitet. Vielleicht hat er Schicht.

Um in das Café zu gelangen, mussten wir durch die Tenderloin. Nachts war sie gefühlte hundert Mal gefährlicher als tagsüber. Alles dunkel, schummriges Laternenlicht, einige Neonreklameschilder, dazwischen die Homeless und Junkies und Huren. Auf dem Weg zur Bar geschah dann auch wirklich das Befürchtete, ein

Junkie zog mit dem Arm auf und wollte mir die Nadel in den Körper rammen. Geistesgegenwärtig sprang ich auf Levis Seite und rannte so schnell wie ich konnte. Tenderloin halt. Und jeder wollte dein »change«, also Almosen, Kleingeld. Echt schlimm, denn so viel Kleingeld hat man gar nicht, wie viele es wollen. In Amerika konnte man echt von Couponing leben. Ich gab die Essencoupons oft den Obdachlosen, aber die wollten sie gar nicht, denn die meisten benötigten das Geld für ihre Drogen.

Doch zurück zum Café. Da es in Kalifornien immer warm ist, trug ich ein Sommerkleid. Schulterlange, blonde Haare, braungebrannt. Levi wie immer seine Jeans und T-Shirt. Ich öffnete die Tür zum Café, ging voraus und setzte mich an die Bar. Und wie soll man es nennen, Fate, Schicksal, denn wer war mein Bartender? Genau, Brady. In breitem Amerikanisch meinte er: »Nice to see you again! How are you?« Levi soff wieder und ich flirtete mit Brady. Er bot mir einen Job als Bartenderin an, aber ich wusste, in so einem Lokal konnte ich ohne Greencard nicht arbeiten. Weshalb ich sie nicht bekam, weiß ich nicht, wo der Haken lag, ob damals meine Englischprofessorin verkehrt unterrichtet war. Er erzählte mir, dass er ein Appartement an der Powell Street in einem Eckhaus hat und steckte mir seine Telefonnummer zu. Levi soff weiter, nachdem er wahrscheinlich seinen Pegel hatte, verließen wir die Bar. Die Bartenderinnen waren alle nett zu mir und Brady und ich sahen uns zum Schluss in die Augen, fragend und abwartend.

Levi war viel zu besoffen, um an diesem Abend zu vögeln, und ich schlief ein. In dieser Nacht träumte ich von meinen Großeltern, die vor Jahren verstorben waren, und als ich aufwachte, wusste ich im Moment nicht, wo ich genau schlafe, weil im Traum war ich zu Hause. Als ich dann alles begriff, dass ich nicht zu Hause bin, ließ ich den gestrigen Tag Revue passieren und erinnerte mich an Bradys Telefonnummer. Nach anfänglichen Überlegungen wählte ich, aber er ging nicht ran, nur sein Anrufbeantworter. Ich wollte gerade meine Sachen nehmen, die Wohnung verlassen, da klingelte das Telefon und Brady war in der Leitung. Er fragte, ob ich diesen Abend Zeit hätte, und ich sagte nichts weiter als »Yeah!«. Den Tag verbrachte ich mit Englischlernen im Grafikshop in Chinatown.

Es wurde Abend. Brady absolvierte seinen Bartenderkurs, er war sowieso zu dem Zeitpunkt nicht da, als ich das Appartement verließ und mich auf den Weg zur Powell Street machte. Ich musste die Jones Street nur zwei Häuserblocks hochgehen und kam an seinem Apartment an.

Ich klingelte und durch die Freisprechanlage fragte er, wer da sei. Er hatte sich meinen Namen gemerkt. Das, wie man einem Amerikaner Silke erklärt, war immer »like silk and e«.

Brady stand in der Tür. Er war faszinierend. Er begrüßte mich. Sein Apartment war klein, aber ein Klavier stand da drinnen. Er setzte sich daran und spielte und sang von Elvis »Are you lonsesome tonight!«. Wir flirteten. Er war an der Schauspielschule und arbeitete nebenher als Bartender, um sein Studium zu finanzieren. Nach geraumer Zeit holte er einen Joint heraus und meinte, das Heißeste aus L. A. Ich kam von L. A. und er wollte dorthin wegen seiner Kontakte und er dachte, dass er den Durchbruch dort schaffen könnte, weil er bereits in einem Film eine Nebenrolle spielte.

Jedenfalls zogen wir am Joint, aber was dann geschah, war nicht das Heißeste, sondern der blanke Horror. Ein richtiger Horrorfilm. Aber ich konnte das Bewusstsein behalten und mir ein Cab rufen. Brady begleitete mich im Fahrstuhl und hielt ihn an. Er dachte, ich sei so stoned, dass ich das nicht mitbekam. Ich verstand in dem Moment keinen Spaß und meinte, er solle den Scheiß lassen und den Fahrstuhl wieder in Gang setzen. Sein Gesichtsausdruck: unbezahlbar. Er hatte nicht damit gerechnet, dass ich klar bei Verstand bin. Mich für stoned halten und ficken, ich dachte, ich spinne. Ich machte ihm klar, dass das heute nichts mehr mit uns beiden wird. Das Taxi wartete auf mich und brachte mich den Katzensprung zu meiner Wohnung. Dort wartete der verärgerte Levi. Er dachte, er ist im falschen Film, als ich die Tür aufreiße und ihm klarmachte, dass ich stoned bin und einen absoluten Horrorfilm schiebe. Er wusste nicht, über was er sich mehr aufregen soll, dass ich bei einem »Freund« in der Wohnung war oder stoned in unserem Appartement auftauchte. Aber er begriff den Ernst der Lage und schaltete mir einen Comic an, dass ich vom Horror loskomme. Er meinte, es sei vielleicht Angel Dust gewesen. Ich dachte nur, mir jetzt egal, Hauptsache, der Horror flacht ab. Nach drei Stunden ging es mir etwas besser, der Horror flachte ab, aber drei Tage lang ging es mir beschissen und mir war kotzübel. Keine Ahnung, was wir da rauchten, aber wir hatten auch in Deutschland hin und wieder an der Bong gehangen, aber so etwas ist mir nie passiert.

Ich war nicht sauer auf Brady, dass er mir die Tüte reichte, ich hätte ja ablehnen können, also selbst Schuld. Nur dass er mich erst ficken wollte, wo er dachte, ich sei unzurechnungsfähig, das nahm ich ihm übel. Aber insgeheim wollte ich ihn ja. Ich grübelte. Wenn ich nicht im Buchladen saß, saß ich im Yakety Yak. Dort schossen mir die Gedanken durch den Kopf, was ich mit Brady machen soll. Ich ging und überlegte, dass ich in der Buchhandlung besser aufgehoben sei, um noch etwas zu lesen. Wie durch Zufall blickte ich an diesem Tag an den Kartenständer und mir fiel die Karte El Diablo, also der Teufel auf. Ich dachte sofort an Brady und kaufte sie mir. Setzte mich an einen freien Tisch und schrieb:

I'm thinking of you, impossible? But's true!

I remember you, the mixture of angel and devil, remember your eyes, where I'm seen good and evil.

I'm a stare of emotions and a victim of longing, every morning I'm starring at the phone and I'm hoping.

Dann schrieb ich noch so in etwa, dass er nicht nachmittags heute mehr anrufen soll, weil Levi zu Hause war.

Ich machte mich auf den Weg zu seinem Briefkasten und warf die Karte hinein und ging zurück zu meinem Appartement.

Er wäre nicht El Diablo, hätte er sich an die Zeit gehalten. Ich setzte gerade meinen Fuß zur Türe hinein, als das Telefon in unserem Appartement klingelte. Er rief doch tatsächlich wieder an.

Es war später Nachmittag, als er anrief. Ich ging erneut zu seinem Apartment. Wir unterhielten uns. Inmitten der Unterhaltung küsste er mich. Leidenschaftlich und in Sekundenschnelle hatte er mein geknöpftes Sommerkleid aufgeknöpft, meinen BH ausgezogen und trug mich zu seinem Bett. Meine Beine umschlangen seinen kräftigen, athletisch durchtrainierten Körper. Er trug mich zu seinem Bett und spreizte meine Beine. Er wollte gerade in mich eindringen, da meinte ich, »rubber« am »dick« wäre schick. Er verschwand kurz ins Bad, holte sich ein Kondom und stülpte es sich darüber, dann drang er mit seinem dicken, strammen, ziemlich langen Speer in mich ein, dass ich dachte, mir schwinden alles Sinne. Ein Wechselspiel der Positionen folgte, dass ich dachte, ich kann meine Beine nicht mehr schließen. Mit seinen Fingern tastete er in mir sich bis zu meinem Bauchnabel hoch. Bevor ich richtig zu Bewusstsein kam, fickte er mich mit seinem Penis und seiner Hand. Wieder drang er in mich ein. Missionarsstellung, Löffelchen und sonst eine exotische Stellung. Dann kniete er sich, ich befand mich außerhalb seines Bettes und er fickte mich. Ich ergriff die Oberhand, schwang mich auf ihn und ritt ihn zum Orgasmus.

Das Ganze wiederholten wir noch an drei weiteren Tagen, dann musste er angeblich zu seinen Eltern nach L. A. und zusätzlich seine Agentin beglücken. Einen Tag bevor er wiederkam, musste ich zurück nach Deutschland. Ich wollte in einem halben Jahr für ein Praktikum, Internship, zurück sein.

Leider ging gar nichts auf. Ich habe ihn nie wieder getroffen, hatte so sehr gehofft, am Tag der Abreise, er möge noch einmal an sein Telefon gehen. Aber wir hörten und sahen uns nie wieder. Nach den ganzen Jahren habe ich ihn gegoogelt und weiß, dass er Vater von zwei Mädchen ist, seine Schauspielkarriere gegen Weinsommelier eingetauscht hat und sein Gesicht von seinen Exzessen und Eskapaden gezeichnet ist.

Doch zurück zu dem ersten Verschwinden an dem Nachmittag, als mein Telefon klingelte. Die Luft zwischen Levi und mir war natürlich dicke. Er wusste zwar nicht, dass ich Brady ficken gehe, aber er war ja nicht blöde. Am nächsten Tag vögelten Levi und ich zwei Stunden miteinander und er hatte seine schlechte Laune vergessen.

Mein Abschied, als ich S. F. verlassen musste, war sehr emotional. Insgeheim hoffte ich, auch Levi, dass ich ein halbes Jahr später für das Internship zurück sei. Levy brachte mich am Tage meiner Abreise zum Airport. Ich hatte mächtig Übergewicht an Gepäck. Drei oder vier Reisetaschen voll. Aber damals war der Zoll voll relaxt und winkte mich einfach durch.

Im Departure-Abflugraum bestellte ich mir noch einen Whiskey on the rocks und rief noch einmal bei Brady an, dass ich am Flughafen sei. Aber keiner nahm ab. Ich sprach nur mit seinem Anrufbeantworter. Als ich in das Flugzeug einstieg, kam es mir wie Abschied für immer vor und nicht nur für drei Monate. Und ich sollte recht behalten.

Im Flugzeug flossen heimlich Tränen aus meinen Augen. Ich erinnerte mich an alles. An den Sunset Strip, an die Visitenkarten, die man mir überall zusteckte. Hätte ich mich irgendwo anders entscheiden sollen? Das unlösbare Problem mit der Greencard für Work and Travel und überhaupt. Habe ich irgendwo die falsche Ausfahrt, Entscheidung genommen? Wahrscheinlich.

Nach knapp 13 Stunden landete ich wieder auf dem Leipziger Flughafen. Und als das Flugzeug deutschen Boden unter den Füßen hatte, war Bruce wieder in meinem Kopf präsent. Er war nie ganz weg, denn für das »Wiedersehen« mit ihm hatte ich mir in Chinatown eine platinblonde Perücke gekauft. Ich wusste doch, worauf er abfährt.

Zurück in Deutschland, Bruce is back

Da war ich wieder in Deutschland, heimlich hoffte ich, dass ich das Praktikum bekommen würde. Meine Eltern holten mich wieder ab und meine Mama hatte wieder Tränen in den Augen, diesmal Wiedersehens-Freudentränen. Da ich ja in den USA bis auf in einem deutschen Restaurant niemanden zum Deutschreden hatte, außer einem kurzen Anruf bei meiner Mama täglich, der höchstens fünf Minuten war, verlernte ich fließend Deutsch zu sprechen.

So hatte ich in den über drei Monaten wirklich verlernt, fließend Deutsch zu sprechen, ich dachte ja die ganze Zeit auch in der amerikanischen Sprache. Meine Mama dachte erst, ich mache Witze, als ich keinen einzigen deutschen Satz ohne irgendein englisches Wort sprechen konnte, weil mir das deutsche Wort nicht einfiel. Aber sie war so glücklich, dass ich ihr nicht nur Minnie und Mickey brachte, sondern sie mich wiederhatte. Wir gingen in Leipzig noch ein Eis essen und Kaffee trinken. Leipzig ist ja keine Kleinstadt, aber mir erschien es nach S. F. so winzig. Viel schlimmer sollte es mich in Zwankau treffen.

Als ich in Zwankau wieder zur Vorlesung schritt, hat es bereits die Runde mit mir gemacht, Mike hatte wahrscheinlich schon berichtet. Alle dachten, ich mache auf Angabe mit meinem Denglisch. Ich war verhasst vom Bäcker, wo ich mir morgens einen Kaffee to go holen wollte, den es zum damaligen Zeitpunkt lediglich in der

Fast-Food-Kette gab, bis hin zu meinen Kommilitonen, die es nicht begreifen konnten, dass ich wirklich Sprachprobleme hatte. Dafür schaffte ich damals in Deutschland als eine der wenigen den TOEFL-Test, der mir aber nichts weiter außer Bestätigung brachte, dass das zur Aufnahme an amerikanischen Universitäten langte, wie es sich herausstellen sollte.

Doch einen monetären Vorteil hatte ich davon. Meine neue Englischprofessorin fragte mich, ob ich die Stelle als Hiwi oder Assi, also die, die die Vorlesungen mit vorbereitet und Texte übersetzt, machen möchte. Der Job war großartig und für damalige Verhältnisse gut bezahlt.

Es hatte sich auch zu Bruce herumgesprochen, dass ich in Amerika war. Ob Zufall oder nicht, an dem ersten Fasching nach meiner Rückkehr spielte er auf der Bühne den Cable Car Guy. Was auch immer der machen sollte, jedenfalls zog ich ihn in meinen Bann, wie ich es mir in Chinatown ausmalte.

Ich hatte die platinblonde Perücke auf, einen Zylinder, trug einen Body und schwarze hohe Lackstiefel. In den USA muss ich noch einmal Gewicht verloren haben, denn ich war unter 50 kg schwer. Aber dieser Fasching war in jeder Hinsicht ein Drama. Als ich mich mit meinen »Freunden« gerade unterhielt, immer Bruce auf der Bühne im Blick, schellte mein Mobiltelefon, das ich in der Hand trug, und aus S. F. rief die Praktikumsstelle an. Ich solle morgen zu ihnen kommen. Fuck, wirklich, ich konnte nicht, denn ich musste die Klausur nachschreiben, bei Nichtantreten wäre ich exmatrikuliert worden. Ich erklärte es der Dame, aber da sie nur auf morgen bestand, war mein Wiedersehen mit Levi und Brady vereitelt worden. Ich war todunglücklich.

Mittlerweile war das Bühnenprogramm zu Ende und Bruce hatte mich schon im Auge. War auch kein Wunder. Sein Kumpel richtete bei meinem Hereinkommen in den Raum die Scheinwerfer auf mich und Bruce konnte wahrscheinlich sehen, wer ich bin.

Er kam her und nahm mich an die Hand und wir gingen in ein leerstehendes Vorlesungszimmer. Natürlich wollte Bruce mit mir schlafen. Aber er war ja anderseits voller Selbstzweifel. Anstatt mich anzumachen und mit mir zu reden, kam er mir plump. Er wolle mich vergewaltigen! Da dachte ich mir, so nicht! Du machst mir keine Angst! Mir fällt dazu der Spruch von Goethe ein: »Eines Tages klopfte die Angst an die Tür. Der Mut stand auf und öffnete, aber da war niemand draußen.«

Ich drehte ihm das Ding einfach um und spielte mit seiner Angst. Wie, das bleibt mein Geheimnis. Aber jedenfalls redeten wir, ich fand ihn ja so geil. Wir verabredeten uns in zwei Stunden an einem Ausgang. Aber Bruce hatte mächtig getankt, und noch nachgelegt, jedenfalls muss er so dicht gewesen sein, dass er Ausgang und Zeit nicht mehr wusste. Es war ein altes Gebäude. Ich bin noch einmal rein, der Taxifahrer wartete sogar, aber ich fand ihn nicht auf die Schnelle. Ich war sehr traurig im Taxi auf dem Nachhauseweg. Der Taxifahrer versuchte mich aufzubauen. »So eine tolle Frau wie Sie braucht doch nicht so einen!« Doch er wusste ja nicht, dass er nicht irgendeiner war, sondern meine geheime große Liebe.

Da war so viel Magie zwischen uns. Wir zogen uns immer an. Aber irgendwann zerplatzte die Magie ganz jäh zwischen uns.

Es war wieder ein Fest in der alten Aula, wo sich jetzt ein Finanzkomplex im Inneren befindet. Genannt wurde diese Feier »Kassensturz«. Bruce war da. Wir flirteten und redeten, dann meinte er, er habe eine neue Freundin. Meine ganze Welt, alles zerbrach in dieser Sekunde. Ich gab ihm eine schallende Ohrfeige oder einen Kinnhaken und ging einfach. Alle meine Freunde wussten nicht, was mit mir passierte, als ich Hals über Kopf aus dem Gebäude rannte nach Hause, wo ich mich einschloss, und ich dachte, der Boden unter mir dreht sich. Ein Loch ging auf und riss mich hinein, wie in einen Krater, ich war im freien Fall.

Und dann kam Maurice

Aus Verzweiflung nahm ich in der Pizzeria, wo ich gelegentlich als Bäckerin arbeitete, gleich noch mehr Schichten an. Hin und wieder musste ich auch als Fahrerin arbeiten. Jedenfalls muss ich, ohne es gewusst zu haben, einigen Männern gefallen haben, denn eines Tages stand ein Bruce-Verschnitt in der Pizzeria und bewarb sich als Fahrer. Dass es die Wende in jeder Hinsicht in meinem Leben sein sollte, wusste ich zu dem Zeitpunkt noch nicht. Bruce-Verschnitt, eigentlich besser wäre die Bezeichnung Johnny-Depp-Verschnitt. Er sah genauso aus wie Johnny Depp in jungen Jahren. Schulterlange, schwarze Haare und schwarze Augen, ein Ausbund an Drogen und immer einen lustigen Spruch auf den Lippen. Dass er den Job wegen mir annahm, weil er mich kennenlernen wollte, wusste ich zu dem Zeitpunkt nicht. Ich muss ihm öfters wahrscheinlich die Pizza geliefert haben. Er grub mich in der Pizzeria an, und eigentlich war er nett, aber ich brauchte Abstand zu dem ganzen Zwankau. Damals waren die Autobahnen frei und die Vorzeigeautobahn, ich glaube A20, noch in Takt. Ich fuhr einfach mit einer Reisetasche und etwas zu essen Richtung Dänemark. Irgendwann kam ich in Kolding heraus und fand eine Jugendherberge und, anders als in L. A., ein kleines Zweibettzimmer. Das ich für mich alleine hatte. Der Wirt war sehr nett, er gab mir ein altes Damenfahrrad und ich radelte durch die kleine Stadt, die an einem Fjord lag. Oft saß ich am Wasser und blickte auf das wogende Wasser, mit einer riesengroßen Softeistüte in der Hand. Ich verarbeitete die Nichterfüllung meiner großen Liebe. Ich dachte an Bruce zurück, dass ich ihn am 24.6. verloren habe. Die Wellen spülten den Dreck von der Seele. Mir ging es sehr gut. Es waren fast keine Touristen dort, abends saß ich in meinem Zimmer und schrieb in mein Tagebuch, welches mir im Gaslighting-Prozess auch gestohlen worden ist, halt verloren gegangen ist, weil es ja normal ist, um meinen ehemaligen Therapeuten zu zitieren, dass Dinge hin und wieder verschwinden. Schon diese Aussage, bevor er auf mich losgegangen ist, hätte mir zu denken geben müssen, dass er mich gar nicht ernst nimmt und meine Probleme nicht ernst nimmt. Er war nicht mein Therapeut, wo Patient und Arzt gemeinsam an einem Ziel kämpfen, sondern lediglich der Handlanger des Chefarztes, der mich genauso wie ich ihn nicht abkonnte. Schon dass ich nie eine ambulante Therapie bekam, sondern um seine Bettenzahl zu füllen, immer stationär gehen sollte, hätte mir zu denken geben müssen. Ich war ja von ihm gewissermaßen abhängig, konnte auch nichts riskieren, denn auch wenn ich nie meiner Tochter etwas antat, außer sie mit Geschenken in der Kindheit überhäufte, was ein Fehler gewesen ist, hätte eine dumme Bemerkung mich das Sorgerecht kosten können. Denn wie ich in dem Buch klarstellte, ist alles eine Macht der Psychiater. Sie haben dich in der Hand. Du kannst alles durch sie werden, gesund oder zum absoluten Opfer, ohne Rechte. Wenn ich manchmal durch die Station ging, hörte ich verzweifelte Frauen untereinander erzählen: »Die Kinder haben sie mir auch weggenommen! Und ins Heim gegeben!« Es ist alles in ihrer Macht.

Doch zurück zu Kolding. Ich fand zu mir und dachte zum ersten Mal über den Johnny-Depp-Verschnitt nach. Er hatte Drogen, aber fast alle in den Neunzigern hatten Drogen, die ich kannte. Ja, er war lustig, gutaussehend und echt nett zu mir, sprach auch noch tröstende Worte über Bruce, dass er jetzt halt der Prinz auf dem weißen Pferd sei.

Kolding holte mich ins Leben zurück. Wenn ich stundenlang am Wasser saß und sah, wie gegen die Felsen und großen Steine die Wellen schäumten, fand mein Geist Ruhe und das Gedankenkarussell stoppte. Das Wasser hat eine ungeheure magische Wirkung auf mich. Stundenlang kann ich dasitzen und zu mir finden.

Als ich Kolding verließ, habe ich Bruce dort gelassen, bildlich gesprochen. Ich wusste, es ist vorbei und ich muss mich von ihm lösen und Neuem öffnen. Dass aber alles so kommen sollte, dass mein gesamtes Leben eine Wendung nimmt, konnte niemand erahnen.

Zurück in Zwankau baggerte mich der Pizzabote, der Johnny-Depp-Verschnitt, Maurice, weiter an. Durch die Pizzeria waren wir ja sehr oft miteinander konfrontiert. Wir hatten viel Spaß zusammen, als Zwankau wieder einmal Hochwasser hatte, rannten wir barfuß durch das Wasser, saßen am Fluss und aßen Eis, spielten Basketball, wir verstanden uns so gut, dass ich mich in ihn verliebte und er mich zu seiner »Königin« und Traumfrau erhob. Schon bald zog er zu mir. Eines Tages, als ich von der Vorlesung kam, brachte er mir ein rot-weißes Kätzchen, einen jungen Kater an. Ich dachte, es ist ein schlechter Witz, denn ich war so gut wie nie zu Hause. Er meinte, ich könne ihn zurückgeben. Dann dachte ich mir, es ist doch kein Tamagotchi, was damals groß in Mode war. Mir tat der kleine Kerl leid. Und da er stubenrein war, behielt ich ihn. Zur Krönung unserer jungen Liebe nannte ich ihn Romeo. Da ich viel lief und immer in Bewegung sein musste, wollte ich mir einen Husky zulegen. Der Stress nahm aber zu. Vorlesung, Training, Pizzeria und Maurice. Also fehlte mir die Zeit für lange Spaziergänge, und da damals der »Cesar«-Hund, also der Terrier, in der Werbung hoch und runter lief, entschied ich mich für diese Rasse. Der war auch mit einem »normalen« Spaziergang zufrieden.

Damals wurden Hunde noch in ausgewählten Tierhandlungen verkauft, so brachte ich es in Erfahrung, dass in Bayern einer den »Cesar«-Hund züchtete und in der ansässigen Tierhandlung vertrieb. Dort angekommen, saß ein kleines weißes Hündchen ganz einsam im Schaufenster. Es war kein »Cesar«-Hund, aber diese Knopfaugen blickten so traurig und ich verliebte mich total in dieses hilflose Knäuel. Er war schon ein halbes Jahr, keiner wollte ihn, er wurde hin und wieder von den Kindern der Tierhandlung ausgeführt, stubenrein war er auch nicht. Aber ich nahm sie mit, denn auf alle Fälle hatte sie es bei mir besser. Um die Liebe zum perfekten Glück zu machen, bekam sie den Namen Julia. So hatte ich innerhalb kürzester Zeit einen Kater und eine Hündin. Julia war ein echtes Goldstück und ich habe es nie bereut, sie mitzunehmen. Sie wurde sogar stubenrein. Doch der Stress auf mich nahm zu. Um mich auf die Prüfungen vorzubereiten, verschwand ich für eine Woche in mein Elternhaus, wo ich Ruhe hatte. In dieser »Einsamkeit« kam Maurice auf den Gedanken, dass er noch ein weiteres Haustier benötigt. Als ich nach knapp fünf Wochen die Türe zu meiner Wohnung öffnete, rannte ein Kaninchen durch meine Wohnung. Ich dachte, ich spinne. Wo er es herhatte, ich weiß es nicht. Doch die Liebe verblendete mich in jeder Hinsicht. Mich wunderte nicht, warum er nicht mehr zu sich in seine Wohnung ging. Erst später erfuhr ich, dass er aus der Wohnung hinausgeflogen ist, weil er keine Miete mehr zahlte. Er hatte eine schwere Kindheit und kam aus dem Kinderheim, was zu Ostzeiten genauso wenig lustig war, wie jetzt sein Kind abgenommen zu bekommen von irgendeinem Psychiater. Seine Mutter hatte der Krebs hinweggerafft, seine Großeltern wollten ihn und seinen Bruder nicht, sein Stiefvater oder Vater wäre überfordert. Im Kinderheim verlor er auch noch durch einen Unfall seinen Bruder. Diese tragische Geschichte war der Freifahrtschein für ihn, bei meiner Mama. Hätte ich nur an mein zukünftiges Ich als an sein vergangenes gedacht.

Meine Freundin Anja war meine engste Vertraute und wir gingen hin und wieder weiter auf die Studentenpartys. Auch in den Studentenclub, wo Bruce der Chef war. Er behielt mich immer im Auge, aber er sagte nie etwas. Das eine Mal stellte er sich mir gegenüber und trank einen Tequila zeitgleich mit mir. Es war ungeheuer schwer für mich. Bruce sollte der Vater meiner vier Kinder werden, die ich mir wünschte. Jetzt war ich ja mit Maurice »glücklich«.

Doch der Traumprinz Maurice mit schwerer Kindheit entpuppte sich erst nach und nach. Er verschwand über Nacht, ohne ein Wort zu sagen, und kam irgendwann stoned nach Hause. Die Bong war im Dauerbetrieb bei ihm. Als ich ihn einmal darauf ansprach, was ihm fehlte, meinte er, er wünsche sich eine Familie. Mittlerweile legte ich in der Pizzeria einen Karrieresprung hin, ich wurde die neue Eigentümerin/Inhaberin. Mein Traum, den ich hegte, vom eigenen Bistro schien in greifbare Nähe gerückt. Finanziell ging es mir gut, ihm eigentlich auch. Mein Vater hatte damals noch das gutgehende Baugeschäft, wo Maurice auch eine Anstellung bekam. Alles schien sich zum Guten zu wenden, dachte ich.

Dass Bruce immer öfter mit seinen Freunden in den gleichen Gaststätten aufschlug, wo Maurice und ich aßen, ignorierte ich irgendwann. Ich dachte, jetzt ist die Phase der nie Geliebten vorbei und du erreichst alles. Ich stand kurz vor den Diplomprüfungen und zu meiner ehemaligen Freundin Sabia hatte ich auch noch Kontakt. Sie hatte die Uni gewechselt, nachdem ich weg war und nach Zwankau bin. Sie erzählte, dass sie Pjotr nie wieder gesehen hatte. Wahrscheinlich ist er zurück zu Bundeswehr, was er an einem Abend erzählte.

Es schien alles perfekt. Als ich bei meinem Gynäkologen dann zur halbjährlichen Kontrolle war, meinte er, aus gesundheitlichen Gründen soll ich bitte ein Stück mit der Spirale nach so langer Zeit pausieren und sie mir entfernen lassen. Gesagt, getan. Damals gab es die neuartige natürliche Verhütungsmethode Persona, die wusste, wann man schwanger und nicht schwanger werden konnte. Ich informierte Maurice darüber und seine Augen leuchteten, dass er Vater werden könnte. Ich war so in einem »Erfolgsgedanken«, dass ich dachte, die Welt gehört endlich wieder mir. Mir hätte schon zu denken geben müssen, dass Romeo und Julia mittlerweile bei meinen Eltern im Haus lebten, Hoppel, der Hase, stand noch so herum. Und, wie sollte es anders kommen, ich wurde zur Weihnachtszeit an einem unfruchtbaren Tag schwanger.

Mit einem freiverkäuflichen Schwangerschaftstest in meinem Elternhaus kam heraus, dass ich schwanger war. Meine Mama fragte, was ich machen möchte. Für mich stand sofort fest, das Kind behalte ich, denn ich glaubte, dass sich das Kind bestellt hat. Da ich sowieso dachte, dass ich alles erreichen könnte, kam gar kein anderer Gedanke in Frage. Meine Mama meinte, dass sie mich unterstützt, wie es eben möglich ist.

Ich informierte Maurice. Selbst wenn er Nein gesagt hätte, vertrat ich den Standpunkt: »Mein Bauch gehört mir!« Er war total happy. Es war in einem Film, doch viel mehr, wie es sich herausstellte, in einem schlechten, oder mit einem schlechten Drehbuch.

Ich hatte, bevor ich die Schwangerschaftsnachricht erhielt, eine Gaststätte angemietet und meine kleine Pizzeria verkauft. Ich wollte mir den Traum eines Cafés bzw. eines Bistros ermöglichen. Alles lief so gut. Doch das Erwachen sollte kommen. Schneller als gedacht.

Wir hatten ziemlich viele Bekannte. Abgesehen

von meiner Freundin. Maurice brachte immer neue »Freunde« mit zu mir nach Hause. Dass einige Sachen, wie der Zylinder vom Fasching, mit Bruce verschwanden, bekam ich gar nicht mit. Maurice hatte den Job bei meinem Vater in der Unternehmung, den er auch ohne Berufsabschluss bekam. Seine Lehre hatte er ja schon früher abgebrochen. Alle dachten, es sei das schlimme familiäre Gefüge, aus dem er kam. Dass sein Stiefvater es in Maurice früher Jugend wichtiger erachtete, ihm das Vögeln als etwas anderes beizubringen lassen, indem er ihm den Besuch im Puff zahlte, als seine Lehre abschließen zu lassen. Wir wollten ihm helfen, den Platz im Leben zu finden. Aber an dem Spruch »Tue niemandem etwas Gutes und dir widerfährt nichts Schlechtes!« ist leider Wahres dran. Maurice war wirklich intelligent, erschien mir so, und er träumte immer davon, sein Abitur zu machen. Wir wollten ihm helfen, erst seinen Berufsabschluss nachzuholen und dann seinen Traum vom Abitur zu verwirklichen.

Von den anfänglichen Vaterfreuden war bald nichts mehr zu sehen, im Gegenteil, er verprasste sein Gehalt, mit Glücksspiel und Drogen, blieb nachts einfach weg. Es kam immer mehr zum Streit zwischen ihm und mir wegen seines asozialen Verhaltens. Eines Tages tauchte er mit seinem neugewonnenen Freund Marco, einem Studenten, auf und meinte, im dritten Monat meiner Schwangerschaft, weil Marco es so gut wusste, dass er viel zu jung für ein Kind sei. Ich dachte, mir zieht es den Boden unter den Füßen weg. Er ging einfach aus der Wohnung. Mir hätte alles zu denken geben müssen.

Er brachte es zwanzig Jahre als Entschuldigung, dass er ein Punk war. Einfach gesagt ein Assi, der keine Ehre und keinen Respekt vor Menschen hatte, die ihn liebten und achteten.

Denn nicht nur Romeo und Julia gehörten mittlerweile zum Inventar meiner Mama, nein, in einer Woche, als ich mich auf die Prüfungen vorbereitete, ließ er, es war Winter, Hoppel in seinem kleinen Käfig unter freiem Fenster stehen. Als ich wiederkam, sah ich Hoppel todkrank in seinem Käfig liegen. Ich nahm ihn, bin zum Tierarzt. Doch er verstarb in meinen Armen.

Maurice war ein einziger Psychopath, und nichts in der Welt kann es rechtfertigen, dass er mein Leben zerstörte, meine Gesundheit, dem Kind seinen Vater vorenthielt, und später eine Familie gründete mit drei Kindern und Husky und mir im Nachhinein noch unterstellte, ich hätte ihn mit dem Kind hereingelegt. Den Kontakt habe ich erneut abgebrochen, dieses Mal für immer.

Um aus dem Vertrag mit dem Bistro, der angemieteten Gasstätte, überhaupt herauszukommen, musste ich eine vierstellige Summe, die ich aus dem Verkauf der kleinen Pizzeria hatte, hinlegen. Als gütliche Einigung, denn sonst hätte ich Miete zahlen müssen. Mein Vater behauptete Jahre später, er habe alles finanziert, aber ich weiß, dass das Geld des Verkaufes dahin geflossen ist. Überhaupt tobte mein Vater, noch bevor die Beziehung zu Maurice in die Brüche ging, dass ich schwanger sei. Wahrscheinlich, er war gerade in der Midlife-Crisis, fühlte er sich als alter »Knacker«, wenn er abends zu seinen »Geschäftsessen« ging.

Ich war einfach verblendet, dachte, dass Maurice Bruce ersetzen kann. Natürlich hatte Bruce enorme Fehler, aber er kam aus ganz anderem Elternhaus und hatte einen ganz anderen Intellekt. Maurice hatte nichts mit ihm gemeinsam, außer ein attraktives Äußeres, was Johnny Depp in jungen Jahren ähnelte. Aber sonst nach dem Ganzen hätte ich mich nie auf ihn einlassen dürfen, denn ich war allein, im dritten Monat schwanger und hatte noch Diplomprüfungen und das Bestehen derer vor mir. Die Diplomarbeit zu schreiben und zu verteidigen und eine Arbeitsstelle zu finden, all das stand vor mir.

Zum Glück war ich zuvor Sportlerin gewesen, so konnte ich meinem ganz normalen Leben nachgehen und die Vorlesungen besuchen.

Nicht nur, dass ich die Pizzeria verlor, nein, Maurice bestand darauf, meine liebgewonnene Wohnung gegen eine mit Kinderzimmer aufzugeben, weil er jetzt so eine gute Arbeit bei meinem Vater hatte.

Ich unterschrieb einen Mietvertrag für eine riesengroße Maisonettewohnung. Doch nach dem Ratschlag von Marco, dass er sein eigenes Leben leben soll, stand ich da auch alleine da. Und als wäre es nicht genug, kam er, als ich beim Umzug aus meiner alten Wohnung war, mit der Polizei, um seine Sachen, die ich ihm geschenkt hatte (!), zu holen. Heute wäre ich wahrscheinlich gleich wieder mitgenommen worden, aber damals war alles anders.

Ich dachte, ich spinne. Der Polizist fragte, warum es denn so aussieht bei mir! Meine Mama war gerade da. Und ich sagte: »Ich bin am Umziehen.« Dann kam Maurice frech herein und ich explodierte vor Wut. Ich schlug ihm ins Gesicht, dass seine Nase blutete und er vor Schreck den Wohnungsschlüsselbund fallen ließ und davonrannte. Der Polizist wusste gar nicht, was er sagen und machen sollte, und ging dann auch. Ich riss die Wohnungstüre auf und warf den Schlüsselbund ihm hinterher, der Marco um ein Haar am Kopf verfehlte. Es wäre nur verdient gewesen, hätte er den abbekommen.

Danach war die Unterhaltung fürs Erste gelaufen. Wenige Tage später zog ich in die riesengroße Wohnung, die fast dreifach so viel an Miete gekostet hatte. Natürlich war sie toll. Stadtzentrum, mit Balkon zum Innenhof, Maisonettwohnung, der Vormieter war der Chef des dort befindlichen Modeunternehmens, der mir seine Einbauküche für einen annehmlichen Preis hinterließ. Diese Wohnung war wie ein kleines Haus. Um das Aufbauen der Möbel kümmerte sich das Umzugsunternehmen. So hatte ich innerhalb eines Tages meine Wohnung eingerichtet bekommen und konnte mich meinem Studium widmen.

Ich fuhr auch im achten Monat mit Herrenmountainbike den Berg zur Hochschule hoch, bis mich eine Professorin dann einmal darauf ansprach, ob es nicht gefährlich sei, wenn ich stürze. Eigentlich habe ich mir darüber nie Gedanken gemacht, aber da ich ja wieder einmal das Gespräch auf dem Campus war, denn schwanger war ein Aufsehen, wollte ich es nicht auf die Spitze treiben und nahm ab dem darauffolgenden Tag die Straßenbahn.

Der Skandal war groß genug und wieder einmal erregte ich die Aufmerksamkeit auf dem Campus. Hin und wieder kamen Seitenhiebe in kleineren Vorlesungen, in der Vorbereitung auf die Diplomprüfungen. Und so war es auch kein Wunder, dass ich trotz Lernens nur gerade so bestand.

Ich hatte keine Probleme in der Schwangerschaft und war bis zum errechneten Geburtstermin unterwegs, da ich dachte, das Kind kommt sowieso nicht rechtzeitig. So ging ich am Tage des eigentlichen Geburtstermins mit meinen Eltern essen, zuvor verspeiste ich noch eine Wassermelone.

Auf dem Nachhauseweg bekam ich plötzlich Bauchschmerzen, ich dachte, es sei die Wassermelone und wollte erst von meinen Eltern in Zwankau in meine Wohnung gebracht werden. Meine Mama meinte aber, ich soll mit ins Haus kommen. Dort hatte ich einen großen Gymnastikball, auf den ich mich setzte und auf und nieder sprang. Ich war immer noch der Meinung, es seien ganz normale Bauchschmerzen. Irgendwann sagte meine Mama, sie bringen mich in die Geburtsklinik. Auf dem Weg nach Obergolumi wurden die Krämpfe mehr und mein Vater bekam Panik, dass ich am Ende noch im Auto das Kind zur Welt bringe, und fuhr mit überhöhter Geschwindigkeit durch die Nacht. Ich glaube, es war Mitternacht, als ich das Krankenhaus erreichte. Damals war alles noch verschlafen, aber Obergolumi war das beste KH zu seiner Zeit, mit den besten Ärzten. Meine Mama kannte den Chefarzt der Gynäkologie sehr gut, weil sie Patientin bei ihm war, und nach einer anfänglichen Auseinandersetzung mit meiner Mama und einer Schwester in der Empfangshalle, die meinte, ich solle zu Fuß die Treppen steigen, und sie sagte, dass sie jetzt den Fahrstuhl öffnen sollte, ging es in die gynäkologische Abteilung. Die Hebamme untersuchte mich und meinte, ich müsse dableiben, mein Muttermund steht offen. Es war nachts, die Geburtenrate gering und so hatte ich die Auswahl zwischen den Geburtssälen. Ich entschied mich für den rosafarbenen. Nach einem Entspannungsbad traf ich die Wahl für ein Seil. Ich hätte nie im Liegen entbinden können, dafür war ich nicht geschaffen, um irgendwo herumzuliegen.

So hing ich am Seil, dass es keine normalen Bauchschmerzen waren, war mir klar und so wurde ich von den Wehen geschüttelt. Ich hing an dem Seil, als der Chefarzt gegen eins in seiner Gynäkologie ankam. Er meinte mit trocknem Humor, das Kind muss jetzt heraus, drinnen bleiben kann es nicht. Die Presswehen setzen ein. Mittlerweile war es kurz vor 3.00 Uhr morgens und ich schon 24 Stunden auf den Beinen. Wie gesagt, der Sport half auch da. Aber ich merkte, dass meine Kraft zu Ende ging. Die letzten entscheidenden Presswehen war es ein Kampf. Ich dachte in dem Moment, dass das Kind überleben muss, und gab wirklich alles. Der Chefarzt hielt das Köpfchen mit seiner Hand im Muttermund gerade, dass es gerade herausgepresst werden konnte. Und ich hatte den Kampf kurz nach drei Uhr gewonnen. Das Fantastische daran war, meine Tochter kam in dem Krankenhaus zu der Uhrzeit auf die Welt, in dem meine Oma vor vielen Jahren zur gleichen Uhrzeit verstarb.

Ich war am Ende meiner Kräfte und erschrak, als das kleine Mädchen nicht schrie. Der Chefarzt befreite sie von Schleim, den sie im Mund hatte, und dann gab es doch noch ein Gebrüll im Kreissaal. Es war kurz vor 4.00 Uhr, als wir in ein Zimmer kamen, das Baby in einem kleinen Bettchen. Es war alles magisch in dieser Nacht und an diesem Morgen. Nicht nur die Geburtszeit, sondern am nächsten Morgen saß, obwohl das Fenster geschlossen war, ein kleiner Marienkäfer an ihrem Bettchen, und sie kam an einem Sonntag zur Welt.

Doch zu tief war der Schmerz über Maurice asoziales Verhalten. Meine damalige beste Freundin, die die ganze Studienzeit in Zwankau mit mir studierte und mittlerweile das vierte Studium begann, weil sie schon durch drei geflogen war, Anja, gehörte schon fast zur Familie. Sie war ein Teil des gesamten Studentenlebens in Zwankau. Von vielen wurde sie hinter ihrem Rücken als »hole« bezeichnet, weil sie mit allen Männern ohne Gummi ins Bett stieg. Mich interessierte es nicht, was die anderen meinten, außer dass ich ihr nahelegte, als sie mit irgendeinem Musiker ohne Gummi wieder herumvögelte und sich Tripper einfing, das nächste Mal ein Kondom zu benutzen. Sie war meine beste Freundin und wir zogen immer gemeinsam durch die Clubs oder Bars. Das Kind führte nach und nach zum Zerwürfnis unserer eingeschworenen Freundschaft.

Doch dazu später. Gleich am nächsten Tag kam sie ins Krankenhaus. Sie war sehr klein und noch dünner als ich. Ich hatte nach der Geburt noch einen riesigen Bauch dran. Sie öffnete die Türe und das Erste, was sie sagte: »Man, hast du eine Wampe dran!« Das war Anja. Ich lachte. Dazu muss man sagen, wie Anja wieder angezogen war. Ein kurzes »durchsichtiges« Minikleid mit schwarzem String darunter und immer 20 cm High Heels. Dass sie immer etwas nuttig aussah, fand ich eher cool als abwertend. Der Stationsarzt fand das Aussehen alles andere als attraktiv. Ich werde nie seinen abfälligen Blick ihr gegenüber vergessen. Als er weg war, musste ich lachen.

Anjas wichtigster Gedanke war: »Wie lange bleibt dein Bauch so fett!« Ich war sehr ehrgeizig und begann schon im Krankenhaus mit Rückbildungsgymnastik. Innerhalb von drei Monaten hatte ich meine Figur von vor der Schwangerschaft zurück.

Ich integrierte das Kind in meinen Studentenalltag. Aber was heute gar nicht anders mehr wegzudenken ist, war Ende der Neunziger eben nicht selbstverständlich. Als ich zu einem Gespräch mit Baby bei meinem Professor erschien, interpretierte er es als Anmache. Das wusste ich nicht, aber als ich eines Abends allein im Club im hautengen Dress aufschlug, war er da und machte mich an. Er gestand, dass er in meinen Intellekt, was ich noch nie von einem Mann gehört hatte, mein Aussehen, seitdem ich in den USA gewesen bin, verliebt wäre. Das Baby fand er so süß. Er fragte mich, ob ich noch etwas zu ihm zum Trinken kommen möchte, und wir stiegen in das gerufene Taxi ein. Dort überfiel er mich, indem er mit mir herumknutschte.

Ich glaube, er hatte mächtig getankt und wenig vertragen. Als wir durch seine Wohnungstüre schritten, gab es keinen Drink, sondern er riss mir die Kleider vom Leib, fast wie bei Pjotr, und wir landeten in seinem Bett. Dass ich an dem Tag meine Regel hatte, interessierte ihn nicht. Ich konnte, bevor er in mich eindringen wollte, noch das Tampon entfernen. Er wollte ein Baby mit mir. Ich dachte, ich spinne! Ich wollte eine Stelle, um später noch promovieren zu können. Das war in keiner Weise eine Win-win-Situation. Der Sex war schlecht. Und ich dachte, nein, nach dem Baby schon wieder ein Kind, der Albtraum. So beschloss ich, als er schlief, meine Sachen zu nehmen und zu gehen.

Ich hatte seine Telefonnummer, aber ich rief nicht an.

Ich war glücklich, mit Kind einen Studienabschluss geschafft zu haben. Im Flow der positiven Gefühle und meiner langjährigen Familientradition entschied ich mich für die Taufe für mein Kind. Aber auch das wurde zum Zerwürfnis mit Sabia und mir. Zum damaligen Zeitpunkt mussten zwei Taufpaten die gleiche Religion besitzen wie ich selbst. Das war schwierig, da nur meine Mama meine Religion hatte und Anja religionslos war, und die Einzige, die die gleiche Religion hatte, war Sabia. Ich fragte Sabia, und sie war wie immer freundlich, lieb und ich dachte, es läuft alles nach »kosmischen« Plan. Eine riesengroße Tafel in einem Sternehotel wurde organisiert. Am gleichen Tag der Taufe sollte meine Konfirmation stattfinden, wo ich zuvor nebenher auch noch Stunden dafür absolvierte, denn ich war nur getauft. Doch kurz vor knapp wurde aus Sabias »Wir werden das Kind schon schaukeln!« ein »Ich bin der Verantwortung einer Patentante nicht gewachsen!«. Ich dachte, ja fein, aber im Gericht Urteile über Menschen fällen, dem bist du gewachsen. Aber das mit Ehre und Gerechtigkeit mit dem Richter habe ich ja am eigenen Leib erfahren, wie man das handhaben kann. Ich erinnere an Frau Lustner und Herrn Snyper mit seinem Busenfreund, Herrn Radnik.

Sabias Verhalten war durch nichts zu entschuldigen. Zwei Wochen vor der Taufe, nachdem alles organsiert worden ist, abzuspringen. Was sollte ich tun? Ich wusste, dass meine Cousine auch nur getauft war. Doch sie war eine absolute, wie man jetzt sagen würde, »Ehrenfrau«. Sie ging zu ihrem Pfarrer und er gab ihr unter der Bedingung, dass sie nach der Taufe auch wirklich die Konfirmationsstunden ableisten würde zur Erlangung der Konfirmation, seinen Segen, dass sie als Taufpatin auftreten konnte.

So bekam das Kind einer alleinerziehenden Mutter die Taufe. Das war schon fast eine kleine Revolution zum damaligen Zeitpunkt. Die Feier war fantastisch, schade, dass sich die Hauptfigur, sprich meine Tochter, nie daran erinnern wird. Aber alle waren da. Meine Freundin Anja wurde sogar noch die dritte konfessionslose Taufpatin. Und mein damaliger Freund Calvin war auch anwesend, und meine gesamte Verwandtschaft, damals noch alle vereint an der Riesentafel mit dem Pfarrer.

Dass sich das Glück in jeder Beziehung wieder wenden sollte, dachte ich an diesem Tag nicht. Calvin war auch sehr wohlhabend. Seine Familie hatte eine langjährige Baufirma. Eigentlich war alles super, der Sex mit ihm auch, sein Freundeskreis nahm mich herzlich auf. Seine

Mutter fand das weniger lustig, dass eine Frau ein Kind mit braunen Augen in die Beziehung bringt, aber das ignorierte ich. Doch Maurice war nicht nur ein Psychopath, nein, er zerstörte mir jede Beziehung. Ich war damals so blauäugig zu glauben, er bereue seine Entscheidung, als er eines Abends vor meiner Türe stand und wimmerte, dass ihm alles so leidtue und er es zutiefst bereue. In meiner unendlichen Dummheit zerstörte ich mir die Freundschaften und die Beziehung mit Calvin, weil ich einem Assi vertraute. Doch das Einzige, was er wollte, dass ich keine neue Beziehung aufbauen konnte. Denn nachdem er mich sicher wusste, toppte er sein Verhalten und verschwand wieder aus meinem Leben. Ich war von Einsamkeit, Trauer, Hass und Wut zerfressen. Und ich fühlte mich wieder als das Mädchen, das keine Liebe fand oder verdient.

Im Zuge des Ganzen ließ ich meine langen blonden Haare auf Kinnhöhe abschneiden und färbte sie rabenschwarz. Dazu ließ ich mir, weil mir durch den Stress die Augenbrauen ausfielen, die Augenbrauen und den Lidstrich bei einem Tätowierer tätowieren. Ich machte eine einhundertachtzig Grad Wandlung durch. Ich wurde zum Gothic. Meine Freundin Anja und ich verkehrten zu dem Zeitpunkt in einer dafür damals bekannten Disco, wo sie eine Affäre zum DJ hatte. Anfangs versuchte ich dem Ganzen noch Herr zu werden, aber die Einsamkeit griff nach dem stressigen Alltag auf mich, dazu machte ich immer mehr Sport. Immer öfters griff ich zum Kokain. Einerseits, um alles unter einen Hut zu bringen, andererseits zog es mich in eine andere Welt und wiederum wurde man härter. Alles erschien einem klein, man wurde kalt und hart. Ich funktionierte. Die Absagen auf Führungspositionen flogen ins Haus, meistens war, offiziell sogar gesagt, das Kind ein Hinderungsgrund. Heutzutage undenkbar, aber ich fühlte mich immer mehr asozial. Mein Leistungswille wurde immer mehr gebrochen, ich nahm einen Job in meines Vaters Unternehmung an, der weit unter meiner Qualifikation war. Mein Vater verkaufte mich für dumm. Das setzte mir ungeheuer zu. Von Arbeitsrecht bis Bilanzbuchhaltung hatte ich alles drauf. Aber ich durfte weder die Buchhaltung machen, noch mein Wissen preisgeben. Ich bekam die absolute Idiotenarbeit. Immer mehr griff ich zum Kokain, um dem Idiotismus gegen mich zu entfliehen. Schon damals hätte ich hellhörig werden müssen, als mein Vater zu mir sagte: »Du bist viel zu dumm; du hast gar keine Ahnung!« Schon damals stand er unter Einfluss von anderen Frauen. Meine Mama wusste es und er wollte ihr das Gleiche wie mir spielen, dass sie wahnsinnig sei. Nur hatte meine Mama nie eine seelische Erkrankung zuvor gehabt und die Ärzte hielten zu ihr. Nach ihrem Tod hieß es nach der anfänglichen Trauerphase immer wieder, dass sie Wahnvorstellungen hatte, und im Zuge meiner Abwesenheit wurden aus dem Haus alle Sachen, die mich an meine Mama in meiner Jugend erinnern, gecleant.

Ich fuhr morgens zur Arbeit, wo ich mein Kind meiner Mama gab, und abends zum Training. Oft kümmerte sich meine Mama um mein Kind, denn sie konnte nicht in meiner Wohnung auf mich warten, weil die anderen

Frauen dann auf meinen Vater warteten. Ein wahrer Zwiespalt. Ich fühlte mich wie vor Calvin und Maurice. Ungeliebt.

Ich fühlte wieder diese Traurigkeit. Dazu kam, dass Anja ihr viertes Studium vor den Baum gefahren hatte und ihr Vater nicht länger mehr gewillt war, ihre Flausen zu finanzieren. Sie musste zurück, 300 Kilometer von mir weg, und stand von da an unter der Hand ihres Vaters, der ihr gleich einen Job in einem Amt besorgte. So war sie trotz keines Abschlusses gut untergebracht. Eines Tages schrieb sie mir einen merkwürdigen Brief, den ich bis heute nicht verstehe. Ich würde die helfende Hand nicht annehmen. Wie gesagt, Anja und ich waren ein cooles Couple. Aber dass sie mir jemals mit dem Kind helfen wollte, was ich auch gar nicht wollte, war mir neu. Ich erkannte ihre Handschrift in dem Brief nicht mehr. Es führte zum Bruch unserer langen Freundschaft.

Jason

Die Frustration wuchs, ich machte immer mehr Sport und nahm immer mehr Aufputschmittel. Eines Tages traf ich an einem Supermarkt zweimal den gleichen Typ, der immer direkt neben mir einparkte. Er meinte, dass das reiner Zufall sei, aber im Nachhinein weiß ich nicht, auf einem Parkplatz mit 30 Parkreihen genau immer neben mir einzuparken, ob es reiner Zufall war. Eines Tages sprach er mich an, ob ich Lust hätte, heute zu einer Fete an meiner ehemaligen Hochschule mitzukommen.

So fing die Beziehung mit Jason an. Jason flexte und nicht nur ein bisschen. Um massiv und bullig zu wirken, injizierte er sich seine Anabolika und Steroide, das wusste ich an dem Abend, als ich ihm an der Hochschule einen Besuch abstattete, aber noch nicht. Der Abend war merkwürdig. Ich bin zu der Party, wo ein ONS auch von mir war, der immer noch Interesse an mir hatte. Ich plauschte mit ihm ein Stück, eigentlich war ich ja auf der Suche nach Jason. Wahrscheinlich hatte Jason mich schon gesichtet, denn nicht länger als fünf Minuten redete ich mit ihm, als er plötzlich hinzustieß und mich begrüßte. Ich entfernte mich mit ihm.

Er war sehr nett, wir redeten und tauschten Telefonnummern. Ich verließ an dem Abend allein die Hochschule. Am nächsten Tag klingelte doch tatsächlich mein Handy und Jason war dran. Wir trafen uns an diesem Tag in einem Café und erzählten. Da er noch Vorlesung hatte, verabredeten wir uns für den Abend.

Mittlerweile war ich das vierte Mal umgezogen. Von der Maisonettwohnung in eine große Dreiraumwohnung in der Innenstadt, die die Hälfte des Mietpreises hatte. Ich tapezierte und renovierte sie und fühlte mich dort wirklich wohl. Ich hatte sogar einen kleinen Balkon zur Stadt. Ich konnte die Balkontüre öffnen und fühlte mich dort frei.

Am Abend klingelte Jason an meiner Wohnungstüre. Er brachte eine Flasche Eiswein von seinem Vater mit. Wir tranken und redeten. Und schließlich landeten wir im Bett.

Es war wieder Sommer und ich trug ein kurzes Sommerkleid, darunter Dessous. Jason küsste mich, er hob mich hoch und meine Beine umschlungen seine Hüfte, dann trug er mich ins Schlafzimmer. Dort zog er mir das Kleid und die Dessous aus, ich öffnete ihm die Hose, zog sie ihm herunter. Meine rotlackierten Fingernägel massierten seine Eier, dann nahm ich seinen Penis in den Mund und blies ihm einen. Er wurde so geil, dass er mich nach oben zog, mich küsste, meine Beine spreizte und mit seinem Schwanz in mich eindrang. Wir wechselten die Position in a tergo, wo ich uns im Spiegel meines Kleiderschrankes beobachtete. Er war auch tätowiert. Am Arm und am Fußgelenk. Sein massiver, bulliger Oberkörper machte mich total heiß. Und ich ihn. Nach einigen Stellungswechseln spürte ich, wie sein Glied anschwoll, er es herauszog und auf meinen Bauch spritzte. Danach schlief er bei mir im Doppelbett ein. Das war der Anfang einer Beziehung, die an Selbststörung beinahe wie die des Kindesvaters grenzte.

Am Morgen schlich ich mich aus dem Haus und ging zum Bäcker über die Straße und kaufte frische Brötchen und Croissants. Dass der Typ, den ich in meinem Bett hatte, zum Albtraum werden sollte, konnte ich an dem Tag und die darauffolgenden Wochen und Monate nicht wissen. Er machte auch Sport und half fleißig nach, mit illegalen Mittelchen, so weit, so gut. Dass wir beide im Adrenalinrausch waren durch alle Mittelchen, machte die Beziehung gefährlich. Wenn er unter dem Einfluss von Ephedrin stand, war er wie ein Tier. Regelmäßig gerieten wir aneinander. Wir kämpften auch im Verein gegeneinander, wo er nur durch meinen Trainer mit einem gezielten blauen Veilchenschlag gestoppt werden konnte. Danach war Ruhe. Die Blamage, mit blauem Auge zur Vorlesung beziehungsweise zum Praktikum zu schreiten, war zu groß.

Die absolute Krise mit ihm hatte ich in der Bretagne, wo er völlig durchdrehte und ich nicht einmal wusste, was ich machen sollte. In einem kleinem idyllischen Ort, in einem kleinen Ferienhaus drehte er völlig durch. Dort angekommen, schnappte sein Verstand über, er griff mich an und schrie: »Ich bring dich jetzt um!« Ich wusste, ich kann mich in einem fremden Land nicht wehren, denn meine französische Sprache beschränkte sich auf Guten Tag, Auf Wiedersehen und sich das Essen im Bistro bestellen. Würde ich hier durchdrehen und auch eskalieren, hätte ich am Ende schlechte Karten, wenn etwas passieren sollte, der französischen Polizei das zu erklären. Also schloss ich mich in die Toilette ein und rief meine Mama an, sie solle sofort seine Mutter, zu der er ja einen absolut heißen Draht hatte, anrufen und die ihn zur Vernunft bringen. Das Telefon von ihm klingelte wenig später und Jasons Mutter brachte ihren verzogenen Sprössling zur Vernunft.

Der Urlaub verlief erholsam für mich. Ich war den ganzen Tag am Atlantik, bei Ebbe und Flut, und abends machte ich mir ein Huhn. Sex gab es für ihn keinen. Er war sehr kleinlaut und auch seine Annäherungen ließ ich ins Leere laufen.

Am Tag vor der Abreise klingelte mein Telefon. Es war der 11.9. Da wir damals kein Internet oder Fernsehen oder Radio hatten, wussten wir über nichts, was in der Welt passierte, Bescheid. Meine Mama war ganz aufgeregt, sie erzählte von dem Attentat, dem Flugzeugabsturz und keiner wusste, was in der Welt passierte. Meine Mama hatte Angst, dass die Grenzen abgeriegelt werden könnten, denn sie passte zu dem Zeitpunkt auf meine Tochter auf. Ich wurde auch etwas unruhig. Mir schossen Gedanken durch den Kopf.

Plötzlich kam Jason mit dem genialen Gedanken, dass er Geld hatte und wir auch hierbleiben könnten.

Ich war erst einmal verwundert, dass Jason Geld hatte, denn er schlauchte sich tagtäglich bei mir durch und spielte immer den armen Studenten. Dass er nicht ganz so arm sein konnte, wie er mich glauben machen wollte, war mir schon klar, denn er fuhr ein relativ großes neues Auto für damalige Verhältnisse.

Aber auf seine Auswanderungsgedanken gab ich wenig, mir stieß noch sein Übergriff übel auf und so fuhren wir Richtung Paris. In Paris machten wir wieder einen

Stopp, wie bei der Hinreise, und kamen an der amerikanischen Botschaft vorbei, wo uns alle fragten, ob wir auch Amerikaner seien und auch kondolieren möchten. Die Menschen waren außer sich.

Nach der Übernachtung und unserem Versuch, noch einmal in den Louvre am nächsten Morgen zu gehen, der durch eine nicht enden wollende Menschenschlange davor vereitelt worden ist, fuhren wir zurück Richtung Zwankau.

Ich war froh, mein Kind in die Arme schließen zu können. Die Geschichte mit Jason spitzte sich zu. Ich nahm immer mehr Aufputschmittel, um alles hinzubekommen. Er war nicht bereit für ein Praktikum in einem großen Unternehmen in meinem Umkreis, sondern musste 300 Kilometer weit weg von mir ein Praktikum annehmen. Er war ein einziger Egoist.

Der Sport zehrte an mir, genau wie die heimliche Liebe zu einem Boxer aus dem Verein, der nichts von mir wissen wollte. Irgendwann schnappte ich über.

Ich wusste, dass ich nicht mehr klar bin, und wies mich in die Psychiatrie ein. Ich hatte eine Psychose durch das Ganze. Plötzlich kam Jason zurück. Ich war voll deprimiert, denn ich konnte meine sportliche wie berufliche Laufbahn vergessen, nichts mehr mit Kindertrainerin und Wettkampftraining, aus für ungewisse Zeit im beruflichen Bereich. Das kam Jason sehr recht. Er spielte den wiederkehrenden Freund für mich und hinterrücks erfuhr ich, dass er in meinem ehemaligen Stammlokal sich mit dem Boxer traf und über mich herzog.

Die Hölle reloaded

Ich hatte total mein Gesicht verloren, meine Karriere und Zukunft. Dass mir allerdings die dunkelste Zeit in meinem Leben noch einmal begegnen würde, nämlich eine angedichtete Psychose, hätte ich mir damals nie gedacht. Es ist die Hölle auf Erden, erst einmal so etwas zu erleben, und das zweite Mal, obwohl alles stimmte, und ich das Opfer von Gaslighting war und bin, mir eine Krankheit anzudichten. Alle reden auf einen ein, dass mir die Krankheitseinsicht fehlt, und ich frage mich, zur Hölle, welche Krankheitseinsicht? Dass mir tagtäglich mein Leben zerstört wird? Dass alles wahr ist? Dass meine T-Shirts beschädigt werden, die Slips gestohlen werden, die Hautcremes ausgedrückt werden, dass Essen gestohlen wird, die Handtücher, selbst die Erinnerungen an meine Mama gestohlen worden sind, mir Schmuckstücke entwendet werden, mich seelisch so fertigzumachen, dass ich viel zu lange schlafe, um die Übergriffe an mir zu verarbeiten? Sogar die Adresse meines Rückzugsortes, meiner kleinen Einraumwohnung, ist mir zunichtegemacht worden. Ich bin dort nicht mehr anonym. Wer weiß, wem alles zugetragen worden ist, wo ich wohne. Brauchen bloß Radnik und ein Notarzt vor meiner Wohnungstüre zu stehen und mich »wegfangen«, dass ich eine Psychose hätte. Wer weiß, ob nicht irgendjemand sogar schon Gerüchte über mich streute, denn auf mehrmaliges freundliches Grüßen einer alten Frau aus dem Haus kam nie ein Gruß zurück.

Und dann noch die Tatsachen verdrehen, dass ich, das Opfer, zum Täter werde. Das absolute Armutszeugnis meines ehemaligen Therapeuten. Anstatt mir eine Verhaltenstherapie und Gesprächstherapie bei Gaslighting anzubieten, wurde ich mundtot gemacht und mit Antipsychotika vollgestopft. Keiner sieht seelische Gewalt. Seelische Gewalt hinterlässt keine blauen Flecken auf dem Körper, seelische Gewalt sieht man nicht. Seelische Gewalt ist vielfältig. Plötzlicher Kontaktabbruch, nachdem man das »Opfer« isoliert hat. Nehmen des Selbstwertgefühls durch Hervorheben der Schwächen wie: Du bist zu alt! Du hast Falten! Du bist fett. Direkte Beschimpfungen wie du »altes Dreckvieh«, du »hässliches Stück Scheiße!«, das Niederschmettern und Zerstören der eigenen Fähigkeiten, in meinem Fall wurden unwiederbringbare Dokumente für eine berufliche Neuorientierung zerstört, und Sportbekleidung zerschnitten, um mich vom Training abzuhalten, Verbreiten von Lügen, Herausfinden der persönlichen Schwächen und dagegen vorgehen, Verdrehen von Tatsachen und Gegebenheiten, wie am Tage der Einlieferung, das Nehmen und Absprechen kognitiver Fähigkeiten, das Ignorieren von Gefühlen.

Seelische Gewalt führt zu schweren seelischen Schäden. Genau wie meine häusliche Umgebung, genauso arbeiten staatliche Psychiatrien. Hier werden auf den Patienten Druck und Zwang ausgeübt, Drohung mit Entmündigung, bei »Nichtgehorchen« Nehmen der Menschenwürde, Medikamentenzwang anstatt psychotherapeutischer Gespräche. Andichten von Krankheiten und Absprechen von irgendwelchen menschlichen Reaktionen und Gefühlen, Schikanen durch das medizinische Personal. Und alles nicht beleg- oder beweisbar. Jeder rechtliche Schritt ist unmöglich.

Ich, das Opfer, wurde mit Medikamenten zugestopft, die Wahnvorstellungen, Depressionen und Angstzustände hervorrufen, so unter Druck gesetzt, dass ich mich nicht wehren konnte. Bei klarem Verstand einfach als unzumutbar hingestellt. Das perfekte Verbrechen. Durch die ganzen Schikanen und Entwürdigungen habe ich ein schweres Trauma davongetragen.

Medikamentenhölle »Untergolumi«

Alles dank solcher Einrichtungen wie auch der berühmt berüchtigten Station 7.3. in Untergolumi.

Übergriffe waren dort Routine. Manchmal stahlen Mitpatienten, aber manchmal auch gezielt medizinisches Personal. Die meisten waren zu dumm, das überhaupt zu begreifen, was gespielt worden ist. Wenn ich an eine meiner Zimmermitbewohnerinnen denke, die echt einen an der Klatsche hatte, aber die sich von ihrem »Freund«, der ihr Vater vom Alter hätte sein können, lieber vergewaltigen ließ, anstatt wegzugehen, nur um nicht ins »betreute Wohnen« abgeschoben zu werden, sagt das alles über die Zustände und die staatliche Regulation. Vollgepumpt mit Medikamenten konnte sie auch gar nicht anders. Sie war ihrem Peiniger vollkommen ausgeliefert, dazu noch ihr unterbelichtetes Oberstübchen, sprich ihre wirkliche Dummheit, die ihr ein eigenes Leben unmöglich machte. Dazu die Dummheit, noch unter dem enormen Medikamentencocktail über den Durst zu trinken, und dann den Verstand komplett zu verlieren, dazu ihr religiöser Wahn. Ich habe in Untergolumi beobachtet, dass viele von den wirklich schizophrenen Patienten absolut religiös wahnsinnig waren. Wie meine Zimmerbewohnerin Sina. Ich weiß nicht, ob sie durch die Medikamente wirklich nicht ihr Essentablett tragen konnte oder ob sie simulierte. Ich half ihr immer dabei, wenn aber dann solche Sprüche kamen: »Du bist kein guter Christ!«, worauf ich antwortete: »Vielleicht nicht, aber ein besserer

Mensch als viele ›guten‹ Christen!«, dann bereute ich immer, ihr überhaupt die Hand gereicht zu haben.

Das Gleiche war mit Hilde. Ich sollte mir mit den beiden Schizophrenen ein Dreibettzimmer teilen, was ich ablehnte, wofür ich gleich wieder entmündigt werden sollte, denn Widerrede wird bestraft, Selbstdenkende und Handelnde sind unerwünscht. Ich weiß, wie schlimm eine Psychose sein kann, aber wenn ich bei Hildes Sätzen »Die Psychose kommt von rechts!« etwas Ernstes dazu sagen sollte, das konnte ich nicht. Ich konnte es einfach nicht. Ich habe mir echt das Lachen verkneifen müssen, dass ich nicht noch mehr Tabletten bekomme, denn ich war das »Galgenmännchen« dort. Ich habe nicht einmal erfahren, was mir überhaupt in dem Strafbefehl angedichtet worden ist. Nichts …

Ich durfte mich auch gar nicht den Beamten gegenüber äußern.

Doch zurück zu Hilde. Als ob man eine Psychose von der Windrichtung her spürt, oder ich hatte damals keine Psychose. Entweder … oder. Hilde ließ ich immer abblitzen. Sie machte mich noch völlig gaga unter den ganzen Irren. Ich sagte, als sie frühmorgens, denn zu dem Zeitpunkt war ich noch Frühaufsteherin und eher wach als die meisten, halb sechs in der Gemeinschaftsküche mir wieder mit ihren Symptomen ankam: »Hilde, das sind mir zu viele Informationen am Morgen, die ich nicht gebrauchen kann!« Unter Wahnsinnigen wird man wirklich selber immer irrer.

Fast die gesamte Station war voll von »Wahnsinnigen«. Nur ein paar Suchtkranke, mit denen ich gut auskam.

Zu den Irren zählte auch Oliver. Oliver hatte schon so einen merkwürdigen Blick drauf. Es war unmittelbar nach der Umverlegung von Wasn nach Untergolumi. Da ich ein freundlicher und zu dem Zeitpunkt noch fröhlicher Mensch war, grüßte ich jeden Morgen die Mitpatienten, wenn ich sie auf der Station traf.

Und da war Oliver. Keine Ahnung wie alt, vielleicht vierzig, blond wenig Haare, irre blaue Augen, übergewichtig, oder besser dicker Bauch von den Antipsychotika. Ich traf ihn morgens auf dem Gang und fragte ihn, wie es ihm gehe. Er meinte, dass es ihm nicht so gut gehe. Und ich fragte aus Höflichkeit: »Warum denn?« Und plötzlich schoss aus ihm heraus: »Wegen dir!« Ich dachte, er macht Witze, doch es war sein Ernst. Der absolute Wahnsinn folgte in den kommenden Tagen.

Da ich nicht wusste, was ihm fehlte, unterhielt mich hin und wieder mit ihm. Aufgrund von Covidfällen auf der Station hatten wir sowieso die Auflage vom Gesundheitsamt, die Station nicht zu verlassen. Mittlerweile war ich die achte Woche eingesperrt. Das konnte sich keiner der dort klardenkenden Patienten denken, was es bedeutet. Erstens die angedichtete Psychose, dann der angedichtete Selbstmord, was beides eigentlich zwei schwere Straftaten sind, nämlich Körperverletzung und Freiheitsberaubung, ganz zu schweigen von den Straftaten, die der Eskalation von mir vorausgingen. Emotionale Erpressung, Diebstahl meiner Sachen und Wertgegenstände, Beleidigung und das Andichten von einer »Geisteskrankheit«, Wahnvorstellungen, obwohl alles in Realität geschehen ist, und das Manipulieren des sozialen Umfeldes, mich als »Irre« darzustellen, und die Verfälschung meiner Realitätswahrnehmung, dass man an sich zweifelt und wirklich zu halluzinieren anfängt.

Jedenfalls war ich acht Wochen ohne Ausgang, und ein Patient, der eine Angsterkrankung vor Covid entwickelt hatte, und sich einweisen ließ, drehte völlig durch, weil er eine Woche nicht herausdurfte.

Er genoss sowieso Sonderrechte. Ich habe noch nie erlebt, dass ein Patient in den Computer des medizinischen Personals blicken durfte, um sich zu vergewissern, dass alle Mitpatienten auf Station bleiben müssen. Und als es dann in der Nacht eskalierte, und er mit dem Krankenbett gegen die Türe fuhr, unternahm niemand etwas. Wäre ich eskaliert, über die Misshandlungen, hätte ich noch eine Straftablette mehr bekommen.

Doch zurück zu Oliver. Ich saß auf dem Ergometer und radelte etwas, da kam er plötzlich zu mir hin. Ich sah es schon an seinem »irren«, glasigen Blick, dass mit ihm irgendetwas nicht stimmt.

Plötzlich meinte er, dass er eine Beziehung mit mir möchte. Ich war schon so völlig durch den Wind. Die Antipsychotika vertrug ich nicht, überall rote Flecken und sie »fickten« mein Gehirn mächtig, und dann noch das!?

Ich blieb freundlich und meinte, als er sagte: »Hauptsache, wir sind ein Paar, der Rest regelt sich schon so!«, dass er sich keine Hoffnungen machen soll, den weder heute noch in Zukunft wird irgendetwas mehr als eine freundliche Unterhaltung zwischen uns beiden laufen. Und um die Sache zu untermauern, fügte ich hinzu, dass ich mich in jemanden anders verliebt habe, was ja auch wirklich der Wahrheit entsprach.

Doch was ich da in ihm lostrat, konnte ich nicht ahnen. Er lag im Überwachungszimmer neben meinem, und plötzlich drehte er in der Nacht völlig am Rad. Er fuhr mit dem Bett gegen die Wand, dass es mich aus dem Schlaf riss, der schon so nicht besonders gut und lange war. Er tobte, ich hatte ja zu dem Zeitpunkt noch keine Ahnung, was in ihn gefahren ist. Am nächsten Morgen meinte ich: »Na, keine so dolle Nacht gehabt!« Da schoss es aus ihm heraus: »Du bist die Ausgeburt des Bösen, du mit deinen Teufelsaugen!« Ich wollte erst sagen: »Ich trage nur Lidstrich und meine Augen sind tätowiert!« Und ich habe schon öfters gesagt bekommen, ich wäre eine Hexe!« Aber da ich wusste, dass die Psychiatrie humorbefreit ist und wirklich jede normale Regung als krankhaft abgetan wurde, habe ich mir alles verkniffen.

Oliver war auch wieder so ein Verrückter, extrem religiös. Nach dem Ding mit den Teufelsaugen und der festen Meinung, dass ich die Ausgeburt der Hölle bin, ging es bald zehn Tage lang, dass er nachts Sachen gegen meine Wand schmiss und betete. In einer Lautstärke, dass ich mir am liebsten zur Nervenberuhigung etwas aus dem Medizinschrank der Schwestern geholt hätte. Wer noch nicht völlig wahnsinnig ist, wird es in der Psychiatrie. Irgendwann hatte ich den Kanal voll. Da ich zu dem Zeitpunkt eine Frühaufsteherin war, 3.20 Uhr morgens, mir aber vom medizinischen Personal vorgeschrieben worden ist, wann ich zu schlafen habe, nämlich nicht vor 22.00 Uhr, litt ich unter einem enormen

Schlafdefizit. Dazu die Wahnsinnigen oder frustrierten Frauen und der fehlende Ausgang. Irgendwann bricht man wirklich. Es ist wie seelische Folter gewesen.

Oliver steigerte sich tagtäglich mehr in seinen Wahnsinn. Eines Morgens lief er panisch zur Stationsärztin und meinte, er bräuchte dringend etwas Magie! Wegen mir, hätte ich hinzufügen können. Die Stationsärztin schaute ihn mit großen Augen an und antwortete dann spöttisch: »Sehe ich aus wie eine Hexe!«

Ich war gerade auf dem Gang, als die Unterhaltung stattfand. Ich konnte mir ein Lachen da aber nicht verkneifen.

Der arme Oliver. Oder ich? Irgendwann wurde ich in ein anderes Zimmer verlegt, damit die nächtlichen Störaktionen von ihm aufhörten. Aber das war in keiner Weise besser. Anstatt mich mit der normalen Sibylle, die ihren Sohn verlor und unter Depressionen litt, anfangs zusammenzulegen, kam ich zu der schizophrenen Sina, die ich ja eingangs schon geschildert habe. Diese Frau war genauso unmöglich wie Oliver. Ich dachte erst, sie steht so unter Medikamenten, dass ich ihr hin und wieder half. Doch in Wirklichkeit war sie an Bösartigkeit nicht zu übertreffen. Keiner wollte mit ihr in ein Zimmer, weil sie ununterbrochen die ganze Nacht durchhustete. Die erste Nacht dachte ich, das wird noch. Die zweite Nacht in »ihrem« Zimmer bekam sie Hustenmedikamente, so dass ich wenigstens zwei Stunden schlafen konnte. Die dritte oder vierte Nacht hatte sie so einen Anfall, dass ich echt dachte, sie segnet das Zeitliche, und wachte für sie. Ging zum Pfleger und bat ihm, ihr zu helfen. Er machte auch nicht viel mehr, als ich meinte, sie soll mit angestelltem Oberkopfteil schlafen, und er brachte noch ein Kissen. Ich war fast 48 Stunden mittlerweile ohne Schlaf. Am nächsten Abend bat ich, weil ich hundemüde war, die Neonbeleuchtung bitte einmal auszustellen. Doch mit so einer Frau kann man nicht reden. Es eskalierte. Sie drohte mir mit körperlicher Gewalt. Ich lachte innerlich nur über die Dumme. Hätte ich ausgeholt, wäre sie zu Boden gegangen. Aber mit Irren kämpft man nicht, mein erstes Gebot. Ich meinte nur lapidar: »Das machst du nur einmal!« Anschließend ging ich zum Pfleger und schilderte die Situation, dass ich 48 Stunden ohne Schlaf bin und hier nicht zur Ruhe komme. Abends 21.00 Uhr wurde ich zu Sibylle verlegt, die mittlerweile mit der schwer depressiven Angelika befreundet war. Ihre anfängliche Freude über mich verflog, denn sie wollte unbedingt mit Angelika in einem Zimmer bleiben. Diese wiederum musste das Zimmer gegen das Überwachungszimmer eintauschen. Da sie auch unter Tavor gesetzt worden ist und schon zuvor depressiv war, haute der Tavor-Entzug bei ihr so sehr rein, dass sie nur noch vom Sterben, Tod und ihrer Sinnlosigkeit redete. Sie kam in der gesamten Zeit, wo ich dort war, auch nicht mehr auf die Beine.

Mein Tavor-Entzug war auch so ein Ding. In Wasn wurde ich so sehr unter Tavor gesetzt, ich glaube sechs Stück am Tag, dass sich innerhalb dieser kurzen Zeit eine Abhängigkeit entwickelt hat. Eigentlich war ich nie abhängig von irgendwelchen Drogen. Ich habe nie eine Abhängigkeit gegenüber Suchtstoffen entwickelt.

Aber das Tavor brachte mich an meine Grenzen. Körperlich wie auch geistig.

Die vorher schon depressive Patientin wurde durch den Tavor-Entzug schwerst depressiv. Ihre Depressionen verschlimmerten sich so sehr, dass sie nur noch im Bett lag. Am Ende meiner zwölf Wochen, also sechs Wochen Untergolumi, konnte sie etwas herumlaufen.

Da ich in Wasn mit Tavor zumedikamentiert worden bin, ich konnte es gar nicht zählen, ich glaube, es waren sechs Stück am Tag, entwickelte ich innerhalb der zehn Wochen eine Abhängigkeit, obwohl ich eigentlich gegen Abhängigkeiten immer eine hohe Resilienz hatte. Der OA von Untergolumi setzte sie in schnellen Schritten ab. Ob es so ganz reiner Zufall war, dass am Tag vor der neuen Gerichtsverhandlung, weil ich immer noch gegen die Entmündigung kämpfte, das anberaumt worden ist, lässt sich bezweifeln.

Ärzte mögen keine, besser hassen Anwälte, die ihnen irgendwie schaden könnten. Das habe ich nicht nur in Wasn, sondern auch in Untergolumi wieder erfahren müssen. Aus der Zwangsbehandlung, die ja Frau Lustner in Wasn mir einfach aufdrückte, sollte in Untergolumi eine »freiwillige« Behandlung werden. Dafür musste ich einen Behandlungsvertrag unterzeichnen. Die Stationsärztin meinte, dass ich ihn einfach unterzeichnen sollte. Aber da ich ja das Wort von Ärzten kannte, das so viel wert wahr wie das Indianehrenwort in der Kita, nichts nämlich, wollte ich dieses Mal auf Nummer sicher gehen, auf welchen Deal ich mich wieder einließ.

Ich bat sie, mir einen Tag Bedenkzeit zu geben, da ich

mit meiner Anwältin Rücksprache nehmen wollte, die permanent nicht erreichbar war, weil sie so viele Mandanten vertrat.

Doch schon das Wort Anwältin löste bei der Stationsärztin und dem ganzen medizinischen Stab die Alarmglocken aus.

Aus der freiwilligen Behandlung sollte plötzlich wieder eine Zwangsbehandlung werden, indem sie für den darauffolgenden Tag eine Gerichtsverhandlung abhalten wollten.

Meine Anwältin begriff wahrscheinlich gar nicht, was in den Psychiatrien gespielt wird, oder ihr war es egal. Jedenfalls nahm ich telefonisch Rücksprache mit ihr und da sagte sie: »Das ist doch Ihr gutes Recht, Rücksprache mit Ihrem Anwalt zu nehmen.« Ja, theoretisch schon, aber wie man bereits in Wasn gesehen hat, spielten die Ärzte die Anwältin aus. Man erinnere sich an die Absprache zwischen Frau OÄ Lustner und meiner Anwältin, dass ich nach den sechs Wochen »freikommen« sollte. Es würde auch kein Antrag auf Verlängerung gestellt werden. Doch plötzlich ging die OÄ Lustner, die ja zeitgleich des Chefarztes Frau war, in den Urlaub, von dem ihr Mann nichts wusste. Was für ein Idiotenwitz. Und ihr Mann wusste angeblich nichts von dieser Absprache. Und wie ja bereits am Eingang erläutert, verurteilte mich die dolle Kombination Radnik/Snyper für weitere sechs Wochen, aufgrund von Selbstmordgefährdung und daraus resultierten Depressionen, dass ich mein Leben nicht unter Kontrolle hätte, obwohl nicht ein Wort über meine Lippen von Suizid kam oder ich irgendwie suizidal oder depressiv war. So weit zu dem Thema Patientenrecht. Meine Anwältin meinte, sie wolle gegen die erneuten sechs Wochen kämpfen. Ich meinte, dass das unter diesen Bedingungen keinen Zweck hätte. Ich fragte sie nur nach der Rechtslage bei der Unterzeichnung des Behandlungsvertrages. Doch bereits diese Frage langte den Ärzten in Untergolumi, um mich zu erpressen und für den nachfolgenden Tag den Richter kommen zu lassen. Und rein zufälligerweise hatte man mir am Tag zuvor die Tavor entzogen, so dass ich unter völligen Entzugsbedingungen litt. Ich hatte in der Nacht Schweißausbrüche, meine Füße stanken bestialisch von dem Schweiß und ich zitterte. Ich hatte wahnsinnige Angst, in der Nacht durchzudrehen, denn Tavor greift auch in die seelische Beschaffenheit ein.

Mich überkam ein völlig mulmiges Gefühl, gepaart mit Angst und Furcht vor Realitätsverlust. Ich war fix und fertig in der Nacht, konnte keinen Schlaf finden. Da erinnerte ich mich an Schwester Kathy, die mir in Wasn einen Heilstein schenkte.

Sie wusste, dass ich das absolute Opfer von den Ärzten war. Ich musste meine Cremes im Schrank des medizinischen Personals und der Ärzte einschließen, weil eine Gefahr davon ausgehen könnte.

So weit, so gut. Doch regelmäßig griff irgendjemand in die Cremenäpfe. Ob es Frau Lustner mit ihrer schicken drei Millimeter langen Haarpracht war, der irre Snyper, der Chefarzt höchstpersönlich oder eine Schwester oder ein Pfleger des medizinischen Personals, konnte mir nie jemand sagen. Frau Lustner hatte es wirklich bitter nötig.

Eigentlich stehe ich auf androgyne Frauen, war ja selbst so, aber die Frau ist nicht androgyn, sondern verbittert und dazu noch hässlich gewesen. Sie verkörperte genau das, was in der Psychiatrie untergraben wird, nämlich dort wird Selbstachtung, Selbstliebe und Pflege des Selbst untergraben. In keiner geschlossenen Psychiatrie wird es gerne gesehen, wenn sich Patientinnen pflegen oder schminken. Deswegen auch der Griff in die Cremetiegelchen. Und nicht nur die Cremetiegelchen, vom eingeschlossenen Rasierer wurde der Klingekopf, sprich die Klinge entfernt, dass ich mich nicht mehr rasieren konnte.

Den absoluten Höhepunkt habe ich mit meinem Handy gefeiert. Eigentlich war in Wasn Handyverbot, aber aufgrund von Covid wurde einem eine Stunde am Abend das Handy genehmigt. Als ich eines Mittags einmal kurz mein Handy wollte, war plötzlich mein Handy verschwunden. Dass man an den Handys herumfummelte, war nicht nur mir aufgefallen. Ob jemand den Zugang geknackt hat, war ich mir nicht sicher. Aber trotz nagelneuen Handyvertrags wechselte ich den Anbieter erneut. Ich habe zwar momentan doppelte Kosten, aber ich wollte danach Distanz.

Doch zurück zu dem Tag des Wahnsinnshöhepunktes. Das Handy war weg. Im abgeschlossenen Schrank. Da meinte ich trocken zum Pfleger: »Das Ding ist ganz einfach. Das Handy ist neu, Preis 60 Euro, der Vertrag gerade abgeschlossen für monatlich 15 Euro, macht bei einer Laufzeit von zwei Jahren 360 Euro zuzüglich 60 Euro, also 420 Euro dann Schadenersatz, das können

Sie der Chefin, Frau OÄ Lustner, ausrichten. Ich habe das Handy abgegeben, Zutritt hat nur das medizinische Personal, also hat sich die Frage nach dem Diebstahl von dementen Patienten erledigt.« Ruhe …

Wahrscheinlich hatte Frau Lustner keine Lust, von ihrem üppigen Gehalt die Summe einer Pauschalreise zu bezahlen, denn am Abend war plötzlich mein Handy überraschend wieder da.

Kathy meinte dann des Abends zu mir: »Ich weiß nicht, was mit Ihnen nicht stimmen soll. Sie sind ja des Wahnsinns fette Beute hier!« Über die voll seriöse Verlängerung von sechs Wochen in der Geschlossenen sagte sie heimlich zu mir: »So einfach sitzt man die nicht ab«, und im Zuge des Ganzen schenkte sie mir diesen Edelstein mit den Worten: »Er soll Sie behüten und Ihnen Glück bringen!« Heimlich umarmte ich sie, erst nach Vergewisserung, dass Frau Lustner nicht um die Ecke kommt.

In jener Nacht des Tavor-Entzuges und dem darauffolgenden Tag des Gerichtstermins in Untergolumi, als es mir wirklich sehr schlecht ging, holte ich den Rosenquarz aus meiner Tasche und hielt ihn in der Hand. Ich weiß nicht, ob es der Rosenquarz war, aber ich wurde plötzlich ruhig und ich schlief wirklich ein. Am Morgen danach war ich etwas schwach auf den Beinen, meine Hände zitterten noch, aber ich habe die Nacht überstanden.

Selbst den morgendlichen Kaffee, den wir uns auf Station mit unserem Frühstückstablett holen mussten oder durften, schenkte ich mir selber ein. Die Schwester wusste genau, wie der Entzug wirken sollte, nicht umsonst wollte sie mir an diesem Morgen meinen Kaffee einschenken, was ich aber verneinte.

Gegen Mittag sollte die Verhandlung sein. Meine Anwältin war von meinen permanenten Anrufen genervt, aber die Ereignisse überschlugen sich und sie war nie auf dem Laufenden.

Es war mittlerweile 13.00 Uhr. Kein Richter da und es kam auch keiner mehr. Es war die pure Einschüchterung. Ich glaube auch nicht, dass der Tavor-Entzug Zufall war.

Er hing mir mental mächtig an. Aber kein Vergleich zu Sibylles Mitbewohnerin.

Nach knapp fünf Tagen hatte ich meine Stimmungsschwankungen überwunden. Mein Gehirn fühlte sich mächtig gefickt davon, aber nicht nur von Tavor.

Zurück zum Tage der Gerichtsverhandlung. Meine Anwältin wusste ja von nichts und nachdem sie mir meine Rechte mit der Unterzeichnung des Behandlungsvertrages erklärt hatte, nämlich dass es bis zur festgesetzten Frist nicht möglich ist, sich entlassen zu lassen, unterzeichnete ich ihn. Kurzum, es war eine freiwillige Pflicht, Ärzte oder Ärztinnen können innerhalb der verlängerten sechs Wochen jederzeit Veto einlegen, wenn ich mich entlassen möchte. Die Pfleger wussten die Rechtslage wahrscheinlich nicht, wie so etwas läuft. Denn eines Morgens fragte mich ein Pfleger, warum ich mich nicht endlich entlassen lasse, ich bin doch jetzt lang genug hier. Ich schmunzelte nur und meinte, das ist nicht so ganz freiwillig, wie alles scheint.

Nach der Unterzeichnung des Behandlungsvertrages blieb plötzlich auch der Gerichtstermin fern. Ich glaube, nicht einmal Anwälte wissen, wie es in den Psychiatrien zugeht. Denn ich wusste, ich hatte keine Chance, auf dem Rechtsweg gegen die Verlängerung, wie meine Anwältin es plante, vorzugehen. Es wird alles dafür getan, dass Patienten in den Psychiatrien keine Rechte haben. Ich hatte weder am Tage meiner Einlieferung eine Psychose, noch war ich selbstmordgefährdet. Aber ich habe es am eigenen Leib erlebt, wie so etwas läuft.

Ich weiß, dass ein Richter nie objektiv urteilt, sondern nur den Ausführungen der Ärzte Glauben schenkt, deshalb braucht man auch gar nicht zu hoffen, dass Justitia Gerechtigkeit in so einem Fall walten lässt. Und selbst wenn man bei klarem Bewusstsein und zurechnungsfähig ist, wird man so mit solchen Medikamenten zugestopft, dass das klare Denken schwindet, man eingeschüchtert ist, und durch die Schikanen wirklich psychische Auffälligkeiten entwickelt. Den ganzen Tag in Angst zu leben, führt zu Ängsten, schwerem Trauma und kann wirklich zum Realitätsverlust führen.

Es ist sehr traurig, dass eine juristische Tätigkeit eigentlich auch Menschenkenntnis verlangt und trotzdem nicht angewandt wird. Man ist der absolute Spielball der Psychiater und Gutachter. Ich habe es ja erfahren, wie es läuft, aber wie es auch laufen kann.

Als der Kindesvater plötzlich wieder in meinem Leben durch widrige Umstände auftauchte und meine Tochter 16 Jahre war, hatte ich panische Angst, dass er, trotz neugefundenem Liebesglück und Gebärmaschine von neuer, seiner, Frau, mir das Kind entreißt. Da meinte mein damaliger Therapeut: »Ich erstelle Ihnen ein Gutachten, dass sie voll geeignet und zurechnungsfähig sind, sollte er mit einem Psychiater kommen.« War ich auch, aber wie fragil die Rechte sind, habe ich gesehen.

Dass Ärzte panische Angst vor Anwälten haben, hat mir eine Unterhaltung mit meinem ehemaligen Therapeuten gezeigt, die er mit mir führte, als die Patienten-Arzt-Beziehung kippte. Eines Tages stürmte er in das Gespräch mit mir und regte sich tierisch darüber auf, dass ein Patient ihm mit dem Anwalt drohte. Ich konnte zum damaligen Zeitpunkt das nicht richtig einordnen, doch wenige Zeit später sollte ich das Opfer sein.

Am Tage, als in Untergolumi der Richter kommen sollte, war ich sowieso in einem schlechten Zustand, das wussten die behandelnden Ärzte. Denn auch wenn ich in der Nacht geschlafen hatte, meine Hände waren schweißgebadet, klebrig und zitterten. Der fehlende Ausgang dazu, der tagtägliche Umgang mit wirklich »Irren«, das mir Einreden von psychotischen Dingen, die permanente Angst und die Unruhe vom Entzug hätten mir keine Chance eingeräumt, um als »normal« zu gelten. Das wussten die Ärzte nur zu gut.

Am Tage davor telefonierte ich mit meiner Cousine und sie erzählte mir, dass sie auch Tavor bekommen hatte, aber nicht einmal süchtig war, und dass sie einige Zeit seelische Probleme von dem Absetzen hatte.

Man gab mir nicht umsonst das Abilify oder Apriprazol. Für meinen Vater und alle Beteiligten ja ideal. Erstens kann es tödlich sein, Gefahrenkennzeichnung. Mir unverständlich, wie so ein Medikament die Zulassung bekommen kann. Aber er wäre gut aus dem ganzen Gaslighting im Haus heraus, wenn ich daran gestorben wäre, und zweitens ideal für die Mediziner, ich war nicht nur höchst allergisch darauf, was ja eine Wasserallergie war, was für eine Körperverletzung (!), sondern es verursachte Angstzustände wieder bei mir und Depressionen, wofür ich ja anfällig war, und Halluzinationen, also ideal, um meine Krankheit zu diagnostizieren.

Als ich um die Herabsetzung der Straftablette, die von Frau Lustner noch schnell angeordnet worden ist, um Wasn zu verlassen, in Untergolumi bat, kam der selbstherrliche Chefarzt in der vorletzten Woche meiner anberaumten Entlassung auf den Gedanken, mir die zweite Abilify durch Risperidon zu ersetzen, damit ich »stillgelegt« werde. Dieses Neuroleptikum ist eine chemische Zwangsjacke, das innerhalb kürzester Zeit zu Dyskinesien führt. Man wird steif und unbeweglich, die Agilität des Geistes, die Wachheit des Geistes wird gelähmt, die Sprache vernachlässigt und man wird zum Mutisten, kurzum, man wird echt behindert.

Und als wäre das nicht genug an Zerstörung meiner Persönlichkeit und meines wachen Geistes, sollte ich nachts zum Schlafen noch ein Antipsychotikum bekommen, dass ich den darauffolgenden Tag zugedröhnt und zwangsmedikamentiert nur noch im Bett lag. Auch ideal für meinen Vater, so kann er der idyllischen Nachbarschaft dann vorführen, was für ein schweres Los er mit seiner behinderten Tochter hat.

Die Ärzte wissen sehr genau, dass eine Monotherapie mit einem Antipsychotikum genauso viel bringt wie sechs verschiedene Antipsychotika. Nicht nur, dass in der Ärztezeitung, wo ich einen Zugang dafür hatte, dieser Sachverhalt behandelt worden ist, sondern die Logik erklärt, dass sich fünf Antipsychotika in den Wechselwirkungen überschneiden. Um es böse auszudrücken, mit denen man ein behindertes Buttergolem wird.

Private Kliniken arbeiten in vielen Fällen, sogar bei Psychosen, oft ohne Medikamente, solange die floriden Gedanken sich mit Gesprächen klären lassen. Es ist lediglich die staatliche Klinik, der die Zeit oder der Wille fehlt, sich mit den Patienten zu beschäftigen. Manchmal stehen auch Verträge mit der Pharmaindustrie dahinter. Ein Milliardengeschäft, was aber verschwiegen wird.

Deshalb findet man Manager oder Ärzte, die auch an Psychosen erkranken, nicht in staatlichen Kliniken.

Meine Mama kannte sogar einen Arzt, der vor Jahren an einer Psychose erkrankte. Der war nie in so einem »Irrenstall« untergebracht worden.

Was mir an Willkür innerhalb eines Vierteljahres widerfahren ist, habe ich in meinem ganzen Leben zuvor noch nicht erlebt.

Allein in Untergolumi musste ich neun (!) Mal in sechs Wochen umziehen. Von einer »Verrückten« zur nächsten.

Allein Sina und Hilde, die nicht nur echt krank waren, und man mir immer einreden wollte, ich sei genauso krank, waren für mich untragbar. Ich habe vielleicht früher 72 Stunden ohne Schlaf unbeschadet und mit etwas Schminke sogar frisch überstanden, aber mittlerweile benötige ich meinen Schlaf. Nicht nur für die Schönheit, sondern auch für die Regeneration meines Geistes und meiner Zellen überhaupt. So empfand ich als ungeheure Frechheit, mich in ein Zimmer von zwei »Irren« zu stecken, die nie schliefen und dann durchdrehten und sich dann wieder Spritzen gegen Wahnvorstellungen geben ließen oder bekamen.

Genauso krank war die »Flutlichtdiva«, wie ich sie nannte, und ihre eingeschüchterte Zimmerkollegin, die an PTBS litt.

Dieses Gespann war einfach krank. Ein richtiges Beispiel von Dominanz und Unterwürfigkeit. Die Flutlichtdiva, die absolut Dominante. Schon wie sie in mein Zimmer kam, nichts im Vergleich zum Tag zuvor, als sie mich benötigte, um Ausgang zu bekommen. Denn ich war die Einzige, die dann allein hinausdurfte. Und sie nur in der Gruppe. Von einer Gruppe sprach man bereits ab zwei Personen. Ganz kleinlaut kam sie zu mir, ob ich sie bitte begleiten würde. Natürlich war ich nicht kleinkariert und nahm sie mit. Auch wenn jemand etwas aus dem »klinikeigenen« Lidl benötigte, brachte ich es für ihn mit.

Die Dominante war vielleicht Ende der fünfzig, Kurzhaarschnitt und ungepflegt, die Unterwürfige um die dreißig. Flutlichtdiva und »Mäuschen« wurden mir in das Zimmer gesteckt.

Sie kamen beide in mein Zimmer und »Domina« fing sofort an, dass sie nur bei Licht schlafen kann. Nicht so, dass viele Patienten, wie auch ich, sowieso unter Schlafproblemen litten und Licht die Melantoninproduktion hemmt. Sie meinte, sie arbeite am Fließband, wo den ganzen Tag Neonlicht sei, deshalb benötige sie Licht. Mir lag es auf der Zunge zu fragen, ob sie bei der Arbeit schläft, weil sie zum Schlafen Licht benötige. Was für eine sinnlose Aussage. Es gab eine Auseinandersetzung, dass zum Schlafen das Licht ausbleibt. Egal, was sie da noch sagte. Dann kam Mäuschen, dass sie erst um 4.00 Uhr einschläft, klar, wenn ich aufstand und die Nacht fast vorüber war, weil um 6.00 Uhr die Schwestern zum Wecken ins Zimmer kamen. Der Streit war also vorprogrammiert.

Die beiden schliefen die ganze Nacht nicht. Flutlichtdiva spielte die ganze Nacht am Handy, und als ich früh aufstand für mein Yoga, meinte sie, ich würde sie im Schlaf stören. Die PTBS-Patientin, Mäuschen, war am ersten Abend, als »Domina« aus dem Zimmer war, ganz aufgeschlossen zu mir. Eigentlich wusste keiner, warum ich »untergebracht« war, ja wegen einer »Psychose«, aber ich glaube, selbst der OA glaubte dem ganzen Hokuspokus nicht, denn ich musste auch nicht zur Psychoedukation. Klar, das kann ich selbst. Was soll man auch anders machen, wenn man keine Wahnvorstellungen hat und sie einem angedichtet werden.

»Mäuschen« fragte mich also unter vier Augen, warum ich hier sei. Ich erzählte nicht viel, nur das Ding, dass ich die Türe mit dem Hammer einschlug. Im Nachhinein wusste ich ja, warum ich mich so schwach fühlte, die nach innen zu öffnende Türe einfach einzutreten. Weil ich 40 Grad Fieber hatte. Aber zum Einlieferungszeitpunkt wusste ich das nicht.

Nur aus dem Einschlagen der Türe wurde dann eine

Bedrohung des Polizisten mit dem Hammer. Ich habe keine Ahnung, wer die Tatsachen so gedreht hat, aber plötzlich hieß es auf der Station, ich habe einen Beamten mit dem Hammer bedroht. Wahrscheinlich wollte »Mäuschen« einmal etwas im Aufenthaltszimmer erzählen, in dem sie von mittags an Serien schaute, und von ihrer Schwäche ablenken.

Die Situation spitzte sich zu. Die beiden lagen entweder den ganzen Tag im Bett oder saßen im Aufenthaltsraum bei »Rote Rosen« und Co. Nur abends, wenn ich im Bett lag, kamen sie auf die Idee, die Musik wie auf einem Festival aufzudrehen und Festbeleuchtung anzuschalten. Das Gleiche, wenn ich nachmittags eine halbe Stunde meditierte. Der absolute Zündstoff zwischen uns dreien. Ich meinte, wer den ganzen Tag »doof« im Bett herumliegt, braucht abends auch keine Party mehr zu machen. Ist doch pure Schikane.

Was für eine Frechheit. Dann wollte mir auch noch die Stationsärztin vorschreiben, wann ich zu schlafen habe. Der Streit brannte. »Flutlichtdiva« rannte zu den Schwestern ins Zimmer und beschwerte sich, dass es bei mir aussehe. Die unfreundlichste und verbittertste »alte« Schwester kam eines Morgens in unser »Höllenzimmer« gerannt und meinte, nachdem ich knapp vier Wochen mein Obst und Trinken dort gelagert hatte, und das bis dato keinen Stein des Anstoßes darstellte, dass es bei mir aussehe wie Sau. Na klar sah es so aus, musste mich ja um 4.00 Uhr heimlich aus dem Zimmer schleichen und konnte nicht vor 6.30 Uhr dort aufräumen, weil die beiden »Verrückten« Nachtruhe hielten. Natürlich war mein Bett nicht gemacht, wie denn auch, und im Dunkeln habe ich mir etwas zu essen mitgenommen.

Da ich ja wusste, wie das so läuft, mit Erpressung des Patienten vom medizinischen Personal, musste ich auch noch die passiv-aggressive Schiene unterbinden und nett sagen: »Wie soll ich aufräumen, wenn ich leise aus dem Zimmer gehen soll!« Und die »Flutlichtdiva« soll lieber nachts ihr Handy in Ruhe lassen und schlafen und vielleicht sollten die beiden doch lieber Antipsychotika zum Schlafen bekommen. Der Streit eskalierte und so wurde ich sofort auf die Gegenseite, in die »Männerabteilung« und »Suchtkranke«, in ein leerstehendes Dreibettzimmer verlegt. Mit gleichzeitigem »Verbot«, mich in den Aufenthaltsraum der Nachbarseite zu setzen, wegen angeblich COVID. Mir sollte das nur recht sein.

Wer wirklich glaubt, in einer staatlichen Psychiatrie Hilfe zu finden, tut mir wirklich leid, denn ich habe dort keine Hilfe jemals erfahren. Niemals. Den Ärzten fehlt die Zeit, die Psychologen sind nicht gut geschult oder geben so wenige Gespräche, wenn man Glück hat, einmal in der Woche, wo es auch nicht zur Aufarbeitung von Problemen oder Hilfestellungen kommt.

Bevor ich diese Schikanen erlebte, war ich einmal auf einer offenen Station, im Krankenhaus von meinem ehemaligen Therapeuten, zur Behandlung von Angsterkrankung. Eigentlich hilft die Konfrontationstherapie und normalerweise hätte sich ein Psychologe Zeit nehmen müssen, um mit mir den Weg zurück ins »Leben« zu gehen. Stattdessen wurde mir aufgetragen, dass ich allein in den Zug und in den Bus steigen soll, zur Bekämpfung der Ängste. Ich hatte solche sozialen Phobien, dass ich im Zuge der »Therapie« im Personenzug Zwankau–Wasn, als ich zurückfahren sollte, nicht mehr konnte und schweißgebadet und angsterfüllt aus dem wartenden Zug rannte.

Ich war völlig überfordert und rief damals panisch meine Mama an, dass sie mich bitte abholt und einige hundert Meter vor der Klinik aus dem Wagen lässt. Da hilft auch kein Antipsychotikum. Gegen Ängste. Da hilft nur eine Konfrontationstherapie mit einem Psychologen, denen aber die Zeit fehlt. Diese Angsterkrankung entwickelte sich auch durch seelische Gewalt von meinem damaligen alkoholkranken Ex-Freund.

Genau wie in dem Gaslighting führt »seelische« Gewalt zu schweren seelischen Schäden. Bis heute taucht manchmal die Angst auf und durch die Übergriffe zu Hause und die Erpressungen in den Kliniken und durch das Abilify war mancher Tag eine Herausforderung.

Als ich mir danach damals nach den »Gewaltexzessen« und Alkoholabstürzen meines Ex, also nach der Trennung, ambulante Hilfe geholt hatte, bei einem Psychologen, mit dem ich auch relativ gut klarkam, und ich meinem gestressten behandelnden Psychiater in Wasn, der ja nichts weiter außer ein Gespräch und Medikamente fleißig verschrieb, und nie auf meine Gesundung bedacht war, davon erzählte, wurde ich regelrecht von ihm erpresst. Wenn ich weiter zu dem Psychologen gehe, dann brauche ich nicht mehr zu ihm zu kommen.

Das Ende der guten Behandlung, ich lag nur noch auf der Couch. Fett und übergewichtig. Konnte nicht mehr vor die Türe gehen. Und als ich vor vielen Jahren den Wunsch äußerte, vielleicht mit 48 oder 50 noch einmal Mutter zu werden, wurde das gar nicht berücksichtigt. Andere Kliniken berücksichtigen den Kinderwunsch, helfen auch jungen Menschen, medikamentenfrei zu werden. Ich war das perfekte Medikamentenopfer. Ideal für Langzeitstudien. Denn auch wenn keiner die Verantwortung übernommen hat und sich keiner Schuld gibt, die Zysten und die Myome kommen von den jahrelangen Antipsychotika. Gerade in meiner Familie, die anfällig für Brustkrebs ist, hätte mit Sorgfalt vorgegangen werden müssen.

Im Rahmen meiner Angsterkrankung litt ich dann am sogenannten Boreout. Hilfe bekam ich von der Klinik Wasn nicht. Die ambulante Hilfe musste ich ja sein lassen. Und ich hatte ja sowieso eine Angsterkrankung und war völlig eingeschüchtert, dass ich mir gar nicht getraut hätte, einen anderen Psychiater zu suchen. Ich wusste ja, dass man mich in der Hand hatte. Auch wenn ich meinem Kind eine gute Mutter war, hätte ein Anruf genügt, um mir mein Kind durch solch einen dollen Betreuer vom Jugendamt, wie die Betreuerin, die mir zugeteilt worden ist, zu entziehen.

Wenn es bei anderen in ihrer Wohnung nicht auf Hochglanz poliert ist, heißt es, zeitlich überfordert, bei mir bei meiner letzten Einweisung rückte ein Krisenstab von vielleicht zehn oder fünfzehn Mann an, um sich ein Bild über das »Chaos« zu machen. Keiner weiß, dass ich fast im Alleingang das vom Hochwasser unterspülte Haus im Keller ausgeräumt und herausgewischt hatte, dass ich ein eigenes Leben noch haben wollte, außer das

Haus putzen. Auf die Frage, ob mir jemand die Fenster putzen möchte, war aber keiner bereit.

Ich greife niemanden an, aber es ist keine Gunst, wenn man einen Partner hat und von ihm Hilfe bekommt, emotional, finanziell oder auch im Haushalt, sich dann zu brüsten, dass man berufstätig ist und sein Leben unter Kontrolle hat.

Ich denke mir meinen Teil, wenn die Betreuerin mit fettigem Haar und übergewichtig vor einem sitzt und über mein Leben bestimmen will. Die, die nicht einmal ihre Körperpflege und ihr Essverhalten hinbekommt, erlaubt sich, über mich zu urteilen.

Aber ich glaube, den meisten Patienten in den Kliniken fehlen die kognitiven Fähigkeiten, um überhaupt zu durchschauen, was mit ihnen gemacht wird.

Sie glauben die »Lügen«, die man ihnen erzählt, und denken, das medizinische Personal wüsste irgendetwas, wie sie gesund werden. Nein, die sind, wie ein Pfleger in Untergolumi sagte: »Wir sind nur ›Handlanger‹.«

Leider sind viele, vor allem von den »älteren« Schwestern, so von sich überzeugt, dass sie zum Olymp gehören, dass sie sich anmaßen, gleich über jeden Beruf mitzuverfügen.

So wussten die »alten«, »ungepflegten« Schwestern gleich alles besser und belehrten mich, als ausgebildete medizinische Kosmetikerin, was ich zur Pflege von mir zu tun und unterlassen habe.

Dabei musste ich oft bis zehn im Inneren herunterzählen, dass ich nicht explodiere. Schminke wird sowieso nicht gerne gesehen. In der »Medikamentenhölle« Untergolumi waren die Spiegel so gehängt, dass man seinen

Körper nicht sehen konnte, um die Gewichtszunahme nicht optisch zu sehen.

Schminke und Selbstachtung ist verpönt.

Es ist ungeheuer schwer, sich gegen so einen totalitären Machtapparat zu stemmen, wenn man einmal in den Fängen der staatlichen Psychiatrien ist.

Ich wurde als Wahnsinnige mit optischen Halluzinationen behandelt, die nicht ganz dicht ist. Mir hörte gar niemand zu. Ich hatte selbst auf den berühmten »angel dust« von Brady keine optischen Halluzinationen. Doch dagegen vorzugehen ist unmöglich. Statt für die Patienten da zu sein, werden die Angehörigen für bedauernswert und glaubwürdig hingestellt.

Von den ganzen Übergriffen und eingeredeten Halluzinationen bin ich mittlerweile schwerst traumatisiert und hinterfrage täglich mein Handeln, was am Ende wirklich noch in den Wahnsinn oder Kollaps führt. Durch das Trauma bin ich permanent müde, habe kaum noch Kraft und kann nicht mehr so trainieren wie zuvor, dass ich innerhalb kürzester Zeit sechs Kilo zugenommen habe.

Mittlerweile habe ich auch so den Glauben an Hilfe verloren, dass man mich ernst nimmt, ohne die Frage nach einem Betreuer, der oder die ja nicht einmal ihr Leben unter Kontrolle haben, gestellt zu bekommen, so dass ich die Suche nach einem Psychologen aufgegeben habe. In unserem Umkreis ist sowieso nichts unter einem Jahr, ohne Warteliste, frei, dank Corona und seinen Maßnahmen und seinen Auswirkungen auf die Wirtschaft und seelische Gesundheit vieler Menschen.

Staatliche Kliniken arbeiten nicht für die Gesundung oder Wiederherstellung der Patienten. Auch wenn Patienten vorübergehend arbeitsunfähig sind, und zeitlich begrenzt oder länger auf Rente angewiesen sind, werden Patienten dabei nicht unterstützt. Sprüche vom Chefarzt von Wasn: »Sie wollen sich wohl in die soziale Hängematte legen!« Anzüglichkeiten musste ich mir noch gefallen lassen.

Es wird einem nicht ermöglicht zu gesunden, stattdessen Cocktails von Psychopillen verabreicht, weil die Zeit für Gespräche fehlt. Natürlich sind manche Menschen auf Psychopillen angewiesen. Aber die differenzierte Herangehensweise an Menschen fehlt Ärzten.

Natürlich waren Sina, Oliver und Hilde psychotisch und haben in dem Zustand zur Stabilisierung Antipsychotika benötigt. Aber die Frage ist doch, hat Sina wirklich die zehn Tabletten morgens, die fast alle Antipsychotika waren, benötigt? Es ist mir auch aufgefallen und es war keine Wahnvorstellung, dass es ihr die Augen herausdrehte. Aber sie wurde nur von den Pflegern und Schwestern belächelt, dass sie »Wahnvorstellungen« hatte und sich alles einbildete. Ich wusste es, dass sie sich das nicht einbildete. Genauso wie ich, als ich mit meinem damaligen Therapeuten über mein Brustwachstum unter dem Antipsychotikum sprach und belächelt wurde, dass ich mir das nur einbildete. Selbst als Milch aus meinen Brustdrüsen trat und ich panisch zum damaligen Chefarzt der Gynäkologie, der meine Tochter auf die Welt brachte, fuhr und fragte, was es sei, und er meinte, das sind die Medikamente, leugnete es mein behandelnder Arzt.

Das Gesundheitssystem steht unter enormem Kostenzwang. Aber dass Menschenleben wirklich nichts zählen, darf nicht sein.

Dass Kostenzwang vor Patientenwohl steht, ist ein absolut falscher ethischer Grundsatz, und ich frage mich, wie ein Arzt, der den hippokratischen Eid geschworen hat, so etwas überhaupt vereinbaren kann.

Wenn ich an Herbert in Untergolumi denke. Es war vielleicht sechzig. Völlig fertig von den Antipsychotika. Was ihm fehlte, wusste keiner. Aber er randalierte, und wenn er seine Medikamente nicht nahm, wurde er zwangsmedikamentiert. Zwar kam nicht wie in Wasn das Einsatzkommando der Polizei, aber Tony, ein junger Pfleger, sagte: »Wir sind die Handlanger der werten Herrschaften von ›oben‹.« Und Jack, ein blutjunger Pfleger, konnte in einer Nacht die Gewalt nicht mehr ertragen und saß völlig fertig im Patientenaufenthaltsraum und guckte zitternd und halb weinend Fernsehen.

Ich glaube, Herbert war durch die ganzen Medikamente und Zwangsmedikamentationen zum körperlichen Krüppel geworden, denn er trug eine Windel. Und vermehrt beobachtete ich, dass auch Menschen in Wasn nach der großartigen Medikamenteneinstellung plötzlich Windel trugen. Um sie kümmerte sich sowieso niemand und ihr Leben war für die Mediziner nicht lebenswürdig.

Herbert sprach kaum und seine Sprache war verwaschen. Er war Insasse einer Langzeiteinrichtung und sein sehnlichster Wunsch war es gewesen, ein Bier zu trinken.

Als hätte ein Bier seinen katastrophalen Zustand verändert.

Er tat mir ungeheuer leid und ich hätte ihm gerne ein Bier mitgebracht, wenn ich rausgehen durfte. Ich war eine der wenigen, die Ausgang bekam.

Dass ich nach knapp neun Wochen Ausgang bekam, war auch ein absolutes Machtspiel. Mein Lieblingspfleger Andy verschaffte mir eines Abends Ausgang. Er hatte wahrscheinlich das Spiel mit mir durchschaut. Ich durfte in der Gruppe hinaus. Von einer Gruppe sprach man bereits mit zwei Personen.

Plötzlich, als ich am nächsten Tag hinauswollte, war mir der Ausgang wieder gestrichen worden. Auf Nachfrage des medizinischen Personals hieß es dann: »Nein, keine Genehmigung, nur mit medizinischem Personal!« Im Vergleich zu Wasn bemühten sich aber die Pflegekräfte von Untergolumi wenigstens darum, dass sie mit den Patienten einmal vor die Türe gehen konnten. Untergolumi war schon fast ein »kleines Dorf« mit seinen vielen Häusern und Stationen. Es ist erschreckend, bereits Kinder im Kindergartenalter oder Schulalter sind dort. Es gab von Kindergarten über Schule bis Wohnprojekt und Senioren und Langzeiteinrichtungen einfach alles.

Ich fragte mich, beim Rundgang mit dem Pflegepersonal, wie ich hierhergelangen konnte. Na ja, ich habe mich ja umverlegen lassen, und weil mein Elternhaus in dem Distrikt bzw. Einzugsgebiet stand, durfte ich dorthin verlegt werden. Zum Glück stand das Haus nicht in Wasn, sonst wäre ich aus den Fängen der irren Familie Lustner nie herausgekommen.

Was medizinische Willkür ist, habe ich am Einlieferungstag erfahren. Nicht nur, dass der Notarzt überhaupt nichts verstand, er auch nicht einmal auf den Gedanken kommen konnte, nicht nur, dass ich die Wahrheit saget und wirklich krank war, denn ich hatte wie bereits erwähnt 40 Grad Fieber, denn nur 1,5 Grad mehr und es ist lebensgefährlich und kann zur Eiweißgerinnung führen. Wegen dieser unklaren Beschwerden wollte ich 14 Tage später zu meinem Geburtstag eine Eigenbluttherapie machen, die mir ja die nette Familie Lustner zerstörte. Und eine Woche später hatte ich mich um eine Therapie gekümmert. Ich war dabei, mein Leben neu zu ordnen. War auch zurück im Sport. Ich wurde mitten aus dem Leben gerissen, indem man mich aus der Wohnung holte.

Anstatt der Patientin zuzuhören, und ihr Hilfe zu geben, denn genauso gut hätten sie mich nach einem Gespräch gehen lassen können, wurde ich zum »Vollidioten« mit Wahnvorstellungen und Paranoia erklärt. Von einem Tag auf den anderen Tag wurden mir die Persönlichkeitsrechte aufgrund einer »machtgeilen« Psychiaterin genommen.

Man kann den Tag auch weiter allgemein ausbauen. Finden sich zwei Personen zusammen und geben sich gegenseitig ein Alibi, hat ein ehemals seelisch erkrankter Mensch nie eine Chance. Ihm wird nie geglaubt werden. Auch wenn beide eigentlich Psychopathen sind, wird ihnen mehr geglaubt. Und seelisch erkrankte Menschen haben nie die Chance, »normal« wieder im Leben angenommen zu werden.

Schon diese Anmaßung von Chefarzt Lustner, mir das Recht über die Behandlung meiner Krankheiten abzusprechen, der sich gerne aufspielte, als wüsste er alles. Ein kleiner Gernegroß. Schon vor vielen Jahren, als ich die Psychose hatte, und ich meine Mama bat, mich aus »seiner Klinik« herauszuholen, weil die Bedingungen schon damals unterirdisch waren, und mich in eine Privatklinik zu bringen, blockte er großfresserisch und besserwisserisch ab: »Wir«, also er und seine Frau meinte er damit, »aus dem Vogtland sind genauso schlau und können viel mehr!« Meine Mama wollte nur mit dem Großmaul keinen Streit. Ich hatte zwar damals meine Persönlichkeitsrechte behalten, aber weil meine Mama diesem »Kurpfuscher« glaubte, hatte ich keine Möglichkeit, mich umverlegen zu lassen. Selbst als ich krank war, hatte ich noch so viel Verstand, um zu begreifen, dass es unmögliche Bedingungen sind, die auch nie auf Heilung ausgerichtet sind. Statt den Patienten in solchen Situationen zu helfen, kam vom ihm auch noch der herablassende Satz: »Sie wollen sich wohl in die soziale Hängematte legen!« Ich als Leistungssportlerin, alleinziehende Mutter und Diplomkauffrau wollte sich ganz bestimmt nicht freiwillig in die soziale Hängematte legen. Aber da man keine Hilfe und auch keine Unterstützung bekam, wird man an den Rand der Gesellschaft gedrängt.

Ich erinnere nur, wie er mein Fieber behandelte bei der letzten Einweisung. Unmengen von Blut nahmen mir die Schwestern an einem Tag ab. Ich lag im Bett und glaubte zu kollabieren. Ich merkte förmlich, wie es dunkel zu werden schien vor meinen Augen. Nur der

Wille, diesem irren Chefarzt nicht bewusstlos ausgeliefert zu sein, ließ mich wach bleiben. Gefunden hat er nichts und behandelt auch nicht. Im Gegenteil. Als ich nach dem »Aderlass« um eine Runde Ausgang bat, um meinen Kreislauf zu stabilisieren, wurde er mir verweigert. Das Fieber gehörte zu mir und ihm schien es nur recht, wenn ich verstorben wäre, dann hätte er keine Zeugen für sein Verhalten und seine katastrophalen Bedingungen in seinen Akutstationen, die schon allein aus hygienischen Gründen geschlossen werden müssten.

Genauso, wie er sich vor Jahren als Superbrain aufspielte, genauso war es dieses Mal. Er machte das Beste, nämlich »große Worte und nichts«. Irgendwann wurde mir auch kein Fieber mehr gemessen, nachdem er noch einige gutbezahlte Kassenleistungen abrechnete. Zum CT und MRT wegen eines angeblichen Gehirntumors. Als ich dann voller Spott zu den Schwestern meinte, die ein ganz ernstes Gesicht auf der Fahrt zum ambulanten Arzt machten: »Wo kein Gehirn, kann auch kein Tumor sein!«, wurde das wahrscheinlich schon wieder als krankhaft gewertet. Die Schwestern glaubten ernsthaft, ich hätte einen Tumor, denn sie machten ganz bedrückte Gesichter. Natürlich hatte ich keinen Tumor. Aber das war ja großartige bezahlbare Leistung.

Wenn ich an diese bodenlose Frechheit denke, sich am zweiten Tag nach der Einlieferung beim Aufnahmegespräch nach meinen Fachärzten zu erkundigen und plötzlich dort anzurufen, dass ich betreut werden müsste und mir das Buttergolem Gibbi zur Seite gestellt wird. Bei meinem Gynäkologen anzurufen, wo ich mit 16 Jahren allein hingegangen bin, und regelmäßig zur Kontrolle ging, und mich dort als »geisteskrank« und nicht zurechnungsfähig vorzustellen, ist kaum zu toppen.

Als ich nach dem Aufenthalt von Untergolumi zu dem Gynäkologen nach Obergolumi gefahren bin, war ich natürlich das Gesprächsthema bei den Schwestern. Man getraut sich kaum mehr in die Praxis, wenn man weiß, dass man als »Irre« gilt. Und natürlich war ich der Gesprächsstoff dort. Ich wäre am liebsten im Erdboden verschwunden. Mittlerweile habe ich eine regelrechte Ärztephobie entwickelt.

Ein Zitat aus der Serie Weissensee: »Entmündigung ist wie Mord«, beschreibt die seelische Grausamkeit treffend. Und man ist machtlos. Entweder wollte mich meine Anwältin nicht verstehen, oder seelisch kranke Patienten haben keine Rechte. Sie meinte immer: »Wir sind keine Ärzte!« Es darf aber nicht sein, dass Menschen nicht mehr über sich bestimmen können, die klar und zurechnungsfähig sind, denen adäquate Therapien verweigert werden und die dann so traumatisiert und verwirrt sind, um sie erneut zu »behandeln« mit erneutem Druck.

Ein Teufelskreislauf aus Macht, Druck und Zerstörung der Persönlichkeit. Auf der einen Seite heißt es, es gibt keinen Medikamentenzwang, auf der anderen Seite wird man gezwungen, mit Polizeieinsatz und Fixierung Medikamente einzunehmen. Obwohl ich gar keine Wahnvorstellungen hatte, musste ich Antipsychotika gegen Wahnvorstellungen einnehmen.

Gaslighting

Man redete und redet mir förmlich eine Krankheit ein, und bevor es zur Zwangseinweisung kam, blieb das Gespräch mit meinem Therapeuten über Gaslighting im familiären Haus unbeachtet. Im Gegenteil, ich, das »Opfer«, wurde nicht einmal für ernst genommen. Mehrfach sprach ich ihn darauf an. Anfangs dachte ich mir nichts dabei, dass meine Margarine permanent alle war, obwohl keiner außer mir sie aß. Auch als plötzlich von meinen fünf Grapefruits plötzlich jeden Morgen eine weniger dort lag, obwohl keiner außer mir sie aß, dass meine neugekauften Slips plötzlich um die Hälfte schrumpften, machte mich dann stutzig. Ich wusste zu Beginn nicht, dass es Gaslighting ist, und mein Therapeut tat alles mit »Manchmal kommen Sachen einfach weg!« ab, sogar als ich ihm erzählte, dass ein Tagebuch entwendet worden ist, zuckte er mit den Achseln.

Ich gab gezielt darauf Obacht, dass meine Designerkleidung Flecken nach der Wäsche hatte, die Jeanshosen mit Nagellackentferner behandelt worden waren, dass ich weiße Flecken darauf hatte, die Slips permanent gestohlen wurden, die Socken im Wäschebeutel gewaschen waren und trotzdem verschwanden, Kleider plötzlich in einen ganz anderen Kleiderschrank gehängt wurden, und die Diffamierungen mit Worten, als ich mich um die Versicherung für das Haus kümmern wollte, weil wir durch ein Hochwasser stark betroffen waren, all das machte mich zum Gespött. Als ich mit den Handwerkern reden wollte, rief mein Vater: »Du bist ja schizophren, du musst dringend nach Untergolumi!« Ich dachte, ich spinne! Da er bekannt als Choleriker war, hakte ich es ab. Aber ich sollte wirklich eines Besseren belehrt werden. Meine Tochter, die anfangs zu mir hielt, zog er durch irgendetwas auf seine Seite. Was immer sie bewog, so gegen mich vorzugehen, mit den Worten: »Ich halte es nicht mehr mit dir aus, dass du mich an meinem Studium hinderst« oder: »Du hast Wahnvorstellungen« – das Einreden von Krankheitssymptomen, dass ich manchmal im Laden stehe und glaube, ich werde wahnsinnig, die permanente Angst, da es ja hier im Dorf die Runde machte, dass etwas mit mir nicht stimmt, kann keiner nachvollziehen.

Auch nach der »Zwangsmedikamentation« und Einweisung geht das Gaslighting weiter. Zwar habe ich mir eine eigene Wohnung genommen. Ich habe extra noch nicht meine Adresse verraten wollen, um einen Ort der »Zurückgezogenheit« zu haben. Doch mein Brief mit dem Mietvertrag wurde geöffnet. Und seitdem ich weiß, dass die Gaslighter wissen, wo ich wohne, lebe ich in solcher Angst, dass sie mir einfach den Notarzt mit Richter Radnik, dessen Einzugsgebiet ich in Zwankau wäre, auf den Hals hetzen, dass ich nicht mehr in die Wohnung gehe. Ich habe, bevor ich es wusste, dass sie es wussten, keine Obacht darauf gegeben, aber nachdem mir es bekannt war, fand ich das Nichtgrüßen von mir durch die Hausbewohner nicht mehr zufällig. Genauso merkwürdig fand ich dann im Nachhinein, dass ausgerechnet mein Klingelschild beleuchtet war. Die vielen

Zufälligkeiten kamen mir nicht mehr zufällig vor. Was, wenn schon einige wussten, dass ich in der Psychiatrie saß? Und wenn ich allen so egal getan gewesen wäre, wäre meine Post nicht geöffnet worden. Mir ist jeglicher Neubeginn zerstört worden.

Die Gaslighter, die Täter, und das Gaslightee, das Opfer, also ich in dem Fall, stehen immer in einem persönlichen Zusammenhang.

Die Formen der seelischen Gewalt sind vielfältig. Die neueste Form ist die Gesprächsverweigerung, das Unterstellen von Tatsachen: »Das habe ich dir bereits dreimal erzählt und du hörst nie zu!«, obwohl nie ein Wort darüber gefallen ist. Daraufhin folgt dann der komplette Kontaktabbruch, die komplette soziale Isolation, in dem Einreden, dass es mit mir »furchtbaren« Frau keiner aushält, das Herabwürdigen meiner Persönlichkeit, dass ich besonders dumm sei oder realitätsfern. Dass andere Lebenseinstellungen nicht für zulässig gehalten werden, wie zum Beispiel, als ich aus dem Yoga kam, bevor es eskalierte, und mit meiner Trainerin über das Verhalten, das Mobben meines Vaters mir gegenüber sprach, und sie meinte: »Er blendet deine Aura!«, ich ihm einen Brief schrieb, dass er mich in meiner Persönlichkeit achten soll, und das »Blenden meiner Aura« unterlassen solle, wurde meine Hausärztin angerufen, dass ich einer Sekte angehöre und den Verstand verloren hätte. Yoga oder bewusste Einstellung zum Leben wird als Irrsinn eingestuft, eine völlig veraltete Lebenseinstellung plötzlich aufgetischt, dass gegen Schmerzen und Verspannungen nichts weiter als Schmerzmittel helfen, eine völlig veraltete, verkrustete Schulmedizinermeinung vertreten. Das Absprechen von intellektuellen Fähigkeiten, das Zerstören meines Selbst, das Destabilisieren meiner Wahrnehmung, das Hervorheben von meinen Schwächen, nachdem ich jahrelang über meine Schwächen offen sprach, es ist eine Leichtigkeit, darauf einzuwirken. Viel trauriger ist, dass ich nicht die Möglichkeit bekomme, zu gesunden, im Gegenteil, das Nachlesen von dem Symptomen einer Psychose führt dazu, dass man mir genau das einredet und spielt, was ich vor Jahren erlebt habe.

So wird einem suggeriert, dass man in seinem Wahn lebt, und dass ich mir einbilde, dass ich Gedanken lesen kann, obwohl ich nie so etwas äußerte, doch mittlerweile ertappe ich mich permanent dabei, ob meine Gedanken noch normal sind. Wenn ich dagegen etwas sage, kommen von ihnen solche Sprüche: »Du mit deinem kleinen Gehirn, du begreifst das gar nicht!« Oder: »Du mit deinem fetten Arsch!« Konfektionsgröße 36 habe ich bei Hosen, manchmal 34, um sich ein Bild zu machen, oder das Zerstören jeglicher neuer Männerkontakte. Über meinen geheimen Schwarm und heimliche Liebe ist in meinem Tagebuch nachgelesen worden und mir wird dann unter die Nase gerieben, in deinem Alter trägt man keine langen Haare mehr, du bist alt und hässlich, du brauchst dir gar keine Hoffnung zu machen, und du kannst sowieso nichts. Jedes Bestreben nach finanzieller Freiheit wird unterbunden. Wie erwähnt wurde mir sogar mein Nachweis über die Pflegetätigkeit gestohlen, dass ich mich nirgendwo mehr bewerben kann, mir keine gesellschaftliche Stellung aufbauen kann, mit den Worten: »Du kannst sowieso nichts, und in deinem Alter brauchst du dir altes Muster gar keine Chancen mehr für irgendetwas auszurechnen!«

Das Erpressen und Einreden und das Verschlimmern meiner Angstzustände wird tagtäglich mit mir gemacht. Das führt zu absoluter seelischer Erschöpfung, dass ich nur noch den ganzen Tag schlafen möchte. Dazu noch das Trauma aus den Psychiatrien, die Entmündigung, und die fortwährende seelische Gewalt. Wie in den Psychiatrien nicht normal mit mir umgangen worden ist, und ich mit den völlig »Irren« ein Zimmer teilen sollte, genauso geht es zu Hause weiter. Das Zerstören meiner Persönlichkeit gibt den Gaslightern ungeheures Selbstvertrauen, sogar meine Tante macht mit, deren kognitive Fähigkeiten sich das ganze Leben nur auf das Kochen beschränkten. Kurzum, sie war Hausfrau, hat nie groß gearbeitet, nie etwas außer ihrem Haushalt geleistet, die Pflege meines an Bauchspeicheldrüsenkrebs verstorbenen Opas stellt sie hin, als hätte sie es allein getan, dabei waren sie drei erwachsene Frauen, die sich die Pflege teilten. Meine Mama hat einen Bärenanteil dazu getan. Meine Tante, die selbst wirkliche Defizite hat, getraut sich das gegen mich. Die, die halb dement ist. Ganz zu schweigen von ihrer lebenslangen Asexualität.

Der diesjährige Geburtstag meiner Tochter war eine echte Herausforderung. Damit es nicht wie im letzten Jahr eskalierte, wo ich mich nicht mehr beherrschen konnte, nachdem sie die Blister meiner Notfallberuhigungstabletten hat stehlen lassen und mitmachte, dass ich nicht ganz dicht sei, explodierte ich ja an der Kuchentafel. Dieses Jahr wollte ich mich zusammennehmen. Fast zynisch passend war der Name des Geburtstagskuchens, den ich meiner Tochter backte. Feuerwehrkuchen! Eigentlich wollte ich ihr einen Kuchen backen, der über die Fertig-Donauwelle von Dr. Oetker hinausging und ihr ähnelte. Als ich ihn backte, hatte ich noch nicht den Gedanken. Aber als ich an der Tafel mit ihr zusammensaß, dachte ich, der Kuchen hat wirklich Sinnbedeutung. Brandgefährlich die Stimmung an der Kuchentafel. Ich machte gute Laune zum bösen Spiel und unterhielt wie eine »Geisha« ihre Gäste. Meine Tochter hüllte sich in Schweigen und mein Vater fiel mir permanent ins Wort. Was für eine Feier! Schon wieder wissend, dass ich angelogen worden bin. Um mein Geburtstagsgeschenk zu toppen, was bis zum Frühstück meine Tochter glücklich stimmte, übernahm mein Vater großzügig die KFZ-Reparatur ihres kleinen Sportwagens. Nach der Frage, was sie von ihm bekommt, gab sie zur Antwort, die Reparatur ihrer Uhr, im Wert von neun Euro. Ich kochte innerlich schon wieder vor Wut über diese Lüge. Wissend, dass sie wieder von mir »weggekauft« worden ist, machte ich gute Laune zum bösen Spiel. Schon wissend, dass das Gaslighting weitergehen würde. Und tatsächlich es ging und geht weiter. In meiner Abwesenheit werden weiterhin die Slips entwendet, T-Shirts und Schuhe verschwinden. Selbst Nahrungsergänzungsmittel werden immer weniger, bis zum Stehlen vom Geld aus dem Portemonnaie. Kurzum, meine Überschuldung wird vorangetrieben, was innerlich zu Stress führt.

Es ist nachvollziehbar, egal wie groß der finanzielle

Spielraum ist, auch mit höherem Einkommen kann man sich nicht permanent die Sachen nachkaufen. Dann ist es nicht die Guess-Tasche, sondern die Hermès-Tasche, die man mit höherem Einkommen nachkaufen möchte. Irgendwann stößt man an die Grenzen des finanziellen Spielraums. Dazu kommt das Stehlen von Kontoauszügen und Abbuchungsbelegen, dass man völlig den Überblick über alles verliert.

Der absolute Hohn der Gaslighter ist, mich zu verspotten: »Wenn du mir irgendetwas nachweisen kannst, dann beweise es mir doch!« Oder: »Ich habe dir etwas weggenommen oder geschadet und du solltest mich achten, ohne mich bist du ein Nichts! Du hast ja Wahnvorstellungen.«

Bis heute konnte ich es nicht nachweisen, da rein zufällig die Wildkamera einen Defekt hatte. Zeitgleich gingen reinzufällig mein nagelneuer Laptop und das Smartphone kaputt, so dass ich keinen Zugang zum Internet hatte. Bei dem Laptop ging ganz plötzlich die Festplatte kaputt, genauso wie bei meinem Smartphone. Und mir wurde eingeredet, dass es mein Schwarm sei, der damals meine Handynummer hatte, der sowieso schon einen kriminellen Eindruck machen würde, der dahinterstecken würde.

Der Wahnsinn mit den elektronischen Geräten wurde perfekt, als ich mir einen neuen Laptop holte mit Virensicherungskarte und ihn einrichtete. Panisch, weil ich ja wusste, dass in meinem Wohnzimmer nichts sicher war. Was ich auch bis heute nicht beweisen kann, aber trotz Sicherungskarte existieren für das Sicherheitsschloss

Nachschlüssel. Wer auch immer das ermöglicht hatte, es war nicht legal. Genauso, wie ich es nicht begreifen kann, dass eine handelsübliche Dokumentenbox in meiner Abwesenheit geöffnet und wichtige Unterlagen entwendet werden konnten.

Ein sehr wichtiges Dokument, was ich eingangs erwähnte, nämlich das »Abschiedsschreiben« von meinem ehemaligen Therapeuten, indem ich darum bat, mich zu entlassen und mir die Möglichkeit einzuräumen, mich bei einem Gesprächstherapeuten anzumelden. Denn das durfte ich während seiner Behandlung nicht. Die Zustimmung zu meiner Medikamentenfreiheit, bei voller Zurechnungsfähigkeit meinerseits, die Ermöglichung der Eigenbluttherapie. Dieses Dokument wurde mir gestohlen. Alle wussten davon, und deshalb wurde mir ein Rückfall angedichtet, um nicht die für meine Genesung wichtige Medikamentenfreiheit zu ermöglichen. Meine Tochter und mein Vater wussten, dass mit dem Neuroleptikum meine körperliche Unversehrtheit auf dem Spiel stand.

Bis heute ist auch mir das ein Rätsel, wie diese Sicherheitsbox geöffnet werden konnte. Doch nicht nur die Übergriffe im Wohnzimmer und das mit der Sicherheitsbox sind mir ein Rätsel. Ich wusste ja, meine Box ist auch bei meiner Tante nicht sicher. In panischer Angst richtete ich mir meinen neuen Laptop ein und versteckte Sicherheitskennwort und Passwort und Antivirenkarte in meinem Rucksack, den ich am Tage meiner Einlieferung noch schnell ergriff. Doch der Chefarzt meiner ehemaligen Klinik griff in meine Tasche und am Tage meiner

Umverlegung fehlten das Passwort und der Virenschutz. Ich bekam schon Panik in der Klinik. Nach der Frage, ob ich auch alles zurückbekommen habe, meinte ich, wäre schön, wenn ich meinen Antivirenschutz und mein Passwort zurückbekäme.

Ich wusste, die Klinik hatte meine Daten. Nach meinen zwölf Wochen eingesperrt sein, Medikamentencocktails und seelischer Folter war ich zu Hause und startete meinen Computer, und tatsächlich, ich konnte mich nicht mehr einloggen. Mein Passwort ist geändert worden. Zu dem Zeitpunkt war Corona-Lockdown. Kein Elektronikladen weit und breit. Einen Monat später öffnete der einzige MediaMarkt in Sachsen, hier in der Nähe, wo ich mich mit dem Zug hinbemühte. Dort half man mir, indem man mir die Festplatte überschrieb.

Das Ausmaß des ganzen Wahnsinns gipfelte, als man mir zu Hause in die Laptoptasche den Antivirenschutz steckte. Damit wusste ich, dass meine »Familie« mit den staatlichen Psychiatrien zusammenarbeitete und ich nur ein Spielball derer bin.

Beweisen kann ich nichts, Aussprachen mit Gaslightern bringen nie etwas. Nur noch mehr das Zerstören der Wahrnehmung und das Bloßstellen.

Diese Straftaten, die von Beleidigung, Diebstahl, Sachbeschädigung bis hin zu Körperverletzung reichen, bleiben ungesühnt, weil ich als »IRRE« und nicht zurechnungsfähig gelte, und bei Anzeigen oder »Nichtparierung« ist dann plötzlich wieder ein Betreuer für mich zuständig, weil ich untragbar für meine Familie sei.

Der Betreuer bzw. die Betreuerin, die sich nicht unter

Kontrolle hat, erlaubt sich dann, über mein Leben zu bestimmen und mir vorzuschreiben, was ich zu tun und zu lassen habe und wie ich mein Leben zu leben habe. Mir, die gut genug war, ihre Tochter großzuziehen und meine krebskranke Mama zu pflegen.

Mir einen Betreuer auf dem Buckel binden, der mir Arzttermine macht, obwohl ich bislang sehr gut auf mich Obacht geben konnte und auch auf meine verstorbene Mama, die ich den Behörden entzog, indem ich sie pflegte und nicht, wie der Arzt es entschied, sie sofort in ein Pflegeheim steckte.

Das war dieselbe Anmaßung, wie mich der staatlichen Fürsorge zu unterstellen. Einfach über meinen Vater zu entscheiden, dass er nicht fähig sei, seine Frau zu pflegen. Der, der zu Gaslighting vier Jahre später fähig war, wäre nicht fähig, seine Frau zu pflegen, weil er alt und gebrechlich sei, was keins von beidem wirklich zutrifft.

Mein Auftreten und Engagement verhinderten, dass meine Mama in ein Heim abgeschoben worden ist. Mein Vater fühlte sich permanent überfordert, obwohl ich fast die gesamte Pflege übernahm, was ich gerne tat. Ich arbeitete in meiner Jugend in Pflegeeinrichtungen und weiß, wie es wirklich dort zugeht.

Meine Mama war eine richtige Kämpferin. Selbst sterbenskrank, raffte sie sich mit Hilfe hoch, um auf Toilette zu gehen. Mein Vater war wahrscheinlich mit dem nahenden Tod meiner Mama überfordert, denn er wollte sie in eine Pflegeinrichtung geben. Ich bestand darauf, dass sie zu Hause blieb, denn kranke Menschen brauchen keine besserwisserischen, gefühlskalten Ärzte und abgestumpftes Pflegepersonal, sondern Freude. Die kleinen Dinge, die man ihnen noch ermöglichen kann. Einen Kaffee, etwas Leckeres zu essen, bunte Zeitschriften, Gespräche und noch ein paar kleine Alltagswünsche. Bestimmt braucht ein Todkranker keine Schwester, die einem das Trinken weit entfernt hinstellt, dass er es nicht erreichen kann, oder dass er einfach ohne menschliche Zuneigung in einem Dreibettzimmer herumvegetiert.

Ich ging wirklich mit meiner Mama bis zum »bitteren« Ende, brachte mein Kind noch durch das Abitur, was zur emotionalen Herausforderung für sie wurde, durch den Verlust ihrer geliebten Oma, unterstützte meinen Vater, der in Depressionen verfiel, indem ich ihn an den Herd stellte, dass er eine Aufgabe hatte. Er lernte Kochen und es wurde zu seinem Hobby.

Nur ich brannte emotional aus. Das Hochwasser tat sein Übriges. Und anstatt mir es zu ermöglichen, nach dem Ganzen mein Leben wirklich zu leben, und mich zu unterstützen, werde ich Opfer von Gaslighting und unter staatliche Bevormundung von Menschen gestellt, die vielleicht halb so wenig erlebt haben und ihren Horizont nicht annähernd so erweitert haben.

Mir Taschengeld zuteilen lassen, nachdem ich großzügig den Kredit aufnahm, mich permanent in die neue Überschuldung treiben, indem man permanent nachkaufen muss.

Dieser Satz »Entmündigung ist Mord« beschreibt treffend, was mit einem Menschen gemacht wird. Statt dem Menschen zurück ins gesellschaftliche Leben zu helfen, wird er für unzurechnungsfähig erklärt und als nicht richtig medikamentös eingestellt, Gesundung ist ein Verbrechen, auf Gespräche über Gaslighting wurde gar nicht eingegangen, ich solle mich an meine Betreuerin wenden, die nicht annähernd psychologisch ausgebildet ist.

Seelische Gewalt ist wie bereits beschrieben vielfältig. Nicht jeder Streit ist gleich seelische Gewalt, oder ein unbeabsichtigtes Schimpfwort. Wenn man aber permanent zu hören bekommt, dass man ein »altes Dreckvieh«, eine »Geisteskranke«, ein »Idiot«, eine »faule, alte Sau« ist, sind die Grenzen des guten Geschmackes überschritten. Wenn die eigene »Familie« die Gesundung verhindert, ist es furchtbar. Jeder wird schon einmal mehr oder minder ein Fall von Mobbing gewesen sein. In der Schule, an der Uni oder am Arbeitsplatz. Aber wenn die Familie, die die Schwächen von einem kennt, diese ausnutzt, ist es ein regelrechtes Verbrechen. Keiner kann es, außer Betroffenen, nachvollziehen, im eigenen Haus sich nicht mehr sicher zu fühlen, und zu wissen, die Menschen, die man liebte, dass sie gegen einen intrigieren. Es ist ein Vertrauensverlust ohnegleichen. Die Isolation, das Einreden von Krankheitssymptomen führt zu Angst- und Panikattacken und manchmal Zweifeln an der eigenen Persönlichkeit und Wahrnehmung. Dazu führt der Psychoterror zur seelischen Erschöpfung beim Gaslightee, dass er die Kraft für seine Hobbys und Interessen nicht aufbringt. Bestes Beispiel der Übergriffe, dass man sich nicht von den Gaslightern entfernen soll. Eines Morgens, als ich wieder einmal im Haus übernachtete, weil ich annahm, die Situation hat sich normalisiert, was aber nur ein Wunschtraum war, packte ich meine Sachen für den Sport. Am Fitnessstudio angekommen, musste ich feststellen, dass meine Trinkflasche aufgedreht worden ist und die Socken herausgenommen worden sind. Ob es die seelische Belastung war, ob mittlerweile zum Ultimativen gegangen worden ist, wusste ich nicht, aber nach der halben Flasche meines Wassers verspürte ich plötzlich Schwindel, Schwäche und bekam Panikattacken.

Kurzum, ich fühlte mich wie auf einen schlechten Trip. Ich lag den ganzen Tag nur zitternd in meinem Bett und trank und aß.

Diese Übergriffe, auch das permanente Korrigieren von meiner »falschen« Meinung, die soziale Isolation, die nervliche Überbelastung führen zu schweren seelischen Schäden. Doch das ist gleich im Vorjahr durch das Andichten der Psychose und das Andichten der Wahnvorstellungen abgeklärt worden, dass ich nie irgendwo recht bekommen würde. Das perfekte Verbrechen. Keiner würde dem offiziell psychotischen Gaslightee Glauben schenken.

Diese toxischen Beziehungen, die wirklich nur zwischen vertrauten Personen aufgebaut und ausgelebt werden können, führen nicht nur zu Angst- und Panikattacken, sondern auch zu dissoziativen Störungen, posttraumatischen Belastungsstörungen, Depressionen und wirklichen Psychosen.

Gaslighting selbst ist kein Straftatbestand. Die einzelnen Delikte wie Sachbeschädigung, Beleidigung, Diebstahl, Körperverletzung zwar, aber der Nachweis, dass daraus eine schwere seelische Störung entstanden ist,

ist nicht nachweisbar. Kurzum, wie mein Vater sagte: »Wenn du mir was nachweisen kannst, dann bin ich gespannt! Ich lache mich kaputt!« Nachdem ich finanziell an meine Grenzen gestoßen bin, werde ich auch noch erpresst, indem er mir sagte, es ist wohl besser jetzt, wenn wir uns trennen. Er redet sowieso nicht, also Mobbing, mit mir und wenn, redet er nur über meine »Psychose«.

Wie gesagt, meine Einraumwohnung ist zerschlagen worden, meine Berufswünsche untergraben und mein ehemaliger Therapeut verspottete mich vor der Einlieferung noch, als ich um eine Verhaltenstherapie dagegen bat, dass ich höhere Medikamente benötigte und ich der Patient und es nicht die beiden Gaslighter sind. Und sie tun und machen dürfen, was sie möchten.

Das gesamte soziale Umfeld wird so einbezogen, wie in meinem Fall meine Tante mit der Dokumenten-, Medikamentenbox, die Nachbarn, dass man sich kaum noch auf die Straße getraut.

Der Rufmord ist enorm. Es ist alles Dorf oder Kleinstadt, wo Menschen nicht so viel Abwechslung verspüren, als über ihre Nachbarn zu tratschen.

Wenn ich früher zum Arzt bin, war alles normal, und wenn ich mich einmal versprach oder einen Witz machte, war es gut. Nachdem mich aber meine Hausärztin, ohne ein Wort, was ich von ihr wollte, mich in die »Verrücktenecke« stellen konnte und mich einfach in die geschlossenen Psychiatrie einweisen wollte, habe ich eine regelrechte Ärztephobie entwickelt.

Kurzum, es ist wie in den »finsteren« Zeiten der DDR, die ich als Kind erlebte, wo man jederzeit abgeholt und eingefangen werden konnte. Und diese Ironie, da muss erst einmal ein Richter kommen, habe ich ja erläutert, wie schnell so ein Spiel geht. Der Richter ist nur da, um dem Willen der Ärzte Macht zu verleihen. Es macht auch absolut keinen Sinn, mit einem zu reden, weshalb ich bei Radnik und Snyper auch nicht antwortete nach der Frage, ob ich in der Geriatrie bleiben möchte, weil Snyper mir ja bereits im Vieraugengespräch drohte: »Verlassen Sie sich darauf, ich lasse Sie hier länger unterbringen!« Snyper tobte, als ich sagte, ich verlange meine Anwältin. Radnik meinte noch: »Ich halte Sie nicht für eine gefährliche Frau!« Ich dachte, ich spinne. Ich konnte ja nicht einmal lesen, was man mir vorwarf, außer dass ich mit einem Hammer im persönlichen Wohneigentum ein Loch in die Türe schlug, weil ich durch das Fieber zu geschwächt war, um die Türe einzutreten.

Ich meinte nur lapidar zu Radnik: »Das bin ich auch nicht!« Er fragte mich dann, wer mich vertritt. Und ich antwortete nur noch mit dem Namen der Anwältin und dass der Verfahrenspfleger, der mich stolze 500 Euro für nichts gekostet hat, nicht mein bestellter Anwalt sei.

Der Verfahrenspfleger ist lediglich ein »Alibianwalt«, den die Ärzte den Patienten stellen. Denn als zum Tage der Einweisung Frau Lustner den Richter kommen ließ, weil ich mich mit ihr anlegte, dass sie mich hier nicht länger mehr behalten kann, dass es Freiheitsberaubung sei, meinte sie ja sogar zu mir: »Das werden wir ja sehen, und wie ich es kann!« Kurzum, als der Richter die geschlossene Station betrat, kam der Verfahrenspfleger, der mir gestellte Anwalt, und meinte im Gespräch: »Frau

Böhm, Sie sind doch eine intelligente Frau, willigen Sie hier ein. Sie wissen doch, wie es läuft!« Ich meinte dann: »Wozu sind Sie dann da?« Die Frage war eher rhetorisch, ich wusste ja, wie das System so läuft.

Traurig, wie hier Rechtsstaatlichkeit ausgelegt wird. Man hat keine Chance. Wenn wirklich Stans Geschichte stimmt, dann heißt es mit anderen Worten, jeder kann, wem das Gesicht nicht passt, eingesperrt werden und fertiggemacht werden, wie zu Zeiten der DDR.

Daher rührt auch die Ärztephobie meinerseits. Aber wahrscheinlich wissen das Jurastudenten, wie der Hase im Rechtssystem läuft oder laufen kann.

Denn als mich vor der »Zwangseinweisung« einmal meine Tochter begleitete zum Gespräch mit meinem ehemaligen Therapeuten, weil ich ihm bereits da die Anfänge des Gaslighting berichtete, was er aber nicht einordnen konnte. Zu dem Zeitpunkt ging ich immer früh in den McDonalds und lernte dort für mich Russisch oder las englische Zeitungen. Ich wollte immer mit dem Nachtexpress nach Moskau und dafür fließend Russisch können und ich trank immer einen Kaffee klein. Meistens hob ich mir die Rechnung auf und machte beim Couponing mit, dass ich immer einen Gratiskaffee bekam. Aber plötzlich fehlten meine Quittungen und mein Kleingeld wurde systematisch weniger. Sein Kleingeld versteckte er panisch.

Das perfide Spiel mit der Macht

Ich berichtete damals meinem Therapeuten über das merkwürdige Verhalten und weil er mir nicht glaubte und an Wahrnehmungsstörungen meinerseits glaubte, bestellte er meine Tochter mit zu einem Gespräch. Damals waren wir noch Best Buddys und meine Tochter meinte in abgeschwächter Form, dass er ziemlich kauzig sei, und wir dachten, es kommt vom Krebstod meiner Mama und dem Hochwasser.

Doch zurück, warum Jurastudenten das mit dem Entmündigen wahrscheinlich wissen. Denn in meinem ehemaligen Klinikum war eine Cafeteria. Wir saßen gemeinsam dort, aber meine Tochter hatte lediglich ihre Sportleggings und ein Top an. Ohne irgendeinen Ausweis. Da meinte sie zu mir: »Eh, was, wenn die mich jetzt hierbehalten? Und mich einfach hier reinstecken? So wie ich aussehe!« Meine Tochter war Jurastudentin. Ich dachte, sie macht Witze. Ich meinte darauf im Spaß: »Können dich nur in die geschlossene Station stecken, denn auf der offenen sind die Betten abgezählt!«

Sie konnte darüber gar nicht lachen und hatte die ganze Zeit ein mulmiges Gefühl, auch beim Gespräch mit meinem Therapeuten. Ich dachte auch, warum sie so eine Angst hat, und lächelte auch noch und war mir meiner Sache sehr sicher, als mein Therapeut meinte: »Das ist nicht so einfach, da muss ein Richter erst kommen und ein Anwalt!« Ich dachte wirklich, es gibt »Rechtsstaatlichkeit«. Aber meine Tochter als Jurastudentin und mit Spezialisierung Medizinrecht wusste genau, wie der Hase in Wirklichkeit läuft.

Die Naive war nicht meine Tochter, sondern ich. Kurzum, Zurechnungsfähigkeit ist subjektiv, im Auge des betrachteten Therapeuten, was mir gezeigt worden ist in den Psychohöllen.

Einmal auf den Patienten »eingeschossen«, gibt es für sie kein Entkommen. Wasn war das absolute Letzte, auch an hygienischen Bedingungen. Wie sich so eine Klinik als »moderne Klinik und Sucht-Reha« repräsentieren kann, wenn die geschlossene Station wie aus dem vorigen Jahrhundert ist, ist mir ein Rätsel. Na ja, die Geriatrie hat ja vorwiegend demente, alte Leute, die von ihren Angehörigen meistens sowieso nicht besucht oder vermisst werden. Sie bekommen es ja, so traurig es ist, sowieso nicht mit. Und die anderen, die zwangsuntergebracht werden, haben keine Rechte mehr oder werden so fertiggemacht, dass ihnen alles egal ist

Wenn ich so schwer krank gewesen wäre, hätte ich erst recht zu den Therapien gehen müssen. Die Frau Lustner wusste ganz genau, dass ich keine Halluzinationen hatte. Nein, sie fürchtete mich. Nicht umsonst rief sie am Verlegungstag um acht Pfleger, die mich auf Station bringen sollten. Sie hatte wahnsinnige Angst. Denn nicht umsonst verweigerte sie mir den Ausgang und den anderen zwei genehmigte sie ihn. Angst, dass ich über den Zaun klettern könnte. Nicht umsonst wurde mir die Ergotherapie meistens verweigert. Angst davor, dass ich soziale Kontakte zu den »Suchtkranken«, die mit uns Ergotherapie hatten, knüpfte, die ja normal im Kopf sind. Nicht umsonst wurde mir die Hundetherapie verweigert. Sie wusste doch, dass ich einen Hund hatte. Sie hatte wahnsinnige Angst vor mir, solche Angst, dass sie mich hin und wieder zur Ergotherapie steckten und in meinem Tagebuch lasen.

Snyper war eines Morgens, ich stand ja bereits 3.20 Uhr auf und machte mein Yoga in dem Mief und las in meinen Zeitschriften, außer sich am Telefon. Einen Tag vorher haben sie in meinem Tagebuch gelesen, in dem ich von meiner inneren Stimme schrieb. Ich weiß nicht, was an einer inneren Stimme krank ist. Viele Menschen haben eine und berichten davon, dass sie sie beispielsweise eines Morgens einen anderen Arbeitsweg nehmen lässt und sie so einem Unfall entgehen oder in ein Lokal gehen, wo man nie war, und dort seinen Schwarm wiedertrifft.

So auch ich. Doch Herr Snyper empfindet Intuition als Krankheit und meinte am Telefon: »Sie hat eine innere Stimme und muss weiterbehandelt werden!« Ich wusste, dass er in meinen Aufzeichnungen gelesen hatte, und ich wusste auch, dass er meinen ehemaligen Therapeuten darin hatte lesen lassen. Nicht umsonst besuchte er mich auf der geschlossenen Station nicht mehr. Ich habe nie etwas Beleidigendes ihm ins Gesicht gesagt, aber in meinem Tagebuch mit ihm abgerechnet. Ich beschrieb ihn in meinen Aufzeichnungen als Clown, Waschlappen und Körperklaus, was er sich zu Herzen nahm, und plötzlich kursierte das Gerücht, ich würde das »Vertrauensverhältnis« zerstört haben und würde mich beleidigend ihm gegenüber äußern. Ich würde mich hüten, nachdem ich schon entmündigt worden war, noch den Psychiater verbal anzugreifen. Doch ich wusste danach Bescheid, weshalb er sich verleugnen ließ und das medizinische Personal es auf die Spitze trieb, indem sie sogar meinten, in Wasn arbeitet kein OA Stanislav.

Völlig fertig von den Schikanen in der fünften Woche der Zwangsmaßnahme, durfte ich einmal zur Ergotherapie, wo ich für Stan einen Traumfänger zu seinem Geburtstag schnell fertigte und dann in die »Holzabteilung« ging. Zu Herrn Malchik hatte ich immer einen guten Draht. Ich erzählte ihm davon, dass alles wirklich passiert ist und ich keine Wahnvorstellungen habe. Aber wie konnte ich denken, dass einem jemand in der Klapse hilft. Entweder weil wirklich viele Unsinn erzählen, was ich selbst miterlebt habe, indem mir ein Psychotischer erzählte, dass er die »Fliegersonnenbrille« von seinem Vater hatte, der Pilot war, und ich es für bare Münze hielt. Aber in Wirklichkeit hatte er sich das alles nur eingebildet und sein Vater war auch kein Pilot, oder weil Herr Malchik die Anweisung vom »Chef« hatte, mich für verrückt zu verkaufen.

Ich hatte keine Ahnung, aber insgeheim hatte ich den Wunsch, dass es mir wie in dem Film »Gaslicht« ginge, und ein Beamter aufmerksam auf mich werden würde, und den Fall aufarbeiten würde. Aber weit gefehlt. Ich war allen egal. In mir taten sich Fragen auf. Wie viele so ein Schicksal wie ich oder Stan haben. Denen keiner glaubt, wie viele weggesperrt sind, denen die Familie irgendetwas andichtet.

Wie viel Ungerechtigkeit und Willkür dort sind. Wie

man ganz legal Menschen »zersetzen« darf, ihnen die Heilung verweigert, oder die nötigen Therapien nicht genehmigt hat oder mit völlig veralteten Therapien gearbeitet wird, wo kein Fortschritt zu spüren ist und die Psychiatrie noch wie zu Beginn der »Wendezeit« in Deutschland ist.

Entweder liegt es an der Region oder der falschen Herangehensweise an Kranke. Wenn ich mich an meine erste Selbsteinweisung erinnere, meinte ein damaliger wirklich menschlicher Stationsarzt in Wasn: »Sie haben nicht nur kranke Anteile an sich, sie haben auch gesunde und die müssen wir herausholen. Verrückt ist ja im Grunde genommen eine Zusammensetzung des Wortes ›rücken und VER‹, also der Realität etwas entrückt.« Dieser großartige Arzt war nicht lange in Wasn, wahrscheinlich passte er nicht, genauso wenig wie eine menschliche Psychiaterin, in diese Klinik. Beide waren kurze Zeit später plötzlich weg. Und auf Nachfrage nach meinem damaligen Therapeuten, wo er bzw. sie sei, kam nur ein hämisches Grinsen meines Therapeuten, dass sie nicht mehr hier arbeiten.

Ich finde es faszinierend, wie mir Gespräche verweigert worden sind, obwohl Gespräche über das, was mich bewegt und bewegte, wichtig gewesen wären.

Sehr traurig finde ich meine Familie. Ich bin fast schon sprachlos, dass man das Gaslighting für gutheißt. Aber wer solche Sätze bringt, als meine Großmutter und mein Großvater auch aus dem Haus ihrer Schwiegereltern ausziehen sollten und es nicht taten, meinte die Mutter meiner Oma damals: »Da muss man sie halt vergiften!«

Wer weiß, wie weit es mit der Familie bestellt ist. Wer mich krank sehen will und mir nicht hilft. Bei so einer Einstellung und dem Weltbild. Am meisten bin ich von meiner Cousine enttäuscht, der ich alles anvertraute, die mir aber nicht half, sondern die Gespräche über die Übergriffe abblockte mit den Worten: »Ich kann den Quatsch nicht mehr hören!«

Ich finde die Übergriffe bedrohlich, sie verändern die Wahrnehmung, schüchtern mich ein, führen zum Kontrollzwang meinerseits, zu Angst- und Panikattacken. Es ging so weit, dass die »neue Existenz«, die ich mir in Zwankau aufbaute, mir kaputt gemacht worden ist. Und nach der erzählten Geschichte traue ich es mittlerweile beiden zu, in der Wohngegend Gerüchte, zumal noch einige Arbeitskollegen meiner Tochter dort wohnen, zu streuen, und mich wieder jemand mit Zeugen einweisen kann. Ich lebe unter Angst, wahnsinniger Angst, bin völlig isoliert und glaube wirklich, mich treibt man so in die Psychose oder den Suizid, da ich dem Druck nicht mehr standhalten kann.

Ich kann nicht verstehen, weder die Aktionen meines Vaters, mich dermaßen zu destabilisieren, noch die Reaktion meiner Cousine, als ich ihr erzählte, dass er mir mein Yoga zerstörte, genau wie er mir mein Fitnessstudio zerstörte. Ich finde es unfassbar und mit nichts zu entschuldigen, in meine Yogatasche zu gehen, und mir meine Socken oder mein T-Shirt herauszunehmen, dass ich wie eine Blöde vor der Trainerin stehe. Und als ich meiner Cousine davon erzählte, meinte sie, er muss ja deine Einstellung mit Yoga nicht teilen. Natürlich nicht, aber ist diese Reaktion angemessen, solche Übergriffe auch noch zu rechtfertigen?

Das Traurige an diesem seelischen Verbrechen, es sind Menschen, die einem nahestehen und die man liebt. Wenn ich ihn anschaue, denke ich immer, das ist mein Vater. Doch warum tut er das? Warum zerstört er mir die Heilung, die Liebe zu meinem Schwarm, das Leben, was ich gerne möchte?

Warum tut ein promovierter Mensch so etwas? Warum versteht er nicht, dass ich ein eigenes Leben haben möchte? Was trieb ihn zu der Habgier, dem Geiz und der Gewalt mir gegenüber. Weiß er überhaupt, was es heißt, so eine Psychose im Leben erlebt zu haben und genau das vorgespielt zu bekommen, und mir den Realitätssinn zu nehmen.

Die Übergriffe sind so vielfältig, sie beziehen sich auch auf Dinge außerhalb des Hauses, dass ich kaum mehr differenzieren kann, ob ein »Familienangehöriger« oder noch ein »Außenstehender« involviert sind.

Die Fragen reichen immer weiter: Wenn meine Cousine so plötzlich ihre Meinung ändert und zu den Gaslightern hält, wie verhält sie sich mit dem Schlüssel zu meiner Wohnung? Gibt sie ihn hinter meinem Rücken meiner Tochter, haben sie bereits Nachschlüssel?

Wenn man keinem Menschen mehr vertrauen kann und man tagtäglich paralysiert wird. Wie wenn man einen k. o. schlägt und immer weiter schlägt und tritt, dass er auch wirklich nicht mehr irgendwann einen Kampf bestreiten kann.

Wenn die eigene Familie, bis auf meine Tochter, aus

vollgefressenen, »hässlichen« Verwandten besteht, die einem Tipps zur Schönheit und Ernährung geben wollen.

Wenn man genau weiß, dass der Vater einem den medizinischen Nachweis gestohlen hat und er bei einer einfachen medizinischen Frage meiner Tante an mich meine Tante, die die Medikamentenbox hat öffnen lassen, mit rollenden Augen anschaut und sie ängstlich zur Seite blickt. Man weiß alles, aber kann nichts beweisen.

Die Frage nach dem Grund für die Übergriffe, das Gaslighting, beschäftigt mich. Doch weder mein ehemaliger Therapeut noch irgendein ein anderer Psychiater aus den staatlichen Psychiatrien sah sich gewillt, mir darauf zu antworten.

Im Falle des Thrillers von 1940 ging es um Vermögen. In anderen Filmen, die sich dieses unbekannten Themas annehmen, entweder um sich seiner Ehefrau durch Selbstmord derer zu entledigen oder jemanden an sich zu binden.

Die Frage, ab welchem Betrag jemand »tötungswert« ist, kann man auch nicht beantworten. Manche töten für 500 Euro. Ist es in meinem Falle Habgier. Warum?

Das Haus meiner Jugend, in dem die Familie lebte, zum Gaslightingsgrund zu erklären, erscheint mir wirklich abwegig. Ich bin seit jeher die Eigentümerin. Warum also diese Übergriffe?

Dann durchschießt mich der Gedanke, mein Vater möchte mich an sich binden, vielleicht Angst vor dem Alleinsein. Doch dem widerspricht seine aggressive Einstellung zu mir: »Ich bin froh, wenn du wieder weg bist. Verschwinde, ich will dich Dreckvieh nie wiedersehen!«

Ich kann den Grund nicht finden, sind es niedrige Beweggründe: Neid, Habgier, Rachsucht. Die eigene Familie neidisch, dass ich mir meinen Lebenstraum erfüllen könnte? Ein Leben jenseits ihres Verstandes von Aldi-Werbung und »Waschmittelangebot«? Ist es die pure Auslebung ihrer psychopatischen Ader, um mich total unter Kontrolle zu haben. Wie mir immer gesagt wird: »Du Behinderte, du bist halt nur ein dummes Opfer!«

Ich hätte nie gedacht, dass mir meine eigene Familie im gemeinsamen Zusammenspiel mit den staatlichen Psychiatrien schaden könnte.

Meine eigene Tochter sich auf die Seite derer stellt, die sie selbst verurteilt hatte. Die, die Medizinrecht belegen sollte, um »kranken« Menschen zu helfen, und gegen die »Pillen-Mafia« in den Kliniken einmal mit vorgehen wollte. Was ist passiert? Die, die mich ermunterte, an meine Heilung zu glauben, die meine engste Vertraute in allem wurde, verwendet es gegen mich und profiliert sich im Gaslighting mit. Verrät meine Medikamentenfreiheit den Ärzten, die vorher noch meinten, wie großartig ich aussehe und mein Leben wieder lebe. Und finden plötzlich danach, dass ich sofort eingewiesen werden muss.

Die, die eine völlig rechtswidrige Entscheidung von Snyper und Radnik, mich wegen Suizid weiter zu verurteilen, für gutheißt mit den Worten: »Das ist halt typisch bei der Krankheit!« Wenn ich das Wort Suizid nie geäußert habe oder nicht einmal depressive Gedanken hatte, kann ich aufgrund einer Krankenakte, wo vor zehn Jahren von depressiven Episoden die Rede war, nicht verurteilt werden. Auch die Hypothese, dass ich irgendwann einmal Suizid begehen könnte, rechtfertigt nicht so eine Verurteilung.

Ich habe mit anderen Menschen gesprochen, wo den Menschen das Recht auf Heilung eingeräumt wird und der Mensch in seinen Ansätzen unterstützt wird.

Von Frau Lustner kam, als ich ihr von Selbstverwirklichung und eigenem Leben erzählte, diese fast schon hämische Antwort: »Wir können alle nicht tun, was wir wollen!« Was ist das für eine Therapeutin. Da, wo Psychiater angreifen sollten, an den Bemühungen der Patienten, an der Selbstverwirklichung, wird mit Häme entgegengetreten. Wenn eine Therapeutin den Patienten nach Gaslighting fragt, was das ist, dann kommt man sich wie im falschen Film vor. Ausgebildete Psychiater, die einen in allem belehren, fragen eine Patientin, die sie haben entmündigen lassen, was Gaslighting ist!?

Ich glaube, die staatlichen Psychiatrien sind nicht an der Heilung von Patienten interessiert. Denn »gebundene« Patienten garantieren volle Betten. Volle Betten heißt gutgehende Klinik, und da Wasn sowieso vor geraumer Zeit rote Zahlen schrieb, ist jeder Langzeitpatient ein Garant für Zahlung. Denn eine Klinik ist auch nicht anders als ein Betrieb, der Gewinn muss stimmen. Rote Zahlen würden für »Familie« Lustner im schlechtesten Falle das Aus für ihr »Familienunternehmen« bedeuten und das Aus für die ihnen ergebene Belegschaft.

Im Nachhinein ist mir alles klar geworden, weshalb ich niemals eine ambulante Therapie angeboten bekommen habe. Nur kranke Patienten sind gute Patienten, denn sie sichern das Einkommen.

Wie eingangs schon erwähnt, wurde sofort interveniert, als ich mir einen ambulanten Psychologen suchte. Kurzum, ich hätte das »System« verlassen können und natürlich stand es mir frei, mir zeitgleich einen neuen Psychiater zu suchen, doch wie ich es in der Umverlegung nach Untergolumi gesehen habe, die Krankenakte wandert mit, eine »Zweitmeinung« wäre unmöglich und selbst wenn nicht, ist man Spielball des Wohlwollens des Psychiaters. Er kann alles, einen zurechnungsfähig und schuldfähig sprechen und genauso gut für wahnsinnig und psychotisch und unzurechnungsfähig erklären. Man kann noch so eine gute Mutter sein, hätte irgendjemand in der Nachbarschaft früher von seelischen Unzulänglichkeiten erfahren, wären die blauen Flecke meiner Tochter, die vom Spielen kamen, dann von den Misshandlungen der unzurechnungsfähigen Mutter gekommen.

Kurzum, ich war erpressbar, das wusste ich. Ich wusste, dass alles so lange gut läuft, solange ich nicht rebelliere, und ich wusste, dass vom sozialmedizinischem Team von Wasn Krankheitsdiagnosen ausgeplaudert worden sind wie eine Selbstverständlichkeit und mir provokativ nachgestellt worden ist. Man nimmt es still hin. Wenn sich im menschenleeren Café der Sozialarbeiter, mit dem man sich während der Hospitalisierung überwarf, provokativ einem gegenübersetzt, vergeht einem der Latte Macchiato aber so etwas von. Ich machte nur immer gute Miene zum bösen Spiel.

Viel trauriger oder schon fast bedrohlich ist, dass keiner der Psychiater, mit denen ich sprach, jemals etwas von Gaslighting hören wollte.

Wollte man mir nicht zuhören, oder war es wirklich Unwissenheit, oder nur einfacher, mich als »Vollidioten« zu behandeln?

Gute Psychologen und Psychiater arbeiten mit den Patienten und versuchen ihn in seiner Lebenszielverwirklichung zu unterstützen, und sollten ihn ermuntern, zur Selbstachtung und Selbstliebe. Doch was ich erlebt habe in der »Zwangshospitalisierung«, war das Zerstören der Persönlichkeit, das Zerstören der Selbstachtung und Selbstliebe.

Wenn Schwestern meinen, »Schminke« gehöre nicht hin in ein Krankenhaus, kommt man sich wie in den dunkelsten Zeiten der Psychiatrie vor. In Wasn hatte man absolut keine Privatsphäre. Der Kleiderschrank war nicht verschließbar, die Toilette nicht abschließbar, die Kosmetik wurde eingeschlossen, oder wie erwähnt, wurde regelmäßig in die Cremetiegel gegriffen. Wenn ich einmal zynisch etwas dazu meinte, kam von einigen Schwestern, die mir nicht so gut gesonnen waren: »Sie sind ja bekannt dafür, dass bei Ihnen angeblich Sachen verschwinden!« Das perfekte Spiel.

In Untergolumi hatte ich zwar einen Kleiderschrank für mich, der abschließbar war, und sogar eine abschließbare Toilettentüre, die von außen für den Notfall zu öffnen ging, doch ich wusste, dass man trotzdem in den Kleiderschrank kam. Genauso gut wusste ich, dass einige Dinge gestohlen worden sind. Ich habe zum Schluss, am Abreisetag, Herbert ertappt, wie er in mein Zimmer spazierte und nach meinem löslichen Kaffee suchte. Ich wusste, dass ich keine Halluzinationen hatte, dass wie zu Hause der Kaffee inadäquat zu meinem Verbrauch abnahm. Nur wusste ich nicht, wer das war. Das Yoga-Shirt und die verschwundenen Kleidungsstücke waren ja ein Spiel des medizinischen Personals, wie ich es ja herausfand. Nur, dass das Personal in Untergolumi Kaffee oder Grapefruits stehlen würde, das passte wirklich nicht zusammen. Als ich sah, dass Herbert es gewesen ist, hatte ich fast schon etwas Mitleid mit ihm.

Herbert war ein Langzeitinsasse, wie erwähnt, und hätte ich es eher gewusst, hätte ich ihm einen löslichen Kaffee aus dem Supermarkt gekauft. Auch wenn Gibbi Samon meine Finanzen verwalten sollte. Das fand ich sehr witzig. Einer Diplom-Kauffrau das Geld zuteilen. Mir sagen, wann ich zum Arzt zu gehen habe, obwohl ich das, seit ich 16 war, gut alleine konnte. Was für eine Demütigung, Entwürdigung. Viel schlimmer, alles passierte real und nichts war Wahn.

In Untergolumi saßen neben den »Verrückten« auch einige Kleinkriminelle und Drogensüchtige. Jedes Schicksal ist einzigartig. Eigentlich interessierte mich es nicht wirklich, aber hin und wieder bekam man ein Gespräch ans Bein gebunden oder erfuhr es von »Tratschweibern«, die wahrscheinlich nur zum Tratschen und Streiten auf Station waren.

Tim, Armin

Da ich ein absoluter Morgenmensch war, war ich immer die Erste, die trotz Medikamenten auf den Beinen war. Bevor es eskalierte, und in der Küche das Chaos ausbrach, weil einige Patienten schon vor Frühstücksbeginn den Kaffee tranken, und die Küche daraufhin zugesperrt worden ist. Eines Morgens kam ein junger Typ, blond, blauäugig, hager in die Küche. Schon sein Auftreten verriet mir, dass er nicht unter Medikamenten stehen konnte. Ich stand da und bereitete meinen Matchatee zu, als er sich Tee kochen wollte und sich Wasser in den Wasserkocher füllte. Ich meinte, als ich sah, dass er ihn gar nicht angesteckt hatte: »Kannst es ja so einmal versuchen. Vielleicht bist du heiß genug!« Er lachte und flirtete mit mir. Dass er ein Suchtkranker war, war an seiner Crystal-Meth-Zahnlücke nicht zu übersehen, im Gespräch kam heraus, dass er auch alkoholsüchtig ist und sich vor der Verhaftung durch die Polizei nach Untergolumi abgesetzt hat. Anscheinend war er in eine Schlägerei verwickelt. Ich wusste, näherer Kontakt war zu meiden, zu viele Probleme in einer Person, dazu noch meine eigenen Probleme. Doch anscheinend hatte Tim Gefallen an mir gefunden, denn immer wenn ich Ausgang hatte, brachte ich für die »Eingeschlossenen« die Sachen mit, die sie mir in Auftrag gegeben hatten, so auch für Tim. Wir aßen hin und wieder zusammen. Öfters briet ich mir ein Steak, weil ich neun Wochen Käseplatte satthatte. Die Wurstplatte hing mir schon nach einer

Woche in Untergolumi aus dem Hals heraus. Kurzum, Tim flirtete mit mir und er war ja »normal«. Er wollte mir auch immer »Trinkgeld« für das Mitbringen geben, was ich von keinem annahm. Denn viele waren wirklich »arme Schweine«, das nicht auf die finanzielle Situation bezogen ist, sondern auf die »staatliche« Bevormundung.

Wenn ich an Armin denke. Ein junger Mann, vielleicht 25. Er sprach kein Wort. Hatte keinen Ausgang und trug nur Clogs. Um sich zu bewegen, lief er unentwegt den Gang auf und ab. Wenn ich auf Station war und der Fernsehraum frei, schaltete ich auf den Musikkanal, nachdem ich die ersten beiden Wochen permanent Nachrichten und Dokus anschaute. Manchmal kam dann Armin in den Raum und setzte sich zu mir. Ich fragte dann, ob er umschalten möchte, aber er sagte, nein, dass er es gut findet. Armin stand unter staatlicher Fürsorge und die Fürsorge war so gut, dass er im Winter nicht einmal ein Paar Winterschuhe hatte. Als wir morgens zum Frühsport, wo ich zum Schluss mit dem Pfleger dann allein war, weil keiner mehr konnte, Armin mitnehmen wollte, damit er einmal vor die Türe kam, hatte er bei Frostgraden nur ein paar Clogs. Selbst der Pfleger war darüber sprachlos.

Armin bat mich, ihm aus dem Discounter immer die »Yogi-Tees« mitzubringen. Das verstand sich doch von selbst, dass ich von ihm kein Geld behalte oder annahm, außer zur Bezahlung. Da kam extra eine Schwester zu mir und meinte, Armin sei ein ganz genauer, und wegen dem Einkauf!? Ich zog meine Augenbrauen hoch und fragte, was sie damit meinte. Innerlich hatte ich schon wieder einen absoluten Groll. Die wussten doch ganz genau, dass ich von den gesamten Insassen kein Trinkgeld annahm. Da musste ich auch noch friedlich und freundlich bleiben. Den Spruch: »Mit einem breiten Lachen ist es am besten, der Welt die Zähne zu zeigen!«, in Untergolumi umzusetzen, fiel mir schwer.

Die mir angedichteten Halluzinationen, Übergriffe und die mir unterstellte Dummheit waren ziemlich viel. Ein breites Lachen dort zu präsentieren. Ich blieb immer höflich, obwohl ich bei manchen wie Hikko dachte: »Was bist du für ein Arschloch!«

Es erfordert wahnsinnig Kraft und auch manchmal Mut, in den staatlichen Psychiatrien sich gegen die Willkür zu stemmen. Armin war ein wirkliches Opfer davon. Und natürlich brachte ich ihm seine Tees mit und gab ihm bis auf den Cent heraus. Auch ohne den blöden Kommentar der Schwester hat jeder gesehen, der einigermaßen normal denken konnte, was da gemacht wird und dass auch Armin das absolute Opfer ist.

Dass Tim kein Opfer, sondern kriminell war, ist mir schon klar geworden, nachdem wir öfters zusammen zu Abend gegessen haben. Aber das Trauma mit meinem alkohol- und suchtkranken Ex-Freund, der an einer angeblichen Überdosis starb, war zu groß. Noch heute leide ich unter Angstzuständen, und so böse es klingen mag, aber im Nachhinein überlege ich, ob ich den Frauen, die sich an mich herangemacht haben, wie auch meine »damalige Freundin Gira«, Danke sagen soll, dass er »weg« ist. Das mag bitterböse klingen, aber wer nie eine Co-Abhängigkeit erlebt hat, kann das nicht nachvollziehen.

Es ist nicht der Gebrauch der Drogen, sondern die absolute Wesensveränderung der betreffenden Person. Vor allem, er war wirklich abhängig und willensschwach. Er machte zwar wer weiß wie oft allein kalte Entzüge, aber sobald er »clean« war, vor allem bei Alkohol, ging es von vorne los.

Rocco

Er war auch lernresistent. Sobald er clean war, ging er wieder mit mir zu seinem Stammgriechen, der fleißig den Ouzo nachschenkte, wenn er ausgetrunken hatte. Meinen trank er auch gleich noch mit. Und weil der Grieche sehr gastfreundlich war, stellte er manchmal gleich die Flasche auf den Tisch. Das war für ihn die Einladung, sich hackedicht zu saufen. Danach war dann das »alte Leid« wieder da. So ging es permanent. Wie gesagt, er war nüchtern ein völlig anderer Mensch, aber seine Alkoholexzesse nahmen zu, und dadurch seine Gewalt mir gegenüber. Manchmal verlor er völlig den Verstand. Irgendwann konnte ich ihn nicht mehr »ausbalancieren« und mich auch nicht mehr distanzieren, was zu schweren Angstzuständen und der manifestierten Agoraphobie führte. Meine Wut auf ihn stieg, als ich dann noch erfuhr, nachdem ich unter der Angststörung litt, dass er nach der Nachtschicht von seiner Arbeit in einer Bar mit einer anderen vögelte. Ich wies mich erneut in die Klinik nach Wasn ein, was ich bereits erwähnte, wie die Angst dort dann »therapiert« worden ist. In meinem Zimmer lag Gira, mit der ich supergut auskam. Ich vertraute ihr ziemlich Intimes an, und zeigte ihr auch ein Bild von meinem Ex. Sie meinte: »Ich werfe dem eine Bombe ins Haus, wenn du dir noch etwas antust!« Aber aus der Bombe wurde dann eine »Beziehung« mit ihm. Sie brachte ihn von der schwangeren Ex-Freundin weg, die Hochzeit mit ihr platzte auch. Dass die angehende Ehefrau nicht sein Frauentyp war, war mir schon klar, und dass das Kind von seiner übergewichtigen, farbig pigmentierten Freundin nur schnell ein »Druckmittel« von ihr war, war mir alles klar. Denn sein größter Wunsch war ein eigenes Kind, den ich ihm aus genannten Gründen verweigerte. Sie dachte halt, seine Alkoholsucht liegt am fehlenden Kind. Finanziell war er Bandarbeiter eines großen deutschen Automobilkonzerns und damit gut gestellt. Bis zur Schwangerschaft, nämlich zwei Monate nach dem Kennenlernen, machte sie sexuell seine Vorlieben mit, anscheinend ja nicht gut genug, er betrog sie ja mit mir. Gira sprach ihn eines Tages unverblümt auf einem »Hexenfeuer«, was in unserer Gegend auch früher als »Schlampentreff« bekannt war, an. Warum das »Hexenbrennen« Schlampentreff war? Manchmal lag gleich eine Matratze mit dort, um schnell eine zu vögeln.

Es hat zwar mittlerweile an Verruchtheit verloren, es etabliert sich immer mehr zum »Familienfeuer«, aber wahrscheinlich waren Gira und Rocco in derselben Stimmung, wie es früher war. Kurzum, sie berichtete mir, sie habe ihn einmal angesprochen, dass sie ihn über mich kennt, und gleich nachgeschoben, was denn der Sex so macht. Da er wahrscheinlich tierisch untervögelt war, meinte er, er hätte schon seit Ewigkeiten keinen Sex mehr. Und da Gira eine sehr einfühlsame Frau ist, meinte sie glatt, dass er ein junger Kerl ist und dringend Abhilfe geschafft werden muss. Sie befreite ihn von seinem Leid, indem sie gleich einmal das Höschen fallen ließ und gleich am Höhenfeuer mit ihm herumvögelte.

Ohne Kondom, versteht sich ja bei ihr. Sie war fast wie Anja, meine ehemals beste Freundin.

Ich wollte gar nicht mehr Details. Irgendwie musste sie dann eine Rolle in seinem Leben gespielt haben, denn seine schwangere Freundin verließ ihn daraufhin, und Gira legte noch einen nach, indem sie meinte: »Man muss die Frau nicht heiraten, wenn man sie nicht liebt. Man kann sich auch so um das gemeinsame Kind kümmern!« Irgendwie muss sie ihn dann noch nach Wasn in die Suchtabteilung eingewiesen haben. Und wie ja bekannt, ist Wasn ja für seine guten Therapien bekannt. Die Therapie war dann so gut, dass er vom Alkohol zurück zu Badesalz als Droge gewechselt haben muss und dann mit seinem ehemaligen besten Freund wieder zu Koks und Crystal griff.

Irgendwann googelte ich ihn. Ja heimlich schaue ich in Social Media, was meine Ex-Freunde machen, und was aus ihnen geworden ist. Plötzlich ploppte unter seinem Namen eine Traueranzeige auf. Es war spätabends im Bett, als ich das las. Ich dachte erst, es ist ein Versehen. Am Morgen verglich ich noch einmal das Geburtsdatum und die Namen der Angehörigen. Tatsächlich, er war es. Wie gesagt, genaue Ursachen, an was er wirklich starb, Überdosis, Herzversagen oder Erhängen, was er im Suff immer erzählte, war mir nicht bekannt. Nach dem anfänglichen Schock kann ich im Nachhinein nicht einmal sagen, ob ich Gira dafür nicht wirklich dankbar sein sollte.

Giras Absicht war sicherlich nicht, Rocco unter die Erde zu bringen, denn sexuell wird er ihr gegeben haben, was sie benötigte. Und wenn ihm nicht wegen seinen Drogenexzessen bei dem großen Automobilhersteller gekündigt worden ist, hatte er ja noch ein gutes Einkommen. Ich glaube, es war Karma. Auch wenn er mein Freund war und ich ihn liebte, aber die Traumata von ihm habe ich bis heute nicht überwunden, und Wasn konnte mir da auch nicht helfen, denn Wasn ist wie alle staatlichen Psychiatrien nicht auf Heilung ausgerichtet.

Aufgrund meiner Vergangenheit mit Rocco, seinen Gewaltexzessen und meiner Co-Abhängigkeit haben Suchtkranke keine Chance mehr bei mir. Genauso wie Tim.

Seine Crystal-Meth-Zahnlücke und sein Augenzucken machten mich schon anfangs unserer Unterhaltung stutzig, bevor er anfing, dass ihn die Polizei suchte und er sich schnell in die »Therapie« nach Untergolumi einwies. Und als er auch noch ausholte, dass er ein Alkoholproblem habe, und als er auch noch eine silberne Kette, wie Rocco, um den Hals warf, war es perfekt, ein lautes »Nein, um Himmels willen!« in Untergolumi zu brüllen.

Bastian

Tim hatte ich also innerlich abgehakt und plötzlich tauchte ein junger Typ auf, der aufgrund von Drogenexzessen eingewiesen worden ist. Er fiel mir auf. Dass er Drogen hatte, wusste ich nicht. Ich hörte ihn nur nachts aus dem Fixierungszimmer brüllen, da wusste ich noch gar nicht, wer dort war. Am übernächsten Tag fiel er mir auf. Seine Augen sahen wie zu viel Koks aus. Sie waren magisch. Nicht wegen dem gläsernen Blick, sondern er hatte eine spezielle Augenform. Sie schienen permanent zu lachen. Er war jung, halb so alt wie ich vielleicht, er war distanziert und trotzdem schaute er mich immer an, wenn wir uns auf dem Gang begegneten oder abends zur Medikamenteneinnahme am Schwesternzimmer. Wenn ich in meinem Ganzkörperoverall, einem Oni, dort stand, musterte er mich von oben bis unten. So ein Oni ist praktisch. Man kann ihn als Gammelklamotte tragen und gleichzeitig erfüllt er die Funktion eines Schlafanzuges. Und das Praktische, da man in den Psychiatrien mit allem rechnen muss, kann einem niemand so schnell die Hose herunterziehen, wegen Vergewaltigung.

Irgendwann sprach ich ihn eines Nachmittags beim Kaffeeholen auf dem Gang an. Er bekam einen hochroten Kopf und mein Lieblingspfleger Andy, der neben ihm stand, meinte: »Ui, ich geh einmal!«

Wir kamen ins Gespräch und setzten uns trotz Coronamaßnahmen, das bedeutete nämlich Kaffeetrinken und Essen auf dem Zimmer, gemeinsam an einen Tisch auf dem Gang. Was für ein Zufall, er hieß genauso wie meine heimliche Liebe und Schwarm Bastian. Ich dachte erst, dass es ein Witz ist. Aber er hieß tatsächlich so. Ja, er machte mich tierisch an und meinte, dass er am 12. herauskommt. Ich dachte, er meinte aber den Dezember. Aber in Wirklichkeit war es der Januar. Bastian »überforderte« mich emotional. Ich wusste nicht, ob es im Rahmen seiner Erkrankung war oder ernst, als er meinte, er will sich ein Haus kaufen und möchte mich heiraten.

Mittlerweile war es Winter geworden und es war nicht mehr lang bis Weihnachten. Eigentlich wollte ich schon weg sein, bevor der erneute Lockdown drohte. Aber wahrscheinlich hatten die Ärzte und Schwestern Gefallen an mir gefunden. Jede Woche kam etwas »Neues«, was therapiert werden musste. Ich wusste schon gar nicht mehr, ob mein Vater oder die Ärzte die Wahrheit sagten. Mein Vater meinte immer, wenn ich ihm schrieb, dass er sich für meine Entlassung einsetzen sollte, dass er niemanden erreicht hätte oder keiner mit ihm sprechen wollte. Die Ärzte wiederum hatten von nichts eine Ahnung.

Angeblich meinte die Stationsärztin zu meinem Vater, weshalb ich nicht nach Hause darf, dass ich mich nicht unterordnen könnte. Ich dachte mir, als er mir das am Telefon sagte: WTF, wo soll ich mir hier unterordnen?! Unter völlig Verrückten?! Die, die die Psychose von rechts, später war es links, spürt, was mir neu ist, dass man eine »Windrichtung« einer Psychose spüren kann, oder die Flutlichtdiva, die später mit ihrer dominanten Art doch noch aufgefallen ist und zur »Strafe« zu Sina und Hilde ins Zimmer kam. Darüber habe ich heimlich innerlich so »gefeiert«. Das Mäuschen war auf einmal auf sich allein gestellt und hatte nicht mehr die Flutlichtdiva, die sich »schützend« vor sie stellte. Perfekt.

Die nette, hinterlistige Stella, die erst schöntat, heimlich in meinem Tagebuch las und mich dann aus dem Zimmer mobbte, weil sie mit der schwer vom Tavor-Entzug gebeutelten Dana wieder zusammen sein wollte, bekam auch »ihre« Strafe. Dana erholte sich vom Tavor-Entzug in der gesamten Zeit, wo ich dort war, nicht mehr, ihre Depressionen waren so schlimm, dass sie die ganze Zeit überwacht werden musste, dass sie sich nichts antat. Stellas tolles »Depressionszimmer« ist in Flammen aufgegangen, denn plötzlich merkte sie, wie ungeheuer »belastend« Dana war und dass sich ihre Depression verschlimmerte. Das war natürlich kein Zufall, dass sie dann unter so hohem Blutdruck litt, dass sie keinen Morgensport oder Nordic Walking mitmachen durfte und die Ärzte überfragt waren, was sie außer blutdrucksenkenden Medikamenten noch geben konnten.

Ich wusste das von meiner Mama, die durch den Psychostress mit Rocco und mir plötzlich an Bluthochdruck erkrankte, was ich niemals gewollt hatte. Aber seine Exzesse, Übergriffe und Versöhnungsaktionen waren selbst meiner gesunden Mama zu viel. Bei meiner Mama halfen auch keine Blutdrucksenker.

Mir war schon klar, dass Stella überfordert war. Es war tragisch, ihr Sohn, der Soldat war und für den sinnlosen Afghanistaneinsatz seine Gesundheit ruinierte durch eine PTBS, die ihn so schwer fesselte, dass er nicht mehr gegen

Covid kämpfen wollte und daran starb, wie sie mir anfangs erzählte. Er war so depressiv und traumatisiert, dass er den Schleim, es war die erste Virenordnung, die mit Husten, Schleim einherging, nicht mehr ausspuckte und daran dann erstickte. Natürlich ist so etwas tragisch. Im Nachhinein muss sie sich verarscht vorkommen. Ihr Sohn ist für einen Krieg gefallen, in dem nach 20 Jahren das Gleiche in Afghanistan wie zu Beginn herrscht. Was müssen die Mütter von gefallenen Soldaten/-innen denken, denen und allen weisgemacht worden ist: »Die Freiheit von Deutschland wird auch am Hindukusch entschieden!!« Fragen über Fragen tun sich da auch zynischerweise in mir auf. Was wird denn jetzt mit unserer »Freiheit«?!

Kurzum, Stella hatte ein schweres Schicksal und ich kam wirklich mit ihr anfangs gut aus und bot ihr auch an, wenn sie reden möchte, dass sie mir es erzählen kann. Wir saßen anfangs auch immer gemeinsam im Fernsehraum und guckten Dokus und Nachrichten. Doch sie dachte, das gleiche Krankheitsbild ihrer Zimmernachbarin wäre gut für sie. Ich wusste, dass »Irre« krank machen. Das habe ich an Hilde und Sina gesehen. Man kann unter »Kranken« nicht gesunden. Der Geist will Nahrung und sich beschäftigen und nicht mit »Wahnsinnigen« sich beschäftigen. Und genauso kam es bei Stella. Dana zog sie in den Sog der Depression und das schlug sich auf ihren Blutdruck nieder. So tragisch ihr Schicksal war, aber nach dem Lesen in meinem Tagebuch und dem Mobben aus dem Zimmer war Schluss mit meiner »Freundschaft« zu Stella. Ich blockte sie nur noch ab.

Sina

Da taten sich mir Fragen auf, wem soll ich mich unterordnen? Dem medizinischen Personal war ich immer höflich gegenüber, und dass ich halt Schlafprobleme hatte, war ja bekannt. Und wenn die »Irren« nachts lieber auf dem Gang herumrennen und heimlich Kaffee trinken, dann ist es ihr Problem. Dann brauche ich noch lange nicht meine »Gesundheit« noch mehr zu gefährden und wach zu bleiben. Wenn ich an den irren Oliver denke oder an Hilde oder an Sina. Wie doof die eigentlich ist. Denkt, wenn sie lange aufbleibt, sie ist wer. Das lange Aufbleiben und das Saufen mit ihrem 30 Jahre älteren Mann ändert auch nichts, dass sie regelmäßig in der Klapse landet und immer neue Medikamente bekommt. Sie hat das Spiel gar nicht begriffen. Ich hatte auch keine Lust, mich mit ihr darüber zu unterhalten. Denn nach ihrer Frage an mich, was ich machen würde, wenn mein Partner mich »regelmäßig« vergewaltigt, meinte ich: »Gehen«. Dann kam eine sinnlose Diskussion von ihr. Sie erzählte mir, dass ihr Freund, der 70 war, aber einen ungeheuren agilen Eindruck auf mich machte, sie in der Hand hatte. Ich wollte gar nicht wissen, weshalb sie so einen »alten« Rentner nahm. Aber wie ich im BWL-Studium lernte, hat jeder seinen Preis. »Kurzum, jeder ist prostituierbar, es kommt nur auf die Höhe des Entgeltes an!« Bei ihr reichte halt die Rente und sein »Vermögen« aus, um sie zu kaufen. Sie war ihm absolut ausgeliefert, denn eigenständig konnte sie nicht leben, dazu fehlte ihr wahrscheinlich das Geld, oder sie war von ihren gefühlten zwanzig Medikamenten so sediert, dass sie wirklich nichts weiter machen konnte, außer sich das Essen in den Mund zu schieben. Ich verstand und verstehe nicht, warum Menschen so viele Medikamente bekommen, wo es doch jedem klar ist, dass sich die Wechselwirkungen überlagern und die Menschen, die ihren Alltag wieder bewältigen sollen, nicht mehr dazu fähig sind. Kurzum, sie werden zu Behinderten und Krüppeln, die auf fremde Hilfe angewiesen sind. Sina ist regelrecht aus Angst, dass sie wieder ins »Betreute Wohnen« abgeschoben wird, bei ihrem Peiniger geblieben. Ich verstand auch nicht, warum, wenn es sogar die Psychologen wussten, keiner in die »Selbstständigkeit« half. Das Einzige, was Sina gemacht hat, war essen und doof zu mir sein, bis mir einmal der Geduldsfaden riss und ich ihr sagte: »Anstatt dass du, die hier Einzelausgang hat, einmal vor die Türe gehst und dich bewegst, liegst du nur doof im Bett, frisst und furzt herum!«

Wenig später bat sie mich, mit ihr vor die Türe zu gehen, und als ich in den »Suchtgang« verlegt worden bin, konnte sie auf einmal ihre Wäsche im anderen Haus allein abholen. Sina war vielleicht Ende dreißig, ihr Gesicht war absolut faltenfrei, aber ihr Körper war der einer alten Frau. Ihr alter Mann suchte sie sich bestimmt gezielt aus. Er hatte sein »Lustobjekt« so sicher, das wusste er. Und auch als sie in der Psychiatrie anfangs meinte, dass sie sich nicht mehr vergewaltigen lässt, ist sie dann aus Angst wieder umgefallen. Sie drohte ihm anfangs. Aus »Angst«, seinen »Samenstau« bei niemand anders so schnell abbauen zu können, kaufte er ihr schnell neue Anziehsachen, weil sie nichts mehr hatte. Das kenne ich ja aus eigener Erfahrung, dass die Sachen »verschwinden« oder kaputtgehen, was dann »Verschleißerscheinungen« sind. Wie im letzten Winter. Ausgerechnet alle drei trendy Winterstiefel gingen zeitgleich kaputt. Was für ein Zufall natürlich! Man tischte mir dann die alten, aus der Mode gekommenen Ed-Hardy-Stiefel wieder auf. Neue konnte ich mir nicht kaufen, die Läden waren ja durch Corona geschlossen und online gefiel mir nichts davon.

Ich konnte sie verstehen, dass sie sich über einen neuen Anorak freute, denn meiner war auch zerrissen, und ich benötigte einen neuen. Ich bat meine Tochter, mir aus dem Markenoutlet ein Foto zu schicken, was sie absolut missbilligend tat, ich weiß nicht warum. Entweder war sie durch die »Gehirnwäsche« so beeinflusst, dass sie mich für verachtenswert hielt, oder mein Vater, obwohl nie etwas bewiesen werden konnte, war so darauf fixiert, mich als »alte, behinderte und schlampige Frau« hinzustellen. Denn ich sah das ganze Problem nicht, wenn man in einem Laden ist, ein Foto zu »schießen«, und das markierte Teil im Rückfoto vom Ständer zu nehmen und zu kaufen, zumal ich ja das Geld überwies. Gibbi Samon war mir herzlich Rille. Sie hätte es mir aus ihrer Tasche bezahlen können.

Dass man als »dummes« Psychiatrieopfer oder Insasse immer auf Hilfe von außen angewiesen ist, ist tragisch. Man muss irgendjemanden finden. Im Normalfall steht die Familie zu einem und tut alles Menschenmögliche, seine Angehörige da herauszuholen, und nicht auf Verlängerung noch auszubauen, um in der Zwischenzeit auch den letzten Winkel des Hauses zu durchzusuchen.

Ich verstand schon ihre Abhängigkeit, zumal sie auch nicht die »Schönheit« war und ihre Intelligenz begrenzt schien. Sie kam mir leicht schwachsinnig vor, was ich aber nicht zu beurteilen mag, weil sie so unter Medikamenten stand. Aber wenn ich sie richtig verstand, hatte sie, glaube ich, nicht einmal einen Beruf und anscheinend auch nie irgendwo gearbeitet.

Und da man als »Idiot« in der Psychiatrie erpresst, eingeschüchtert und unter Druck gesetzt wird, anstatt dem Patienten zuzuhören und ihm Ratschläge und Therapien zu geben, die ihm helfen, in die Normalität zurückzufinden, haben dann die »Verbrecher« von außen ein leichtes Spiel. Man benötigt ja irgendeinen Menschen danach. Und die Wahl steht zwischen staatlichem Betreuer, der ja nicht einmal sein Leben unter Kontrolle hat, oder dem familiären Klüngel. In Sinas Fall war er sogar ein Vergewaltiger. Sie hatte auch keine Ambitionen, schon vorher irgendetwas an dem Verhältnis zu ändern.

Wenn ich weiß, dass ich unter Alkohol die Kontrolle verliere und gewalttätig werde, wie sie mir erzählte und das mehrfach, dann sagt sich ja jeder »normal« Denkende, ich kann nicht mehr so viel saufen oder gar nicht, um nicht permanent eingewiesen zu werden.

Neuroleptika

Ich weiß, Neuroleptika verändern das Denken und nicht umsonst sind so viele psychisch Kranke Raucher.

Die Neuroleptika lösen Suchtverhalten aus, was ich selbst an mir beobachtet habe. Ich war zwar früher auch Raucher, konnte aber jederzeit aufhören. Und unter diesen Medikamenten schaffte man kaum den Absprung. Es ist auch eine »Minderung« der seelischen Qual und des seelischen Leidens. Je kränker die Menschen waren, umso mehr saßen sie im Raucherzimmmer in »Untergolumi«. Anscheinend färbte die gesamte psychische Situation auch auf viele vom medizinischen Personal ab, denn die standen permanent auf den Treppen, vor der Türe. Wirklich alle zehn Minuten klapperte die sonst verschlossene Türe. Wenn man bedenkt, dass selbst bei Schichtüberlagerung höchstens fünf Personen des medizinischen Personals anwesend sind, kann man überlegen, dass die Pfleger auch nicht viel besser als die Insassen waren.

Von Herrn Chefarzt Lustner ganz zu schweigen. Der musste sich vor der Zwangsmedikamentierung von Stan immer gleich eine anstecken. Und wenn der Chefarzt Lustner in den klitzekleinen Raucherraum seiner versifften Geriatriestation ging, verwies er alle Raucher des Raumes.

Was für ein Wahnsinn. So viele psychisch Kranke, die rauchen und darin Halt, Glück und Belohnung für sich finden. Kein Wunder dass die Spirale von Bevormundung, Abhängigkeit und Zerstören von Leben nicht aufhört. Der Kranke fühlt sich sicher, durch die Zigarette, die ja auch sein Belohnungszentrum aktiviert. Er fühlt sich gut in seinem »Elend«, raucht immer mehr, bei Zigarettenschachtelpreisen von knapp zehn Euro langt dann das Geld nicht, was zur Verfügung steht, der Betreuer greift ein, teilt ihm das Geld zu und am Ende gehen seine Almosen für das Rauchen drauf. So langt dann das Geld bei vielen nicht für schöne Anziehsachen. Mir kam es sowieso so vor, als hätten »Entmündigte« auch gleich mit der staatlichen Befürwortung einen Vertrag für geschmacklose Kleidung mit unterschreiben müssen.

Einem wird auch von psychiatrischer Seite der »Selbstwert« genommen. Wie geschrieben, wurde es gar nicht gerne gesehen, wenn man sich schminkte, Kosmetik verwendete oder schöne Anziehsachen trug.

Wer immer in Untergolumi in meinem abschließbaren Schrank gewesen war, ob Pfleger oder die Kleinkriminellen, ihnen war wie in Wasn die Kosmetik ein Dorn im Auge.

Und natürlich wusste ich, dass mein nagelneuer Markenanorak, den ich mir über meine Tochter besorgte, nicht ohne weiteres an der Ärmelnaht auftrennte. Warum auch? So mir nichts, dir nichts. Ich verwendete die eine Ergotherapiestunde dafür, ihn zu reparieren, in dem ich mir von den Ergotherapeutinnen eine spezielle Nähtechnik zeigen ließ.

Sina tat mir da schon mehr leid. Ich weiß nicht, ob ihr nagelneuer pinker Anorak, den ihr ihr triebgeiler Mann besorgte, wirklich durch Zufall irreparabel Schaden nahm, indem ihr Reißverschluss defekt ging, oder ob da »nachgeholfen« worden ist.

Sie erzählte mir, dass sie Dauergast in Untergolumi sei, und dass ihr einmal der komplette Schrankinhalt gestohlen worden ist, als sie ihren Schrank nicht abschloss.

Sina war eine Mischung aus schwerer Krank-, Dumm- und Frechheit. Manchmal wusste ich nicht, ob ich Mitleid mit ihr haben oder sie verbal attackieren soll. Dann wiederum dachte ich an den Strafbefehl, wo ich nicht einmal wusste, was drinstand, aber anscheinend, dass ich »gefährlich« bin. Sina war es nicht wert, noch einmal länger verurteilt zu werden. Also ignorierte ich ihre verbalen Angriffe auf mich. Da sie von den Medikamenten so zugepumpt war, konnte sie sich kaum bewegen. Und so schloss ich ihr manchmal auch ihren pinken Anorak, bevor ganz plötzlich der Reißverschluss kaputtging. Was aber nicht am mir lag, sondern durch Zufall über Nacht oder Tag »Zähne« aus dem Reißverschluss gebrochen waren.

Ja, Sina war von ihrem »Mann« und »Peiniger« in jeder Hinsicht abhängig. Er bot ihr ein »normales« Leben und sie war nicht in der Position, ihm die Stirn zu bieten. Sosehr sie sich anfangs gegen ihn stemmte und auch wirklich den Kontakt vorübergehend abbrach, war sie, wie alle in der Klapse, auf Hilfe von außen angewiesen. Ihre Mutter weigerte sich, ihr zu helfen. Warum auch immer. Ihre Mutter bestand immer wieder darauf, dass sie sich mit ihm aussöhnte, vielleicht weil sie nicht Sina zu Hause bei sich haben wollte.

Und wie gesagt, ein eigenständiges Leben konnte sie

nicht führen. Ihr Peiniger war auf der anderen Seite ihr Gönner. Er verwaltete ihr Geld, und er bot ihr ein Dach über dem Kopf und Essen. Große Auswahl an Männern hatte sie sowieso nicht. Nicht wegen ihrer Krankheit, vielleicht war es auch krankheitsbedingt, aber die Frau konnte sich nicht zusammennehmen. Schon frühmorgens, wenn wir unser Frühstück vom Gang holen mussten, fing es an. Mein Lieblingspfleger Andy machte manchmal »Psychospielchen« mit uns. Wir mussten dann warten, bis er uns erlaubte, das Essen wegzunehmen. Sina fing schon morgens an, dass es ihr schlecht gehe und sie jetzt ihr Essen bräuchte. Ich dachte mir manchmal heimlich: Alte, du bist so fett, du kannst auch fünf Minuten später dein Essen holen! Da sie so begriffsstutzig war, konnte sie das Ganze auch gar nicht durchschauen. Andy nahm sie immer mehr auf die Schippe. Aber wie gesagt, kognitiv war sie nicht so aufgestellt, den Sarkasmus von Andy zu durchschauen.

Bastians sexuelle Vorliebe

Bastian erschien mir interessant. Nach dem Kaffeetrinken aßen wir dann zum »Candle-Light-Dinner«
gemeinsam auf dem Gang Rindersteak. Ich hatte mir
welche gekauft, weil ich das Essen schon kaum mehr
hinunterbekam.

Als mich Tim mit Bastian flirten sah, drehte er durch.
Er sagte es nur nicht, aber ich wusste es.

In der Zwischenzeit kam nicht nur Bastian an, sondern
auch ein junges Mädchen, Martha, mit auf die Station.
Sie wurde in mein Zimmer verlegt, und ich freute mich,
dass ein »normaler« Mensch mir zugeteilt worden ist.
Martha wurde eingewiesen, weil sie angeblich auch randalierte. Dazu war sie »Junkie«, wie sie sich bezeichnete.
Nur, Martha hatte Narrenfreiheit, was sie auch selber zu-
gab, weil ihre Mutter bei der Justiz arbeitete. Sie bekam
auch für ihren Ausraster keine Antipsychotika, sondern
sollte mit Tavor ruhiggestellt werden.

Was sie genau hatte, wusste ich wirklich nicht. Sie
erzählte irgendetwas von Psychose, ich habe aber überhaupt nichts Psychotisches an ihr feststellen können. Sie
war mir sehr genehm. Zufälligerweise kannte sie auch
noch Bastian. Die beiden verkehrten im gleichen Freundeskreis.

Martha war extrem dünn, durch das Crystal halt. Sie
hatte lange schwarze Haare und blaue Augen. Und wenn
sie sich schminkte, war sie die »Schönste« der Station.
Aber das war bei der Auswahl auch nicht schwer. Ich

selbst begann immer mehr, an meinen Selbstzweifeln zu erkranken. Die Abilify führten zu hormonellen Schwankungen und mir fielen meine langen, blonden Haare aus. Ich konnte auch mit niemanden ehrlich darüber reden, denn die Ärzte und Schwestern leugneten das, und meinten noch zynisch, das sind die »Wechseljahre«. Am liebsten hätte ich gesagt, und die setzen ausgerechnet in den zehn Wochen der Unterbringung ein, da ich zuvor nichts davon hatte.

Martha durchschaute das Verrücktenspiel mit mir. Sie sagte eines Abends zu mir: »Die beschimpfen dich hier als ›psychotisch und geisteskrank‹, aber das Einzige, was hier dich krank macht, sind diese Medikamente von denen. Das sieht doch jeder, dass du nach der Einnahme von dem Medikamentencocktail wie ›behindert‹ daliegst.« Sie sagte auch zu mir, dass sie sich durch ihre Mutter zu ziemlich alles erlauben kann.

Wie gesagt, über Martha war ich wirklich froh. Und wie sich herausstellen sollte, Tim dann auch noch.

Dass Tim es als Abfuhr wertete, dass ich mit Bastian zu Abend aß, war mir klar, denn ganz plötzlich wollte er seinen Einkaufszettel mir gegenüber zurückziehen. Er assoziierte wahrscheinlich, dass ich aus Interesse an ihm seine Sachen aus dem Discounter mitbrachte. Aber nein, ich machte es aus Höflichkeit, und zwar allen gegenüber, die mich darum gebeten haben.

Tim steigerte sich an dem Abend so hinein, dass er ein Bad nehmen musste. Das Bad lag auf dem Gang, wo Bastian und ich unser »Candle-Light-Dinner« hatten. Erst sang Tim und dann rief er die Schwester, weil er angeblich den Wasserhahn nicht zubekam. Kurzum, sie ging ins Bad und er zeigte ihr sein Gemächt. Sie rief auch noch: »Bleiben Sie sitzen!«, aber Tim dachte nicht daran.

Bastian hatte so etwas in seinen Augen, was mich anzog. Es war schön, sich mit ihm zu unterhalten. Wer er wirklich war, habe ich nie richtig erfahren. Er meinte nur: »Weißt du überhaupt, wer ich bin?!« Sorry, nein, ich habe ihn nicht gekannt. Woher auch?!

Er nahm mein Handy, googelte seinen Namen und zeigte mir ein Foto des Deutschen Meisters in einer Kampfsportart. Dass Bastian Sport gemacht haben muss, bezweifle ich in keiner Weise. Nur das Foto vom Deutschen Meister, dass er sein sollte mit 20 kg mehr, sah ihm überhaupt nicht ähnlich.

Ich habe ein ausgezeichnetes Personengedächtnis. Radnik habe ich sogar mit Pandemiemaske beim Einkaufen wiedererkannt. Ich weiß bis heute nicht, ob es Zufall war oder nicht. Ausgerechnet zu unserem, meiner Tochter und meinem, »Click & meet«-Shoppen stand Radnik unmittelbar hinter mir in der Reihe. Ich habe ihn sofort trotz Maske sofort wiedererkannt. Um mich zu vergewissern, hörte ich auf seinen Namen, wie er auf meine Wohnadresse hörte, als die Verkäuferin mit der Namensliste der eingetragenen Shoppingteilnehmer verglich.

Seine Augen lächelten oder lachten schadenfroh, als er mich sah. Mein Blick war eiskalt. Das Lachen verging ihm dann auch ganz schnell.

So wie ich Radnik durch einen »Sehschlitz« wiedererkannte, konnte ich zu Bastian und dem Bastian auf den Bildern keinen Vergleich finden.

Bastian, der mir gegenübersaß, hatte wässrig grüngraue lachende Augen. Aber Bastian auf dem Foto hatte auch mit 20 kg mehr braune Augen.

Ich wusste nicht, ob er mich auf den Arm nahm oder es fest glaubte oder er wirklich Deutscher Meister war und mir ein falsches Bild zeigte.

Jedenfalls waren die Augenpaare nicht identisch. Ich mochte ihn wirklich, aber wie viel davon wahr und Wahn war, konnte ich nicht herausfinden.

Nachdem ich bereits schon früher erfahren musste, dass viele Patienten gar nicht die Wahrheit sagten und sich etwas einbildeten, wusste ich auch bei Bastian nicht, wie viel davon stimmte.

Was mich aber viel trauriger und wütender machte, war die Tatsache, dass man mich in eine Psychose lancierte. Mir wurden die wahren Wahrnehmungen als Halluzinationen angedichtet, ich konnte mit keinem Therapeuten das Problem des Gaslighting erörtern, und wurde immer mehr in den Wahnsinn getrieben. Auch nach der Entlassung fand ich nirgendwo Hilfe. Durch Corona waren Psychologen überlastet und mir wurde klar, dass mir keiner glaubte. Wie mein Heilpraktiker zu mir sagte, die »Irren« sind die Gaslighter und das Gaslightee ist die »Normale«. Nur das »Verrückte«, ich als Gaslightee muss mir einreden lassen, dass ich halluziniere, werde erpresst von allen Seiten und mir wird jegliche Heilung verweigert. Ich leide unter schwerer Erschöpfung und einem handfesten Trauma, aber mir wird eingeredet, ich sei »paranoid« und mein »Medikamentenspiegel« stimme nicht, und ich benötigte mehr

Medizin, anstatt eines Verhaltens-Gesprächs, und jetzt dank der »Gewalt« auch eine Traumatherapie.

Das Traurige, ja das »Verbrecherische« ist, mich mit Menschen zu assoziieren, die wirklich in einer »Wahnwelt« leben. So wusste ich auch bei Bastian nicht, wie viel von dem stimmt, was er mir erzählte.

Ich wusste nur, dass er ungeheuer anal fixiert war. Gleich beim ersten »Essen« ging es ihm permanent um Analverkehr. Ja, klar ist mittlerweile Analverkehr in aller Munde. Aber irgendwann wurde ich stutzig, und ich »diagnostizierte« ihm eine »Störung« seines Sexualverhaltens. Ich fragte eines Abends in der Küche, was mit ihm ist, ob er jemals »Opfer« sexueller Gewalt gewesen sei. An diesem Abend war alles anders.

Ich stand in der Küche und kochte meinen Abendtee, als Bastian um die Ecke kam. Wir flirteten und unterhielten uns. Als ich mich genügend vergewissert hatte, dass Pfleger und Schwestern mit »Kaffeetrinken« und »Stationsklatsch« im Schwesternzimmer beschäftigt waren, ging ich auf ihn zu.

Seine Augen zogen mich aus, er kam immer näher und dann küssten wir uns. Er küsste fordernd. Seine Zunge war hart und fast kalt. Und sofort wollte er ficken. Ich blockte ab. Da ich schon der vorigen Psychiatrie wegen Steve die »Strafabilfy« bekommen habe, und ich die nicht wieder herabgesetzt bekam, sondern durch Risperidon ersetzt bekam, was mir ungeheure Bewegungsschmerzen und »Steifigkeit« machte, konnte ich mir nicht noch eine »Zwangsmedikamentation« erlauben.

Auf der einen Seite machte mich seine fordernde Zunge

geil, und ich sprang an ihm hoch, und meine Beine um-
schlugen seine Hüften. Wir küssten uns innig, und ein
Kribbeln war nicht zu unterbinden. Auf einmal hörte
ich Schritte und löste die Umklammerung. Er sprach
permanent von Analverkehr und dann fragte ich noch
einmal nach, ob er Opfer von Missbrauch gewesen sei,
weil alles andere für mich keinen Sinn machte.

Und er bejahte es. Sein eigener Vater hatte ihn sexuell
missbraucht. Sarkastisch fügte er hinzu: »Nach einem
Stück habe ich es genossen!«

Wahrscheinlich war das auch der wahre Grund, warum Bastian nicht zu Liebe und echten Beziehungen
fähig war. Wie ich in weiteren Gesprächen erfuhr, fickte
er regelrecht alles. Und er ist »Stammgast« in »Untergolumi« wegen seiner Drogenexzesse.

Kurzer Rückblick zu Pepe

Mich haben seine Augen also nicht getäuscht, als ich dachte, sie sehen wie die von Pepe aus, den ich vor Jahren mit meiner Freundin Anja in einer Disco »aufriss«. Pepe war ein ONS von mir, von dem ich eigentlich mehr wollte.

Es war damals einer jener Tage, als wir Studenten waren und abends Langeweile hatten. Ein Donnerstag, an dem kein Studentenclub geöffnet hatte, und so blieb nur eine Disko, so hieß der Club früher, die in Zwankau geöffnet hatte. Die besagte Disco war bekannt fürs »Ficken«, gleich nebenan war das Bordell. Und wahrscheinlich »mischten« sich die Damen von nebenan gelegentlich unter die Amüsierenden, denn eine Runde von mir im kurzen Designerkleid im besagten Club brachte mir ein Fünfzig-Euro-Angebot ein. Ich wollte erst nachfragen für welche »Dienstleistung«, meinte aber dann, es ist mir zu wenig.

Anja sichtete in der Zwischenzeit Pepe, den sie aus der Pflegeeinrichtung kannte, da sie sich mittlerweile im vierten Studium befand. Dieses Mal wollte sie Pflegemanagement studieren. Pepe war Zivi dort, kurzum, er machte Zivildienst anstatt der damaligen Wehrpflicht. Er war zusammen mit seinem Best Buddy Marco, den ich flüchtig kannte, der damals Spieler beim hiesigen Zweitligisten der Bundesliga war. Anja unterhielt sich mit Pepe und ich mich mit Marco. Das Interesse an Sport langte für einen Small Talk.

Aus dem Augenwinkel beobachtete ich Pepe. Seine wässrig-blauen Augen, sein schulterlanges braunes Haar zogen mich magisch an. Er blickte hin und wieder auch zu mir. Da der Club oder die Disko uns zu viert langweilte, führten wir die Unterhaltung bei Marco fort.

Ich hatte damals das »Naturell eines Pferdes«. Ich konnte durchhalten, die ganze Nacht oder zwei Nächte ohne Schlaf, ohne irgendeine Ermüdungserscheinung. Es war vielleicht 1.00 Uhr, als Marco müde wurde. Pepe wollte ihn weiter mit wachhalten, aber ich war selber Sportlerin und wusste, wie es ist, wenn der Körper am Limit ist, und meinte, es ist jetzt genug und wir sollten gehen.

Anja war wie immer geil und malte sich schon den hübschen Zivi Pepe bei sich aus. Ich nahm beide mit in meinem Wagen, und an Anjas Wohnheim angekommen, meinte ich zu Pepe, ob er hier mit aussteigen möchte. Anja starrte schon mit großen Augen. Doch Pepe hatte andere Pläne. Er sagte: »Nein, du, nimm mich mit in die Stadt«, da Anjas Wohnheim in einem anderen Stadtteil lag. Zwankau hat insgesamt sieben Stadtteile. Ich lebte damals direkt in der Stadtmitte in einer großartigen Maisonettewohnung, die einem kleinen Haus glich.

Anfangs dachte ich, Pepe will in die Stadt mitgenommen werden, weil er da auch wohnt. Doch als ich ihm fragte, wo er hingefahren werden möchte, meinte er: »Nimm mich mit zu dir!« Wir hatten enorm viel Spaß und lachten. Wir verstanden uns super. Bei mir angekommen, setzten wir uns im Erdgeschoss der Maisonettwohnung auf die Couch und erzählten. Ich weiß nicht, wie viel Angabe dabei war, aber er erzählte mir, dass er mit einer berühmten »Kaugummi- Unternehmertochter« zusammen gewesen sei und dort permanent kokste. Seine Eltern hatten angeblich einen Autohandel.

Wir lachten und redeten viel. Ich glaube, es war schon morgens, als er an meinen lackierten Zehen herumspielte und mich an sich heranzog. Wir küssten uns. Langsam, intensiv. Er zog mir das Oberteil aus, seine Hände umspielten meine Brüste. Dann küsste er sie. Bevor er weitermachen konnte, stoppte ich ihn und suchte nach einem Kondom.

Das nutzten wir, um nach oben zu gehen, in mein Schlafzimmer, was damals idyllisch war. Geräumig genug für ein Doppelbett, einen riesengroßen Schwebetürenkleiderschrank, und sogar mein Klavier stand dort. Damals konnte ich sogar neben meinem vielen Sport Zeit finden, Klavier zu lernen, was ich aber im Laufe der Zeit verlernte. Diese Begabung wollte ich meinem Kind zuteilwerden lassen und ermöglichte ihr fast 15 Jahre Klavierunterricht. Das Ende ihrer Begabung, was zuvor mit Auftritten und einer Band einherging, ist ihre Verweigerung, in meinem Zimmer nach dem »Gaslighting-Prozess« weiter Klavier zu spielen, weil ich ja die Täterin sei, und es nicht vertretbar sei, mit so einer Mutter und in ihrem Zimmer noch einmal etwas zu unternehmen. Das schmerzt mich nicht nur emotional, sondern auch finanziell. Die Klavierausbildung hat den Wert einen kleinen Neuwagens gehabt.

Aufgrund vieler tragischer Ereignisse, erst zu viel Sport und dann Krankheit, Stress, habe ich diese Fähigkeit leider wieder verkümmern lassen. Inspiriert zu den Klavierspielen haben mich Brady und Bruce.

Pepe war es egal, ob ich Klavier spielen konnte oder nicht. Pepe fiel mit mir in mein »hotelzimmerähnliches« Stoffbett. Er zog mir den Slip aus und vergrub seinen Kopf zwischen meinen Schenkeln. Er leckte mich und dann drang er in mich ein. Ich bebte, ich vibrierte. Erst langsam, dann schneller. Es war wie Magie zwischen uns beiden. Ich spürte sogar durch das Kondom, als er kam, und ich kam fast zeitgleich. Ein völliger anderer Orgasmus war es gewesen. Und dann passierte es, wovor man gewarnt wird, ich verliebte mich in ihn. Hals über Kopf.

Er küsste mich nach dem Sex und schlief mit dem Kopf auf meinem Bauch ein. Irgendwann kuschelte er seinen Kopf auf meine Kopfhöhe und wir schliefen vielleicht noch drei Stunden. Ich musste dann auf Toilette, und ich wollte nicht nach oben zurück, um ihn nicht zu wecken. Ich räumte den Geschirrspüler ein und wollte Frühstück für uns beide machen, da kam er plötzlich wie durch den Wind die Treppe herunter, faselte etwas, dass er schnell wegmuss, und ich soll mich wegen unserer »gemeinsamen Faschingspläne« mit Marco kurzschließen, da er kein Handy hätte. Er steckte sich noch meine Handynummer ein, doch Pepe rief niemals bei mir an.

Ich begegnete ihm später noch öfters, aber er ignorierte mich. Das war Pepe.

Bastian

Das Gleiche sah ich in Bastians Augen. Ob er jemals Charlie genommen hatte, weiß ich nicht, nur dass er regelmäßig in der Psychiatrie wegen seiner Drogenexzesse landet und davon wirklich schwer krank ist und auch nicht auf seine Heilung bedacht ist. Obwohl ich einen »heißen Draht« zu ihm hatte, wusste ich wirklich nicht, wie viel Wahres daran ist, was er erzählte. Vom eigenen »Badesee«, der ein Stausee ist, bis über seine Aussage, dass er sich ein Haus kaufen will, weil er so viel Geld hätte. Ich konnte es nie richtig einordnen, was wahr oder erfunden war. Seine Mutter hätte seine permanenten Exzesse satt und hätte ihn unter staatliche Bevormundung angeblich gestellt, andererseits schickte er mich mit seiner schwarzen Kreditkarte an die Tankstelle Tabak holen, wo er noch meinte, was ich benötige, soll ich mir kaufen. Darauf ließ ich mich gar nicht ein, da ich wirklich keinen Plan hatte, was erlogen oder wahr gewesen ist, und die großartige staatliche Fürsorge habe ich ja gekannt, dieses Trauma sitzt in meinem Kopf und kann niemals »therapiert« werden, denn die Angst vor dem nochmaligen Verrat ist zu groß. Gekauft habe ich mir natürlich nichts, außer seinen American Spirit, den ich vor Jahren in San Francisco durch Brady rauchte.

Ich kann bis heute nicht normal auf die Straße gehen, in meiner Kindheitsstadt lebe ich in panischer Angst, dass irgendein »Verrückter« mich wieder anzeigt, und man mir nicht mit einem normalen Vorgehen kommt, sondern mit der Einweisung in die Psychiatrie. Einem Therapeuten vertraue ich mich aus Angst vor erneutem Machtmissbrauch nicht mehr an, denn wie ich ja bei meinem ehemaligen Therapeuten gesehen habe, landen »vertrauliche Vieraugengespräche« plötzlich auf dem Tisch vom neugierigen medizinischen Personal einer anderen Klinik und ein überheblicher Chefarzt lässt einen zynischen Kommentar über meine seelische Beschaffenheit von vor zehn Jahren heraus.

Ich fühle mich nackt und hilflos, obwohl ich dringend klärende Gespräche benötigen würde. Was für ein Potential gegen meine Gesundung und Heilung »aufgefahren« worden ist, ist enorm, aber wahrscheinlich sind kranke Menschen das »Kapital« maroder Kliniken. Denn kranke Menschen immer wieder auf Station zu holen, ihnen permanent neue Medikamente zu geben, sie zu erpressen und ihnen entsprechende Therapien zu verweigern, sichert den Kreislauf voller Betten. Und volle Betten bedeuten gutgehende Kliniken und die sichern das Einkommen. Eine Klinik oder Arztpraxis ist auch nichts anderes als ein Betrieb, bei dem Kosten-Nutzen stimmen muss und die Verträge mit der Pharmaindustrie sind ein lukratives Geschäft. Dass Medikamente eine Zeitlang helfen, bestreitet keiner. Aber Menschen wie mir das Recht auf Heilung und Selbstverwirklichung abzusprechen, und die Gesundung zu verhindern, gleicht einem Verbrechen. Und keiner macht mich glauben, dass ein Medikamentencocktail von zehn oder zwanzig bunten Psychopillen hilft.

Bastian litt unter einer wirklichen Psychose, und ich

wollte auch nicht genauer nachfragen von dem, was stimmte oder nicht. Nur wusste ich, dass Martha und er einen gemeinsamen Freundeskreis hatten.

Da ich mich für Bastian entschieden hatte und Tim sich dann mit Martha vergnügte, entstand plötzlich ein »Pärchen-Abend«. So saßen wir zu viert im Fernsehraum und verbrachten den Nachmittag oder Abend gemeinsam dort. Wenn Bastian und ich auf dem Gang gemeinsam aßen, nutzte Tim seine Gelegenheit und stieg mit Martha ins Bett. Beide verband ihre Crystalsucht.

Aber eines Morgens kam es zum »bösen Erwachen« von Tim und Martha. Abgesehen von ihrer Blasenentzündung, die sie sich von ihrem ungeschützten Sex einhandelte, explodierte die gesamte Situation. Tim und Bastian kamen immer in unser Zimmer. Erwischen durften sie sich nicht lassen, aber so richtig interessiert hat es auch keinen. Bis eines Morgens die Stationsärztin ins Zimmer kam und Tim und Martha sich frisch-fröhlich stritten. Martha hätte Tilidin am Tag zuvor genommen. An Drogen zu kommen war kein Problem. Ich beobachtete das Schauspiel ein ganzes Stück und räusperte mich dann ein paar Mal auffällig, als die Stationsärztin mit großen Augen das Schauspiel beobachtete.

Bevor Tim oder Martha noch etwas sagen konnten, wurde er des Zimmers verwiesen, und noch am selben Tag in ein anderes Gebäude, in die Suchtabteilung, verlegt. Bevor er aber die Station verließ, ließ er sich es nicht nehmen, zu Adrian ins Fixierungszimmer zu gehen, der permanent um Hilfe schrie, und ihm die Fixierung abzumachen.

Adrian

Adrian war obdachlos. Auch ein tragisches Schicksal. Ihm gehörte ein Hof, wo er mit seiner Mutter lebte und sie pflegte. Irgendwann brannte der Hof nieder, wahrscheinlich Brandstiftung, Adrian wurde obdachlos. Er wurde in ein kriminelles Delikt verwickelt, wo er nicht schuldig war, aber als Täter galt, und bekam keine Arbeit nach der Verurteilung. So schlief er am Bahnhof meiner ehemaligen »Kindheitsstadt«, wo ihn jedes Mal die Polizisten aufgriffen und in die Psychiatrie brachten, obwohl er eigentlich gar keine richtige Erkrankung hatte. Bei der Festnahme durfte er nie seine Sachen mitnehmen, so hatte er nie einen Ausweis, denn den musste er jedes Mal zurücklassen. Und wenn er einen neuen Ausweis beantragt hatte, ging das Spiel von vorne los. Eine Meldeadresse in der Umgebung hatte er auch nicht. Zuletzt war er in der Nähe von Berlin und irgendwie gab man ihm weder in Berlin noch in dieser Gegend Sozialleistungen. Wer die Gewalt der Polizei und in der Psychiatrie nicht erlebt hat, weiß nicht, warum Menschen eskalieren. Jedenfalls ging Tim ins Zimmer und befreite ihn von der Fixierung. Das absolute Groteske ist, dass private Psychiatrien zwar auch im Notfall mit Medikamenten arbeiten, aber vieles ohne geregelt wird. Wie sagte mein ehemaliger Therapeut: »In Deutschland herrscht kein Medikamentenzwang«, aber davon habe ich nichts gesehen.

Wie erwähnt, wurde mir keine unterstützenden Therapien angeboten. Therapien sind immer Hilfe zur Selbsthilfe. Auch ein Therapeut kann nicht das Leben des »Patienten« mit leben, aber mich zu erpressen, und mir die Heilung und Wiedergesundung zu verweigern, und mir eine Psychose anzudichten, und mich unter Medikamente setzen, die ehemalige Erkrankungen auslösen, ist fast schon Körperverletzung. An meiner Impfreaktion wird bis heute gezweifelt, so nach dem Motto: »Das gibt es nicht und Sie haben es im Kopf.« Ein Recht auf körperliche Unversehrtheit habe ich wahrscheinlich nicht, als seelisch Erkrankter ist man, wie man gesehen hat, ein Mensch ohne Rechte. Und Ärzte und Richter empathielos, eiskalt und wie in Stans und meinem Fall rechtswidrig.

Sollte irgendwer von meiner Familie oder meinem Bekanntenkreis jemals in eine Psychiatrie kommen, ich kann ihn nie besuchen. Denn das Schicksal von Stan und mir, von einem »seriösen« Richter und einem machtgeilen Arzt entmündigt zu werden, kann jedem widerfahren. Einmal an der falschen Stelle, beim falschen Arzt und du fährst ein, das kann bis in alle Ewigkeit gespielt werden, dass man nach Ablauf der »Festsetzungsfrist« geprüft wird und wieder für nicht zurechnungsfähig gehalten wird. Zum Schluss kann man für immer in einer staatlichen Unterbringung landen.

Seelische Gewalt

Das Trauma sitzt so tief, dass ich bis heute nicht angstfrei auf die Straße gehen kann und eine regelrechte Ärztephobie entwickelt habe. Durch die permanente Angst fahren die Gedanken Achterbahn, ein regelrechtes Gedankenkarussell, und man steigert sich immer mehr hinein und kann keinem mehr vertrauen, nicht einmal mehr der Familie. Es ist der Wahnsinn, den man erlebt, und man fragt sich, wann dreht man wirklich durch oder kippt einfach um, weil man es trotz Yoga und »mindshape« nicht aushält.

Den seelischen Druck und Zwang, dem man ausgesetzt ist, kann keiner nachvollziehen, der so etwas nicht am eigenen Leibe erfahren hat. Viel verstörender finde ich im Nachhinein, dass meine Cousine, der ich von Anfang an von dem Gaslighting berichtete, die Augen schloss. Sie suchte mir zwar Hilfe, bei einer Sozialbetreuerin, aber eine Hilfe vor Ort, zur Überführung der »Täter«, durch Installierung einer Überwachungskamera oder durch eine Woche Distanz eventuell bei ihr im Haus, hätte mir vielleicht das »Leben« gerettet. Und wenn ich dann noch solche fast zynischen Sätze höre: »Der Opa war im Krieg und musste auch damit klarkommen!«, dann kann ich nicht vergeben und Ruhe finden, sondern muss insgeheim allen so eine Erfahrung wünschen.

Und nachdem jetzt die Gaslighter meine neue Adresse in Zwankau kennen, lebe ich in unendlicher Angst. Nur ein Anruf von zwei »Arbeitskollegen« meiner Tochter, dass ich mich merkwürdig verhalte, langt, dass mich ein Notarzt einweisen kann. Es ist ähnlich wie in dem Film »Der Feind in meinem Bett«. Die neue Existenz ist aufgeflogen.

Und anstatt in der Psychiatrie Hilfe als »Opfer« zu finden, werde ich als »Täter« behandelt und man hörte nicht einmal meine Sicht der Dinge an. Mit anderen Worten, einem seelisch Erkrankten wird die »Heilung«, die möglich wäre, abgesprochen, und ihm immer unterstellt, dass er schuld ist, oder dass er »betreut« werden muss, anstatt ihn mit Verhaltens- und Gesprächstherapie zu unterstützen. Wasn verweigerte mir total Gespräche und Untergolumi ging auf das Thema Gaslighting gar nicht ein. Die Antwort der viel zu unerfahrenen, jungen Psychologin, die noch in Ausbildung war: »Das müssen Sie allein herausfinden!« Auf der anderen Seite mir aber meine Intelligenz absprechen und mir einen Betreuer/-in zur Seite stellen. Das muss man sich auf der Zunge zergehen lassen. Es ist wie im falschen Film oder der richtige Film mit dem falschen Drehbuch.

Ich soll betreut werden, nachdem ich mein Kind mit Hilfe meiner Mama großgezogen habe, sie durchs Abitur mit »Nachhilfe« von mir gebracht habe, meine an Mammakarzinom verstorbene Mama gepflegt habe, meinen damals durch den Krebstod meiner Mama schwer depressiven Vater zurück ins Leben geholt habe, indem ich meinte, er soll das Mittagessen kochen, den vom Hochwasser unterspülten Keller fast im Alleingang ausgeräumt habe, die Familie bis »letztes« Jahr zusammengehalten habe, großzügig nach der Privatinsolvenz durch den Firmenbankrott Kredite zur Aufrechterhaltung des Lebens aufnahm. Und anstatt mir zurück ins Leben zu helfen, was ich wollte und plante, wurden mir meine Träume zerstört und ich im Nachhinein noch verhöhnt. Mit Sätzen: »Du siehst dich nur immer als Opfer und was ich dagegen alles schaffe!«

Keiner aus der Familie hatte die emotionale Kraft, die Beerdigung meiner Mama zu planen, außer mir, keiner die Kraft noch einmal am Tage der Beerdigung in den Sarg meiner Mama zu blicken, ob sie auch wirklich in dem verschlossenen Sarg liegt, außer mir. Keiner konnte, als das Flut das Haus unterspülte reagieren, außer mir, die sofort die Feuerwehr holte und mein Kind tröstete und sie beauftragte, »Beweisfotos« zu schießen, anstatt zu weinen. Mein Vater wollte mit einem Topf das 1,5 m hohe Wasser aus dem Keller schöpfen, meine Tante vom Nachbarhaus schiss sich aus purer Angst wirklich an. Aber es langte dann ein halbes Jahr später dazu, mich zu hintergehen und mich noch schadenfroh zu fragen: »Du nimmst wohl deine Medikamente nicht richtig?!«

Nachdem ich den Keller vom Schlamm befreit hatte und die Möbel von meiner ehemaligen Wohnung mit gelegentlicher Hilfe meiner Tochter herausgeräumt hatte, ich noch einen »Gutachter« kommen ließ, war nach der Bezahlung der Versicherungssumme Ende des familiären Friedens. Von da an war ich überflüssig und wurde gegaslighted.

Gaslighting ist tricky. Wie bereits erwähnt, besteht immer ein emotionaler Zusammenhang zwischen Tätern, Gaslightern, und Opfern, Gaslightees. Und es ist so ein toxisches Verhältnis, wo man andererseits den Gaslighter nicht verlieren möchte, weil er einem sehr nahesteht. Das Gaslighting hat viele Gesichter. Es reicht von permanenten Demütigungen: »Du bist hässlich! Du bist alt! Du kannst nichts außer fressen und scheißen!«, bis zu Beleidigungen: »Du Drecksau! Du faules Stück Scheiße«, bis zum Absprechen von Fähigkeiten: »Das kannst du sowieso nicht!«, »Das ist nichts für dich!«, bis zur Perfektion, dem Verstecken und Stehlen von Gegenständen und dem Wortspiel: »Das habe ich gar nicht so gesagt!«, oder auch: »Ich muss dir permanent das Gleiche sagen, das habe ich dir gestern gesagt!«, obwohl kein Wort über das Thema gefallen ist.

Anfangs dachte ich, ich spinne. Aber es wurde immer mehr an Übergriffen. Fragen nach »verlorenen »Gegenständen« und Sachen wurden als »Du bist nicht mehr ganz dicht!« abgetan oder mit Sätzen wie: »Du bist ja völlig wahnsinnig!«. Das Perfide, das gesamte Umfeld wird involviert, keiner half und mein Therapeut, der Krankenhausarzt, checkte den Medikamentenspiegel, ob ich überhaupt »richtig eingestellt« bin, anstatt mir mit einer »Therapie« zu helfen.

Das Einzige, was ihm wichtig war, dass ich in die Klinik kam, wo man keine Hilfe bekam, sondern in der Medikamentenhölle landete. Gespräche und Therapien wurde mir genauso wie Stan ja verweigert. Nicht einmal die Diagnose des einweisendes Notarztes, der nicht einmal richtig Deutsch konnte, wurde hinterfragt. Es wurde alles als gegeben angenommen.

Es ist schon beinahe traurig, dass man froh sein kann,

wenn man einen Psychiater oder Arzt findet, der Deutsch als Muttersprache beherrscht. An dieser Stelle möchte ich mich gleich entschuldigen, dass ich noch nicht dazu kam, neben Russisch und Englisch auch Polnisch und Tschechisch und Arabisch zu lernen. Das ist auch ein großer Fehler meinerseits. Ich bemühe mich wirklich darum, auch mein Russisch zu verbessern, damit ich mich in Deutschland besser verständigen kann.

Vielleicht finde ich die Zeit, anstatt Mediation und Heilung, Arabisch zu lernen, damit ich im »Ernstfall« vorbereitet bin. Das war aber auch eine »Dummheit« von mir, zu denken, der arabische Notarzt versteht Gaslighting.

Und noch eine größere Dummheit war gewesen, zu denken, meine ehemalige Klinik hilft mir. Frau Lustner in voller Pracht und Herrlichkeit ließ so richtig ihren »Machtmuskel« spielen. Als ausgebildete Psychotherapeutin, die eigentlich Patienten auf ihrem Weg zur Heilung und Wiedergenesung unterstützen sollte, kamen von ihr Sätze wie: »Wir können alle nicht tun und machen, was wir wollen!« Ich wollte nicht tun und machen, was gegen Gesetze verstößt, sondern ein Leben als »normaler« Mensch leben.

Vielleicht hatte ich wirklich die schlechtesten Therapeuten erwischt, die man sich vorstellen kann. Von einigen anderen seelisch Erkrankten habe ich erfahren, dass der Therapeut auf die Wünsche der Patienten eingeht und mit ihnen gemeinsam arbeitet. Aber die Kliniken waren nur an der Unterstützung des Milliardengeschäftes Pharmaindustrie interessiert.

Da ich eine Zeitlang online Zugang zur Ärztezeitschrift hatte, und eifrig die Artikel las, war vor geraumer Zeit sogar ein Artikel darüber, dass bei einer Psychose eine Monotherapie von Psychopharmaka genauso effektiv sei wie ein »Medikamentencocktail«.

Wenn ich an Stan denke, der nach der »Zwangsmedikamentation« am nächsten Morgen kein verständliches Wort am Frühstückstisch herausbrachte, oder an mich, als ich nach der Erhöhung der Medizin mich anpisste, oder ohnmächtig ins Bett bei Stan fiel und dort einschlief.

Ich würde behaupten, die Psychiatrien sind Versuchsanstalten zur Erprobung von Medikamenten.

Und auch, wenn es angeblich verboten wäre, bin ich mir sicher, da sich für Menschen ohne Rechte niemand interessiert, dass in dem Mittagessen Medikamente untergemengt worden sind.

In Untergolumi war es ganz auffällig. Das Mittagessen kam fertig aus der Küche im Essenswagen und wurde dann von den Schwestern immer noch einmal »zubereitet«. Sie behaupteten, dass sie es »mundgerecht«, für die, die nicht mehr so gut kauen können, zubereiten.

Aber es ist ein offenes Geheimnis, dass ich vor Jahren von einem Zivi erfuhr, dass im »Behindertenheim« das »Hängolin« verabreicht worden ist. »Hängolin« ist zynisch. Es bedeutet, dass die Männer dort keinen Ständer als Erektion bekommen können.

Auffällig war auch, dass alle nach dem Mittagessen müde waren. Manchmal aß ich zu Mittag einfach meinen Proteinriegel. Interessant fand ich auch, dass das

Pflegepersonal dann die zurückgebrachten Essen im Essenswagen kontrollierte, ob und wie viel wir gegessen haben.

Das »Essensspiel« war sowieso interessant. Meistens wurde man vom Pflegepersonal nach dem Essen gefragt, wo man täglich im Schwesterzimmer antreten musste, um das Essen für ein oder manchmal zwei Tage vorauszubestellen. Doch oftmals bekam man gar nicht das Essen, was man bestellte. In Wasn war es noch auffälliger. Da entschied Frau Lustner, was ich zu essen habe. Man ist völlig den Ärzten ausgeliefert.

Man hat keinerlei Rechte. Nicht einmal über das Essen durfte man bestimmen. Hikko und einige Schwestern liebten es zu schikanieren. So kamen sie gleich, bevor man frühstücken konnte, vorbei und man sollte auf nüchternen Magen die Medizin einnehmen. Das führte regelmäßig zu Auseinandersetzungen zwischen Hikko und mir.

Entweder war es die Unwissenheit der Ärzte oder ihre Arroganz mir gegenüber. Ich vertrug das Abilify in keiner Weise, von mentalen Problemen abgesehen, hatte ich am ganzen Körper rote Flecken. Ich bin schwere Allergikerin und sprach das an. Denn die allergische Reaktion bezieht sich nicht nur auf den Körper äußerlich, sondern läuft genauso im Inneren ab. Als Antwort kam von den Ärzten: »Nehmen Sie etwas Creme.« Natürlich Creme. Creme hilft auch im Notfall bei einem anaphylaktischen Schock. Ich bin für die einmal doof. Mit dem Tod der Patienten wird wahrscheinlich schon im Härtefall gerechnet, denn ich bin bei der Aufnahme gefragt worden, was mit mir passieren sollte, wenn ich tödlich erkranke. Um ihnen keine Handlungsmöglichkeit zu geben, meinte ich, ich habe mich damit noch nicht auseinandergesetzt.

Genauso ist es bekannt, dass Risperdal und Haloperidol Bewegungsstörungen machen. Jeder wusste, zumindest war es mein Plan, dass ich eine Ausbildung zur Yogalehrerin machen wollte und dass ich da biegsam und flexibel sein musste. Doch das kratzte den Chefarzt überhaupt nicht. Ein Mensch, zumindest habe ich es erfahren und gesehen, zählt überhaupt nichts. Die Empathielosigkeit und Kaltschnäuzigkeit der Mediziner und des Pflegepersonals sind kaum zu übertreffen.

Dass ich keinen Rückfall oder Wahnvorstellungen hatte, juckte die Ärzte genauso wenig wie meine Medikamentenunverträglichkeit.

Das Thema Gaslighting war nicht einmal angesprochen worden in der Psycho- und Pharmahölle. Ein klärendes Gespräch mit meinem Vater und meinem Kind und mir fand nicht statt.

Sehr traurig ist, dass Gaslighting belächelt worden ist und vom Personal noch mitgemacht worden ist. Der wahre Tathergang wurde so verfälscht, dass ich als wahnsinnig galt. Mit anderen Worten, ein seelisch erkrankter Mensch darf sich auch nicht verteidigen. Die Rechte von Erkrankten sind gleich null.

Der Tag der Einlieferung lief völlig anders ab, als behauptet worden ist, doch meine Version wurde einfach ignoriert. Ich kann es nicht glauben, dass man mir unterstellt, ich hätte meine Tochter attackiert, und mit einer eiskalten Lüge das zu Protokoll gegeben worden ist. Es gibt einen Spruch Actio – Reactio. Jeder andere hätte genauso reagiert und wäre irgendwann »ausgeflippt«, wenn permanent die Sachen versteckt, gestohlen oder an andere Orte gehangen und gelegt werden. Und nach höflicher Bitte, das Ankleidezimmer zu öffnen, ob die Sachen dort mit untergebracht worden sind, eiskalt von meiner Tochter als wahnsinnig bezeichnet zu werden, obwohl man bei klarem Verstande ist, hätte jeden eskalieren lassen. Ich hätte nur die Türe auftreten müssen, anstatt den Hammer zu nehmen. Aber mit 40 Grad Fieber und permanenter Erschöpfung und nach innen zu öffnender Türe fehlte mir die Kraft. Und die Eskalation ging ja weiter. Anstatt mich dann in Ruhe zu lassen, wurde ich festgehalten von meiner Tochter im Klammergriff. Da ich bereits Opfer von Gewalt von meinem drogen- und alkoholsüchtigen Ex-Freund war, stieg in mir eine ungeheure Panik auf, und ich wollte nur noch »freikommen«. Dass ich mich darauf mit allen Mitteln, ohne »bleibende« Schäden, wie gebrochene Finger oder Nase, von ihr lösen wollte, kann nur jemand nachvollziehen, der schon einmal in »tödlicher« Angst schwebte. Dass da Blessuren im Kampf entstehen, ist jedem klar. Doch bei der Polizei durfte ich mich nicht äußern, sondern galt als »Psychotische«, die ihre Tochter biss und in ihre »Malformation« im Bein mit Absicht attackierte. Dass mein Vater mit der Faust mir auf den Hinterkopf mit voller Wucht schlug, blieb genauso unerwähnt. Das Traurige an diesem »Krieg«, man liebt diese Menschen und möchte sie nicht verlieren.

Was der Beamte wirklich meinte, werde ich auch nie erfahren, als er plötzlich in dem Haus mir gegenüberstand. Leichtbekleidet, um nicht sagen fast nackt, bis auf Sport-Dessous, trat ich ihm gegenüber. Und plötzlich faselte er etwas von der Bedrohung mit dem Hammer. Ich weiß nicht, wen ich mit dem Hammer eigentlich, außer der Türe des Ankleidezimmers, bedroht haben sollte. Aber wie mein ehemaliger Heilpraktiker zu mir sagt: »Ganz schwer, gegen zwei ›Zeugen‹ und einen ›Beamten‹ die Wahrheit zu verteidigen.«

Kurzum, jeder kann so ein »Opfer« werden. Der Ehemann, der seine Frau für eine Geliebte »loshaben« möchte, der Bruder oder die Schwester, die ihre Geschwister hassen, der Freund die Freundin, die er schon lange satthat, sogar »Geschäftspartner« kann man so aus dem Weg räumen.

Die Motive dafür sind vielfältig. Von Dominanz über Geldgier, bis hin zur Abschließung einer Lebensversicherung auf die entmündigte Person, bis zu Eifersucht, Neid und Habgier oder einfach Machtgelüsten, bis zu Sadismus. Der Film »Der Feind in meinem Bett« beschreibt annähernd so eine Geschichte. Gaslighting wird dort zwar nicht explizit erwähnt, aber die Manipulation und Gewalt bis zum Wahnsinn annähernd beschrieben.

Die gute Behandlung meiner »Wahnvorstellungen« hat enorme Früchte getragen. Denn dank der pharmazeutischen Behandlung und der seelischen Misshandlungen brach ich kurz nach der Entlassung im Haus zusammen, weil ich dem Druck, der mir aufgebaut worden ist, nicht mehr gewachsen war.

Ich leide mittlerweile unter einem schweren Trauma und kann bis heute nicht mehr normal auf die Straße gehen. Wenn gerade kein Lockdown ist und die Läden normal geöffnet haben, renn ich fast panisch hindurch. Ich liebte Windows-Shopping oder einfach Kleider anzuprobieren, jeder Tag wird zur Herausforderung. Dieser Stress kostete mich erneut meinen Sport. Vor der Einlieferung hatte ich fast meine alte Kondition zurück. Ich schaffte die 2,4 km wieder in zwölf Minuten und trainierte voller Leidenschaft. Sei es Yoga oder Krafttraining, kaufte mir sogar wieder Schlagpolster für das Boxen.

Meinen Traum von der Yogalehrerin muss ich wahrscheinlich erneut begraben. Mein seelischer Zustand kostet enorm Kraft. Man fühlt sich wie nackt, hat panische Angst. Die permanente Angst führt zu Panikattacken, zur permanenten Cortisolausschüttung, das kein Mensch auf Dauer durchhalten kann. Das führt zur Ermüdung und die notwendige Eigenbluttherapie, die mir Chefarzt Herr Lustner verbot, ist fraglich, ob ich sie in meinem fragilen Zustand durchhalte, dazu kommt noch die Ärztephobie, wo ich mich kaum getraue hinzugehen, und Angst vor wirklichem Realitätsverlust. Denn wie ich gesehen habe, weiß der Notarzt nichts von seelischen Erkrankungen, außer Psychose und Depression.

Gaslighting führt in den meisten Fällen zu schweren Schäden, was nicht nur die Zerstörung des Selbstwertgefühls einbezieht, sondern mit PTBS, Depression, dissoziativer Störung, Verlieren des Bewusstseins, wirklichen Psychosen, Angsterkrankungen bis hin zum Suizid einhergeht.

Aber auch die emotionale Kontrolle, das Verlieren der »Liebe« der »Vertrauensperson« des Gaslighters, in den Beziehungen wiegt schwer. Den Menschen, die einem nahestehen und denen man vertraut, ist man ausgeliefert und wurde schon vorher so isoliert, dass man an Glaubwürdigkeit seinem sozialen Umfeld gegenüber verliert.

Es ist der absolute Vertrauensverlust, das »Zerstören« einer Persönlichkeit. Im Inneren lechzt man nach Gerechtigkeit, die aber nie eintreten wird, denn psychische Gewalt ist schwer nachweisbar und von einer Psychose bis zum Suizid bereits alles im Vornherein fein »diagnostiziert« worden, die Ärzte sind rechtlich abgesichert, ihnen kann genauso wenig nachgewiesen werden wie dem familiären Umfeld.

Um einem Gaslightee aus dieser »Parallelwelt« heraushelfen zu können, müsste er ein vertrauenswürdiges Umfeld finden und einen guten Therapeuten, den ich aber nicht finden kann, da aufgrund von Corona die Wartezeiten ohne Liste ein Jahr betragen.

Das Traurige, Menschen, denen man es anvertrauen mag, schweigen still und ignorieren die Gewalt. Wie gesagt, anstelle einer Sozialbearbeiterin, die meine Cousine mir organisieren wollte, hätte man mir meine Überwachungskamera installieren und mich drei Tage aus dem »Schussfeld« nehmen können, um beweisen zu können, dass ich nicht halluziniere. Meine Familie ist eine Familie voller Neid, Habgier und Machtkämpfe. In unserer Familie und Verwandtschaft hilft man sich nicht, sondern bekämpft sich untereinander. Geld zählt hier über allem.

Das Schlimmste sind gescheite Ratschläge: »Der Opa musste auch die Erlebnisse des Krieges verarbeiten« oder »Dann musst halt gehen!«. Aber im nächsten Moment dreht die Verwandtschaft wie der »Beamte« durch, dass sie Existenzängste haben, weil man die neueste Heizung nicht gleich bezahlen kann. Was es heißt, »Opfer« zu sein, und als solches noch verspottet zu werden: »Du siehst dich immer nur als Opfer! Komm doch einmal aus der Opferrolle heraus!«, ist der blanke Zynismus.

Keiner versteht, dass manchmal ein klärendes Gespräch »Wunder« bewirken kann, anstelle von »Medikamentenzwang« und einer Spirale von Gewalt, Straftabletten in den Kliniken für »Fehlverhalten«, Übergriffen, die man sogar bis hin zu sexuellen Übergriffen sehen kann.

Wie ich bereits anfangs erwähnte, kam ich als voll durchtrainierte Frau in die Kliniken, das machte die Runde, und auch dass ich mein »Morgenprogramm« mit Yoga früh um 3.20 Uhr durchzog. In Wasn fast unmöglich, bei dem Gestank. In Untergolumi sorgte es immer mehr für Hass und Neid der Mitpatienten, bis der OA entschied, dass ich es weitermachen soll, und notfalls mir ein Raum zur Verfügung gestellt werden soll.

Eines Morgens, als ich noch alleine im Zimmer war, kam ein Pfleger rein. Soweit nichts Ungewöhnliches. Die guckten ja permanent, auch dass sie sich hin und wieder mit mir unterhielten, war nichts Ungewöhnliches. Ungewöhnlich fand ich allerdings sein Verhalten mir gegenüber. Wie es sich herumgesprochen hatte, wusste also auch der letzte Pfleger, dass ich einen »sixpack« hatte. Wahrscheinlich hatte der Beamte auch das gleich mit zu seinem Protokoll gegeben, dass eine Frau mit Six-pack in Sportdessous ihn mit dem Hammer »bedrohte«. Wahrscheinlich. Denn nackt hat mich nie jemand vom medizinischen Personal, außer den Ärzten, gesehen. Jedenfalls, am besagten Morgen kam ein Pfleger in das Zimmer und umgriff meine Taille und wollte fühlen, ob ich noch einen straffen Bauch habe. Ich dachte, ich spinne! Doch nicht genug! Als ich in den Spagat ging und mich flach dazu mit dem Oberkörper auf den Bo-den legte, umfassten seine Hände meine Hüften erneut. Wie gesagt, ich kam aus dem Sport und Berührungen waren keine Seltenheit. Aber einmal distanziert und aus Sicht einer »normalen« »Frau betrachtet, ist es sexuell übergriffig. Und hätte er versucht, mich zu nötigen, oder gar einen »Vergewaltigungsversuch« unternommen und ich hätte zurückgeschlagen, wäre ich für unglaubwürdig und »geisteskrank« hingestellt worden und kein Gericht der Welt hätte mir Glauben geschenkt, wie mir keiner Glauben über das Gaslighting und die Gewalt in den Psychiatrien schenkte.

Sobald ich meine Stimme erhoben habe, wurde mir mit erneuter Entmündigung gedroht. Als ich das Zim-mer mit den beiden Verrückten, Hilde und Sina, ab-lehnte, drohte man mir erneut. Man bekommt tagtäg-lich Angst gemacht und wird eingeschüchtert, für mich war es eine schwere Form seelischer, psychischer Gewalt, was mich in meiner Heilung um vier Jahre zurückgewor-fen hat und mich die Welt nie wieder normal betrachten lässt, weil ich hinter allem das »Böse« vermute. Es ist der absolute Vertrauensverlust in die Gerechtigkeit und die

»Menschwürde« von Patienten. Dazu noch der Vorwurf, mir würde Krankheitseinsicht fehlen. Habe ich keine Rechte, jemals wieder »normal« zu werden? Nein!

Wie ich bereits erwähnte, sind es unduldsame Zustände, wenn die Reinigungskraft beauftragt wird, das Yoga-Shirt von mir zu entwenden, und der Psychologe auch noch darin eingeweiht worden ist.

Wie ich berichtete, wollte ich erst darüber hinwegsehen, weil ich ja in Wasn wusste, dass es sinnlos ist, sich normal mit jemand über die Übergriffe zu unterhalten. Aber an dem einen Tag, als ich bei dem Psychologen wieder ein Gespräch hatte, konnte ich es mir nicht verkneifen, ihn zu fragen, ob es auf Station üblich sei, dass gestohlen wird. Er fragte erst ganz erstaunt, was ich damit meine, und ich schilderte ihm den Zustand. Es war lediglich eine Randnotiz von mir nach Abschluss des Gespräches.

Zum nächsten Gesprächstermin, nachdem mein Yoga-Shirt ja zurück in die Wäsche geworfen worden war durch das medizinische Personal, fragte der Psychologe ganz plötzlich aus heiterem Himmel nach, ob das T-Shirt wieder aufgetaucht sei. Ich wurde sofort stutzig und beobachtete ihn, als ich eiskalt ihm ins Gesicht ein NEIN warf. Er blickte völlig verwirrt mich an, und ich wusste, dass er in den Plan eingeweiht worden ist. Fleißig notierte er, wie ich mich verhielt. Ich wäre am liebsten hingegangen, hätte ihm den Stift aus der Hand genommen und gesagt: »Den ›Budenzauber‹ können Sie sich und Ihr gesamtes Pflegepersonal sparen!«

Meine Lüge mit dem Yoga-Shirt machte beim medizinischen Personal die Runde. Ich wusste, dass mein Lieblingspfleger Andy da mit drinnen steckte. Natürlich wurde auch er unterrichtet, und ich wusste schon, weshalb er mir dann in der Patientenküche tief in die Augen blickte. Ich blickte ihm eiskalt in seine blauen Augen, unter dem rechten Auge befand sich ein Gerstenkorn, was mich sehr »störte«. Dieser Blickkontakt ging bald über eine, vielleicht sogar zwei Minuten. Es hatte so etwas Psychopatisches in sich.

Eigentlich mochte ich ihn, vielleicht mochte er mich auch. Ihm habe ich auch den ersten Ausgang nach knapp zehn Wochen zu verdanken gehabt. Was für ein Zufall, er arbeitete zuvor in Wasn in der Suchtabteilung. Wahrscheinlich sah er mehr die »Eiskönigin« als die »Idiotin« in mir.

Ich brachte ihm sogar einmal bei meinem Ausgang aus dem klinikeigenen Discounter einen alkoholischen Drink als Dankeschön mit.

Da ja das medizinische Personal nichts von Patienten annehmen darf, musste ich mir etwas einfallen lassen.

So legte ich die Dose des Mixgetränkes in eine Papiertüte und rief Pfleger Andy zu mir: »Herr Pfleger, kommen Sie bitte einmal schnell in mein Zimmer, hier drinnen liegt eine Tüte, die mir nicht gehört, vielleicht können Sie damit etwas anfangen!« Er kam, schaute in die Tüte und lachte. Er meinte noch: »Frau Böhm!!??«

Wie gesagt, Andy mochte ich, die jungen Pfleger und eine sehr nette junge Schwester auch.

Die knapp zwanzigjährigen Pfleger hassten die Zwangsmaßnahmen gegen Patienten. Torben war ein echt netter Pfleger, mit ihm kam ich prima aus. Er meinte, wir sind auch nur die Auftragsgehilfen der »feinen« Herren, wenn wieder ein Patient zwangsmedikamentiert werden musste. Und der in der Ausbildung befindliche Jan war in einer Nacht so verzweifelt, als der Patient die ganze Zeit um Hilfe rief, dass er sich in den Fernsehraum der Patienten setzte und Tränen in den Augen hatte.

Die jungen Pfleger und Andy waren wirklich nett, aber das war die Minderheit. Ich weiß nicht, ob ich jemals wieder gesunde und die Neuroleptika wieder absetzen kann, und Glauben geschenkt bekomme, dass ich einen schweren Impfschaden genommen habe. Ob ich jemals irgendwo Recht für die Gewalt und Körperverletzung bekomme, aber sollte mir geholfen werden, löse ich meine Versprechen ein und boxe gegen Hikko. Er war nicht nur der für mich verhassteste Pfleger, er steht für die Gewalt und Übergriffe in den staatlichen Psychiatrien. Ich hoffe, ich kann es realisieren und finde für das Training einen Sparringspartner. Ich bin nur noch ein seelisches und körperliches Wrack.

Mir lechzt es nach Gerechtigkeit. Von der Hausärztin, die mich, ohne dass ich ein Wort sagte, in die Psychiatrie einweisen wollte, weil bei ihr irgendjemand anrief, dass ich keinen Medikamentenspiegel mehr hatte, obwohl ich sie um eine Überweisung zu einem Gesprächstherapeuten und um eine Überweisung in die Immunologie wegen des Impfschadens bitten wollte, bis zu dem Gaslighting im Elternhaus, bis zum Notarzt, den Chefarzt und seiner Frau, von Wasn bis hin zu meinem ehemaligen Therapeuten und bis zum medizinischen Personal, die mit mir Psychospielchen spielten.

Ein absoluter Machtmissbrauch, wo ich als Opfer noch verspottet werde. Meine körperliche Kondition wurde in den Kliniken so heruntergeschraubt und noch im Nachhinein wurde ich dermaßen überfordert und weiter gemobbt, dass ich meinen Traum von der Yogalehrerin mir bis jetzt nicht erfüllen konnte, stattdessen quälen mich Albträume, Panikattacken, Angst vor dem Realitätsverlust wegen der anhaltenden Gewalt und fehlender Gespräche, bis hin zum Abbau meiner körperlichen Leistungsfähigkeit. Dazu kommt der staatliche Zwang, mich erneut impfen zu lassen, um am gesellschaftlichen Leben, wie Fitnessstudio, teilnehmen zu können, aber die Anerkennung des Impfschadens aus der Polio-Impfung wird von den behandelnden Ärzten nur belächelt.

Am Ende weiß ich nicht, was schwerer wiegt, der nicht anerkannte Impfschaden und die mir verweigerte Medikamentenfreiheit aufgrund der These, ich sei »gewaltbereit«, oder das Gaslighting, das mir eine seelische Genesung unmöglich macht.

Die seelische Gewalt, der Stan und ich ausgesetzt waren, wird auch noch bis in alle Ebenen gerechtfertigt. Jeder kann ein Opfer solcher Gewalt werden. Sei es Gaslighting zu Hause, am Arbeitsplatz, bis zur ungerechtfertigten Einweisung in eine Psychiatrie, wem deine Nase nicht passt. Kein Mensch kümmert sich um die Patienten, die dort entmündigt und fertiggemacht werden, denen jede Normalität genommen wird. Zurück bleiben körperliche und seelische Schäden, die den Eindruck der Irreparabilität machen.

Das überaus Traurige an diesem ganzen Hergang

ist nicht nur der Verlust der Gesundheit, sondern den Mann, den ich heimlich liebte, verlor ich durch die Intrige auch mit, die ungeheure finanzielle Belastung, durch das permanente Nachkaufen von beschädigten oder gestohlenen Dingen, die Unglaubwürdigkeit, die einem unterstellt wird, das sich nicht auf die Heilung zu konzentrieren, die Vergeudung körperlicher Kräfte, die ich für das Trainieren benötigte, die fehlende helfende hausärztliche Hilfe und der fehlende Nachweis für die Einklage von Schmerzensgeld, wo Opfer in der Beweispflicht sind, anstelle ihnen dabei juristisch zu helfen.

Und noch viel schlimmer, dass mein »Neuanfang« eiskalt vereitelt worden ist, indem man meine neue Adresse in Erfahrung brachte, und ich jetzt mit panischer Angst im Elternhaus mit den Gaslightern sitze und meine Tochter, weil ich unzumutbar sei, den Kontakt fast abbrach. Ich fühle mich wie lebendig begraben, ohnmächtig, ja wirklich in den Wahnsinn oder Suizid getrieben und »vertraue« den beiden nicht, ob sie mich erneut einweisen lassen. Es ist das perfekte Verbrechen.